Frankfurter Beiträge zur Soziologie und Sozialpsychologie

Herausgegeben von
R. Haubl, Frankfurt am Main, Deutschland
K. Kosnick, Frankfurt am Main, Deutschland
T. Lemke, Frankfurt am Main, Deutschland
D. Mans, Frankfurt am Main, Deutschland
T. Scheffer, Frankfurt am Main, Deutschland

Die Frankfurter Soziologie und Sozialpsychologie hat mit ihren zentralen Beiträgen zu einer kritischen Selbstreflexion der Gesellschaft internationale Anerkennung gefunden. Die Schriftenreihe knüpft in doppelter Weise an diese Tradition an. Zum einen nimmt sie Intuitionen und Einsichten der Frankfurter Schule für die Analyse der Gegenwartsgesellschaften auf und entwickelt diese weiter. Zum anderen bietet sie soziologischen und sozialpsychologischen Ansätzen ein Forum für neuere Fundierungen und Dimensionen von Kritik. In der Reihe erscheinen theoretische, empirische, historische und methodologische Arbeiten, die zu einer Diagnostik aktueller kultureller Praktiken und gesellschaftlicher Prozesse beitragen.

Die Reihe wird herausgegeben von Rolf Haubl, Kira Kosnick, Thomas Lemke, Dieter Mans und Thomas Scheffer (Institut für Soziologie der Goethe-Universität Frankfurt am Main). Manuskriptangebote werden von den Herausgebern begutachtet und bei Annahme redaktionell betreut.

Herausgegeben von
Rolf Haubl
Frankfurt am Main, Deutschland

Dieter Mans
Frankfurt am Main, Deutschland

Kira Kosnick
Frankfurt am Main, Deutschland

Thomas Scheffer
Frankfurt am Main, Deutschland

Thomas Lemke
Frankfurt am Main, Deutschland

Thomas Lemke • Katharina Liebsch (Hrsg.)

Die Regierung der Gene

Diskriminierung und Verantwortung im Kontext genetischen Wissens

Herausgeber
Thomas Lemke
Johann Wolfgang Goethe-Universität
Frankfurt am Main

Katharina Liebsch
Helmut Schmidt Universität / Universität
der Bundeswehr Hamburg

Frankfurter Beiträge zur Soziologie und Sozialpsychologie
ISBN 978-3-658-09650-2   ISBN 978-3-658-09651-9 (eBook)
DOI 10.1007/978-3-658-09651-9

Die Deutsche Nationalbibliothek verzeichnet diese Publikation in der Deutschen Nationalbibliografie; detaillierte bibliografische Daten sind im Internet über http://dnb.d-nb.de abrufbar.

Springer VS
© Springer Fachmedien Wiesbaden 2015
Das Werk einschließlich aller seiner Teile ist urheberrechtlich geschützt. Jede Verwertung, die nicht ausdrücklich vom Urheberrechtsgesetz zugelassen ist, bedarf der vorherigen Zustimmung des Verlags. Das gilt insbesondere für Vervielfältigungen, Bearbeitungen, Übersetzungen, Mikroverfilmungen und die Einspeicherung und Verarbeitung in elektronischen Systemen.
Die Wiedergabe von Gebrauchsnamen, Handelsnamen, Warenbezeichnungen usw. in diesem Werk berechtigt auch ohne besondere Kennzeichnung nicht zu der Annahme, dass solche Namen im Sinne der Warenzeichen- und Markenschutz-Gesetzgebung als frei zu betrachten wären und daher von jedermann benutzt werden dürften.
Der Verlag, die Autoren und die Herausgeber gehen davon aus, dass die Angaben und Informationen in diesem Werk zum Zeitpunkt der Veröffentlichung vollständig und korrekt sind. Weder der Verlag noch die Autoren oder die Herausgeber übernehmen, ausdrücklich oder implizit, Gewähr für den Inhalt des Werkes, etwaige Fehler oder Äußerungen.

Gedruckt auf säurefreiem und chlorfrei gebleichtem Papier

Springer Fachmedien Wiesbaden ist Teil der Fachverlagsgruppe Springer Science+Business Media
(www.springer.com)

Inhaltsverzeichnis

Einleitung
Thomas Lemke/Katharina Liebsch 9
1   Genealogie eines Problems 13
2   Methodologische Fragen, konzeptionelle Herausforderungen und
    analytische Probleme bei der Untersuchung genetischer Diskriminierung. 19
3   Untersuchungsdesign und methodisches Vorgehen der Studie 22
4   Zu den Beiträgen 31

Diskriminierende Unterscheidungen. Benachteiligung, Ausschluss und
Stigmatisierung von Menschen mit Familiärer Adenomatöser Polyposis
Tino Plümecke 35
1   FAP: genetische und medizinische Grundlagen 38
2   Untersuchungsdesign und Durchführung der Studie 39
3   Erfahrungen von Diskriminierung, Stigmatisierung und
    Andersbehandlung aufgrund genetischen Wissens 40
4   Ausschluss von der Blutspende 45
5   Diskussion: Für ein erweitertes Verständnis genetischer Diskriminierung. 49
6   Fazit: Genetische Diskriminierung bei asymptomatischen und
    symptomatischen Personen 53

Vorbeugen und Verhindern. Über den vereindeutigenden Umgang mit
Unsicherheit bei Frauen mit einer BRCA-Mutation
Tabea Eißing 57
1   Methodischer Zugang und Untersuchungsdesign 58
2   Medizinische Grundlagen und die Bedeutung des prädiktiven Gentests ... 60
3   Die Diagnose verstehen:
    „Schock" und genetisches Wissen als Ermächtigung 64
4   Erfahrungen von Benachteiligung und Kränkung
    in institutionellen Kontexten 68
5   Konflikte in Partnerschaft und Familie 77
6   Fazit: Vereindeutigung genetischen Wissens und die Gefahr
    von Diskriminierung 80

Ängste und Befürchtungen. Wirkungen genetischen Wissens bei Personen mit Hereditärer Hämochromatose
Ulrike Manz 83
1   Genetische Diskriminierung und Befürchtungen:
    Ergebnisse bisheriger Studien 84
2   Die Studie „Genetische Diskriminierung in Deutschland:
    das Beispiel Hereditäre Hämochromatose" 86
3   Befürchtungen und Ängste 90
4   Befürchtungen vor Diskriminierung im Kontext genetischen Wissens.... 101

„Wir kriegen eben halt kein krankes Kind mehr." ‚Reproduktionsverantwortung' im Umgang mit der Vererbung von Cystischer Fibrose
Bettina Hoeltje/Katharina Liebsch 105
1   Zum medizinischen Wissensstand um Cystische Fibrose 107
2   Gewinnung und Auswertung der Daten in der Teilstudie
    zu Cystischer Fibrose 109
3   Die Spur der Gene. Re-Signifikationen familialer Sozialität 112
4   Schlussüberlegungen: Klassifizierungen und das Risiko
    genetischer Diskriminierung 130

Genetisches Wissen und sozialer Ausschluss. Das Beispiel Blutspende
Ulrike Manz/Jonas Rüppel 133
1   Blutspende und Zugehörigkeit 134
2   Regulierung der Blutspende in Deutschland 137
3   Hereditäre Hämochromatose und Studiendesign 139
4   Blutspende bei Hämochromatose: Sichtweisen der Betroffenen 141
5   Blutspende bei Hämochromatose: Sichtweisen der Blutspendedienste.... 147
6   Genetifizierung von Krankheit und sozialer Ausschluss 151

Motive und Entscheidungswege bei Nicht-Tester_innen. Diskussion eines Fallbeispiels
Laura Christiane Schnieder 155
1 Analyse eines Fallbeispiels 158
2 Die familiäre Aushandlung der Gentestentscheidung
  und die Zuweisung von Verantwortung 165
3 Ausblick 168

Genetische Diskriminierung in Deutschland. Entwicklungsdynamiken und offene Fragen
Thomas Lemke/Katharina Liebsch 169
1 Für eine notwendige Erweiterung des Begriffs genetischer
  Diskriminierung jenseits der Unterscheidung
  symptomatisch/asymptomatisch 170
2 Für eine stärkere Betonung der Ambivalenzen genetischen Wissens 174
3 Für eine systematische Einbeziehung der Ängste und Befürchtungen,
  aufgrund genetischer Merkmale benachteiligt
  oder stigmatisiert zu werden 177
4 Für eine analytische Berücksichtigung des familialen Raums
  als Feld genetischer Diskriminierung 179
5 Zwischenbilanz und Ausblick 183

Literatur **189**

Einleitung

Thomas Lemke/Katharina Liebsch

Als 1990 das internationale wissenschaftliche Projekt zur Entschlüsselung des menschlichen Genoms begann, existierte bereits ein breites öffentliches und mediales Interesse an molekularbiologischen Fragestellungen.[1] Von dem Humangenomprojekt erhofften sich die beteiligten Wissenschaftler_innen nicht nur die Entzifferung des ‚Buchs des Lebens', sondern auch neue medizinische Optionen der Krankheitsdiagnose und -behandlung. Regelmäßig wurde in der Tagespresse von neuen Entdeckungen im Bereich der Genomforschung berichtet (Gerhards/Schäfer 2006) und die Bedeutung genetischer Deutungsmuster und Erklärungsmodelle innerhalb der Alltagskultur nahm in folgenden Jahrzehnten weiter zu (vgl. Nelkin/Lindee 1995; van Dijck 1998; Duden/Samerski 2007).

Die euphorischen Erwartungen neuer diagnostischer, präventiver und therapeutischer Optionen durch das wachsende Wissen um genetische Strukturen und Funktionen blieben jedoch nicht unwidersprochen. Die wissenschaftliche Kritik konzentrierte sich auf die Analyse des „Genfetischismus" (Haraway 2001), der Gene als eine Art Programm für die Entwicklung und Steuerung des Organismus betrachte, und beklagte eine „Genetifizierung der Medizin" (Lippman 1991), die menschliches Handeln und Krankheitsereignisse auf genetische Kausalfaktoren reduziere. Befürchtet wurden zudem neue Formen sozialer Kategorisierung und negativer Klassifizierung auf der Grundlage des genetischen Wissens. Den strahlenden Visionen einer „Ära der molekularen Medizin" (Ganten/Ruckpaul 2001, S. 3; Caskey 1995; Clark 1997; Williams/Hayward 2001), die Leiden erkennt und verhindert, bevor sie sich in einer konkreten Symptomatik manifestieren, stand das Schreckensbild einer Gesellschaft gegenüber, in der genetische Merkmale über Berufsaussichten, Versicherungsmöglichkeiten, Ausbildungswege und Familienplanung entscheiden. Die Angst vor einer „genetischen Unterschicht" (Nelkin/Tancredi 1994, S. 176; Nelkin 1995, S. 209; Keays 2000, S. 84f.), die aufgrund ihrer genetischen Eigenschaften benachteiligt, pathologisiert und stig-

---

1 Für diese Einleitung greifen wir auf Ausführungen und Argumente zurück, die bereits an anderer Stelle erschienen sind (vgl. Lemke 2006a und 2006b sowie Kollek/Lemke 2008, S. 191-209; Lemke 2010b; Lemke et al. 2013; Liebsch 2014).

matisiert wird, war ein zentraler Topos in der wissenschaftlichen und sozialen Auseinandersetzung um die Folgen des wachsenden genetischen Wissens. Einen prominenten Platz in dieser Debatte nimmt der Begriff der genetischen Diskriminierung ein. Er bezeichnet die ungerechtfertigte Ungleichbehandlung von Menschen aufgrund vermuteter oder tatsächlich vorhandener genetisch bedingter Eigenschaften und wird strikt von Diskriminierung aufgrund von Behinderung und Krankheit unterschieden (vgl. Billings et al. 1992, S. 477; Natowicz et al. 1992, S. 466). Seit den 1990er Jahren haben verschiedene empirische Studien aus unterschiedlichen Ländern das Spektrum genetischer Diskriminierung aufgezeigt. Die vorliegenden Arbeiten aus den USA, Kanada, Großbritannien und Australien liefern zahlreiche Belege dafür, dass Menschen aufgrund genetischer Merkmale durch Versicherungen, Arbeitgeber und Behörden benachteiligt, ausgegrenzt oder missachtet werden. So wurde beispielsweise Bewerber_innen um einen Arbeitsplatz die Einstellung mit dem Hinweis auf eine eventuelle spätere Erkrankung verweigert. Ebenso kündigten Kranken- und Lebensversicherungen Verträge oder verweigerten deren Abschluss, wenn bei ihren (potenziellen) Kund_innen der Verdacht auf genetische Erkrankungsrisiken bestand. In anderen Fällen wurde Ehepaaren die Adoption von Kindern untersagt, wenn bei einem der Elternteile eine Disposition für eine genetische Krankheit vorlag. Erfahrungen genetischer Diskriminierung sind auch im Gesundheitswesen, dem Bildungssektor und dem Militär dokumentiert (Billings et al. 1992; Geller et al. 1996; Geller 2002; Lapham et al. 1996; Low et al. 1998; Taylor et al. 2008; Barlow-Stewart et al. 2009; für einen aktuellen Überblick vgl. Otlowski et al. 2012).

So allgegenwärtig und vielfältig das Problem genetischer Diskriminierung scheint, handelt es sich doch um ein schwer greifbares und kaum begriffenes Phänomen. Viele Wissenschaftler_innen haben kritisch angemerkt, dass der Begriff der genetischen Diskriminierung heute selten trennscharf verwendet wird und seine epistemologischen und normativen Prämissen nur in Ausnahmefällen expliziert werden.[2] Entsprechend breit und heterogen ist das Spektrum seines Gebrauchs, das „vom Vorwurf der Irrationalität und Unsachlichkeit von Beurteilungen ‚genetisch behinderter' Personen über die Behauptung einer Verletzung moralisch verbürgter Persönlichkeitsrechte oder grundlegender moralischer Prinzipien bis hin zur Unterstellung eugenischer Absichten" reicht (Paslack/Simon 2005, S. 133f.).

Die empirischen Studien und die wissenschaftliche Debatte zum Problem genetischer Diskriminierung blieben nicht ohne gesellschaftliche Resonanz. Seit

---

2   Als Illustrationsbeispiel siehe etwa die zirkuläre Definition, die Gregor Wolbring vorschlägt: „Genetic discrimination occurs if we deal with humans or potential humans in a discriminatory fashion based on the knowledge, perception, or reality attached to the consequences of having a particular gene, gene activity, or gene product." (Wolbring 2005, S. 178)

Einleitung 11

den 1990er Jahren erfolgte eine Reihe von gesetzgeberischen Initiativen und Stellungnahmen inter- und supranationaler Organisationen und Kommissionen, um Menschen vor genetischer Diskriminierung zu schützen. So heißt es etwa im Artikel 6 der „Deklaration über das menschliche Genom" der UNESCO: „Niemand darf einer Diskriminierung aufgrund genetischer Eigenschaften ausgesetzt werden, die darauf abzielt, Menschenrechte, Grundfreiheiten oder die Menschenwürde zu verletzen, oder dies zur Folge hat." Auf europäischer Ebene enthalten sowohl die Biomedizin-Konvention des Europarates (Art. 11) wie die Charta der Grundrechte der EU (Art. 21) ein explizites Verbot von Diskriminierung aufgrund genetischer Merkmale.

Viele Staaten haben inzwischen Gesetze verabschiedet, die die Nutzung genetischer Informationen im Versicherungsbereich und in Beschäftigungsverhältnissen einschränken oder ganz untersagen (Joly et al. 2010; vgl. auch Rothstein/ Joly 2009). Die rechtlichen Regelungen sollen Individuen vor einer ungerechten Behandlung auf der Grundlage genetischen Wissens schützen und auf deren Ängste reagieren, die dazu führen können, dass Menschen für sie medizinisch sinnvolle Gentestoptionen nicht nutzen (Aspe et al. 2004) oder sie nicht an einschlägigen Forschungsprojekten teilnehmen (Hadley et al. 2003). In den USA ist der Genetic Information Non-Discrimination Act (GINA) im Jahr 2008 in Kraft getreten, der Diskriminierung auf der Grundlage von genetischen Informationen durch Krankenversicherungen und in Beschäftigungsverhältnissen verhindern soll (Slaughter 2008). Auch die meisten europäischen Staaten haben mittlerweile rechtliche Regelungen eingeführt, die sicher stellen sollen, dass niemand aufgrund seiner oder ihrer genetischen Merkmale diskriminiert wird. Manche Staaten verbieten jede Nutzung von Gentestergebnissen durch die Versicherungsindustrie (z.B. Österreich, Belgien, Frankreich), während andere für ein Moratorium optiert haben, das es Versicherungen in einem klar definierten Zeitraum untersagt, Gentestergebnisse zu verlangen oder sie zu nutzen (UK, Finnland, Niederlande) (van Hoyweghen/Horstman 2008; Joly et al. 2010, S. 361-363).[3]

Im internationalen Vergleich ist Deutschland ein „Spätentwickler" (Ireni-Saban 2010, S. 366) hinsichtlich der Einführung rechtlich verbindlicher Regelungen zur Nutzung genetischer Daten. Der Deutsche Bundestag hat im Jahr 2009 nach einer jahrelangen Diskussion das Gesetz über genetische Untersuchungen bei Menschen (Gendiagnostikgesetz GenDG) verabschiedet, das den Missbrauch genetischer Daten und die ungerechtfertigte Andersbehandlung von Menschen aufgrund genetischer Eigenschaften verbietet.[4] Im Mittelpunkt des Gesetzes steht die Nutzung genetischer Informationen durch Arbeitgeber und

---

3 Für einen Überblick über den gegenwärtigen Stand der diesbezüglichen Antidiskriminierungsgesetzgebung in vielen europäischen und außer-europäischen Staaten vgl. Bombard et al. 2012.
4 Für eine Analyse des komplexen Beziehungsgeflechts zwischen Regierungsakteuren und NGOs im Rahmen des gesetzgeberischen Prozesses vgl. Ireni-Saban 2010.

Versicherungsunternehmen. Lebens-, Berufsunfähigkeits-, Erwerbsunfähigkeits- und Pflegerentenversicherungen dürfen weder vor noch nach Abschluss des Versicherungsvertrags von Antragsteller_innen die Vornahme genetischer Analysen verlangen, deren Ergebnisse entgegennehmen oder sie bei versicherungsrelevanten Entscheidungen berücksichtigen. Dieses Verbot gilt jedoch nicht, wenn eine Leistung von mehr als 300.000 Euro oder eine Jahresrente von mehr als 30.000 Euro vereinbart ist. Diese Ausnahmeregelung wird mit der Notwendigkeit begründet, Versicherungsunternehmen vor Antiselektion zu schützen, d.h. vor der Möglichkeit für Versicherungsbewerber_innen, sich durch einen Wissensvorsprung gegenüber dem Versicherungsunternehmen Vorteile bei Vertragsabschlüssen verschaffen zu können. Wie den Versicherungsunternehmen ist es auch Arbeitgebern untersagt, genetische Informationen vor oder nach Vertragsabschluss zu verlangen oder deren Ergebnisse zu verwenden. Aber auch hier greift eine Ausnahme: Im Rahmen arbeitsmedizinischer Vorsorgeuntersuchungen oder für die Durchführung von Arbeitsschutzmaßnahmen können genetische Untersuchungen vorgenommen werden (Eberbach 2010; Kröger 2010; Backhaus 2011; Ziegler 2011; Lander/Van Hoyweghen 2014).

Anders als in den USA, Kanada, Großbritannien und Australien gibt es in Deutschland bislang keine umfassenden empirischen Untersuchungen zu Praktiken genetischer Diskriminierung. Im Rahmen einer explorativen Studie sind lediglich einzelne Fälle genetischer Diskriminierung von „Risikopersonen" für die Huntington-Krankheit dokumentiert (Lemke 2006b, S. 79-104; vgl. auch Lemke/Lohkamp 2005).[5] Daher ist bislang offen, ob und wenn ja, wie häufig Menschen in Deutschland derartige Ungleichbehandlung und Benachteiligung erfahren und wie sinnvoll oder wirksam die gesetzlichen Bestimmungen sind. Der vorliegende Band präsentiert die Ergebnisse der ersten umfassenden und systematischen Untersuchung genetischer Diskriminierung in Deutschland. Das zwischen 2011 und 2014 durchgeführte Forschungsprojekt „Genetische Diskriminierung in Deutschland. Eine Untersuchung zu Erfahrungen von Benachteiligung und Andersbehandlung aufgrund genetischer Krankheitsrisiken" war ein Verbundprojekt des Fachbereichs Gesellschaftswissenschaften der Goethe-Universität Frankfurt und der Fakultät für Geistes- und Sozialwissenschaften der Helmut-Schmidt-Universität/Universität der Bundeswehr Hamburg. Es wurde vom Bundesministerium für Bildung und Forschung (BMBF) im Rahmen des Schwerpunkts „Ethische, rechtliche und soziale Aspekte der modernen Lebenswissenschaften und der Biotechnologie" gefördert.

---

5   Die Huntington-Krankheit ist eine neurodegenerative Erkrankung, die meist erst im vierten oder fünften Lebensjahrzehnt auftritt. Das Leiden ist in der Regel durch schwerwiegende körperliche und geistige Veränderungen gekennzeichnet. Unwillkürliche, ruckartige Muskelzuckungen am ganzen Körper oder psychische Auffälligkeiten und Persönlichkeitsveränderungen markieren häufig den Beginn der Krankheit, die im weiteren Verlauf zum körperlichen und geistigen Verfall führt und nach etwa 15 bis 25 Jahren unvermeidlich mit dem Tod der Erkrankten endet.

Einleitung 13

Die folgende Einleitung gibt zunächst einen knappen Überblick über die historische Entstehung und konzeptuelle Rahmung des Problems genetischer Diskriminierung und stellt die bislang vorliegenden empirischen Studien und die internationale Forschungslage vor. Darauf aufbauend werden wir im zweiten Abschnitt zeigen, dass das wachsende Wissen um Formen und Felder genetischer Diskriminierung eine Reihe von methodologischen, konzeptionellen und analytischen Fragen aufgeworfen hat und gehen auf zentrale Aspekte dieser zunehmenden Problematisierung genetischer Diskriminierung genauer ein. Vor diesem Hintergrund erläutern wir im dritten Teil den Aufbau der von uns durchgeführten Studie zu genetischer Diskriminierung in Deutschland und das methodische Vorgehen. Der vierte Abschnitt stellt die Beiträge des Bandes kurz vor und fasst einige Ergebnisse unserer Untersuchung zusammen.

1 Genealogie eines Problems

Die Medizinanthropologin Janet Childerhose geht in ihrer Dissertation der Frage nach, wie das Problem der genetischen Diskriminierung seit den 1970er Jahren und insbesondere seit dem Beginn der 1990er Jahre einen prominenten Platz im politischen und wissenschaftlichen Diskurs der USA erhalten hat (Childerhose 2008). Mittels der Analyse von Archivmaterial, teilnehmenden Beobachtungen einschlägiger Ausschusssitzungen zur politischen und rechtlichen Regulierung des Problems und Interviews mit zentralen Akteuren zeigt Childerhose, dass die Definition und Bedeutung genetischer Diskriminierung sich seit den 1970er Jahren deutlich verändert und verschoben hat. Ausgangspunkt ihrer Untersuchung ist die Annahme, dass die Existenz diskriminierender Praktiken allein die Rahmung des Problems als „genetische Diskriminierung" nicht ausreichend erklärt (ebd., S. 10 f.).

Childerhose zeichnet diese Rahmungsprozesse in genealogischer Perspektive nach. Sie macht darauf aufmerksam, dass weder die Massenuntersuchungen von Afro-Amerikaner_innen, die in den 1970er Jahren durchgeführt und zum Ausschluss von ‚Genträgern' aus bestimmten Berufen führten (Duster 1991), noch die in den 1980er Jahren in der Chemieindustrie aufkommenden Screenings auf Gene, die mit erhöhten Erkrankungswahrscheinlichkeiten korrelieren sollen und insbesondere zum Ausschluss von Frauen und Angehörigen von Minderheiten führten (Holtzman 1989; Draper 1991), unter dem Stichwort einer „genetischen Diskriminierung" diskutiert wurden. Im Mittelpunkt standen vielmehr Fragen rassistischer und ethnischer Diskriminierung, die Problematisierung einer verkehrten Risikologik, die nicht schädliche Substanzen und belastende Arbeitsbedingungen, sondern ‚empfindliche' Beschäftigte in den Blick nahm, sowie die Sorge vor einem Wiederaufleben oder der Fortsetzung eugenischer Praktiken –

eine Fokussierung, die der aktuellen Debatte um genetische Diskriminierung fehlt (Childerhose 2008, S. 109-155).

Der Begriff der genetischen Diskriminierung taucht zunächst in einigen Veröffentlichungen Mitte der 1980er Jahre auf (ebd., S. 162-165), besaß aber zu diesem Zeitpunkt noch keine systematische und von anderen Diskriminierungsformen klar abgrenzbare Bedeutung.[6] Diese Definition lieferte erst eine Untersuchung der in Boston ansässigen *Genetic Screening Study Group* unter der Leitung von Paul Billings (Billings et al. 1992). Billings und seine Kolleg_innen veröffentlichten einen Aufruf im *American Journal of Human Genetics*, in welchem sie Ärzt_innen und genetische Berater_innen baten, ihnen konkrete Fälle mitzuteilen, in denen Menschen wegen ihrer genetischen Konstitution benachteiligt wurden. Ein gleich lautendes Schreiben ging an Mediziner_innen, die im Bereich der klinischen Genetik arbeiteten sowie an Selbsthilfeorganisationen von Betroffenen genetischer Erkrankungen. Insgesamt dokumentierten Billings und seine Ko-Autoren_innen 41 Fälle „genetischer Diskriminierung". Bis auf zwei Ausnahmen betrafen alle Vorfälle den Versicherungsbereich (Kranken-, Lebens- und Kraftfahrzeugversicherung) oder Beschäftigungsverhältnisse (Einstellung, Kündigung, Weiterbildung, innerbetriebliche Karriere).

Die Untersuchung von Billings und seinen Kolleg_innen fand in den USA vielfältige Resonanz und löste lebhafte Diskussionen aus. Wegweisend war dabei die von ihnen vorgeschlagene Definition:

> „[G]enetic discrimination is defined as discrimination against an individual or against members of that individual's family solely because of real or perceived differences from the ‚normal' genome of that individual. Genetic discrimination is distinguished from discrimination based on disabilities caused by altered genes by excluding, from the former category, those instances of discrimination against an individual who at the time of the discriminatory act was affected by the genetic disease." (Billings et al. 1992, S. 477)

Ihre zentrale These war also, dass eine spezifische Form von Diskriminierung existiert, der Menschen ausgesetzt sind, die als ‚genetisch krank' gelten – eine Diskriminierung, die strikt von anderen Diskriminierungspraktiken unterschieden werden muss.

So wichtig und wegweisend diese Pilotstudie war – ihre offensichtliche Schwäche lag in der geringen Datenbasis. Die Untersuchung diente eher der Sondierung des Problemfeldes, ohne Aussagen über die quantitative Bedeutung und die qualitativen Besonderheiten genetischer Diskriminierung treffen zu kön-

---

6 So veranstaltete das „Social Issues Committee" der American Society of Human Genetics 1986 einen Workshop zur Frage „genetischer Diskriminierung" als Folge von genetischen Massenuntersuchungen. Zudem taucht der Begriff in einem Buch der Rechtswissenschaftlerin Lori Andrews auf (1987, S. 19; Childerhose 2008, S. 163).

nen.[7] Auf dieses Problem reagierte die erste umfassende Studie zu Formen genetischer Diskriminierung, die von Lisa N. Geller und ihren Kolleg_innen 1992 und 1993 durchgeführt wurde und sich ebenfalls auf die Erhebung von Fällen durch Betroffenenbefragungen stützte (Geller et al. 1996). Die Autor_innen schickten 27.790 Fragebögen an Menschen, in deren Familie folgende Krankheiten bereits aufgetreten waren: die Eisenspeicherkrankheit, Morbus Huntington, Phenylketonurie (PKU) und Mucopolysaccharidose (MPS). Insgesamt erklärten bei 917 ausgefüllt zurückgesandten Fragebögen (Rücklaufquote: 3,3 Prozent) fast die Hälfte der Befragten, bereits Erfahrungen mit genetischer Diskriminierung gemacht zu haben. Diesen aus den eingegangenen Antworten entnommenen Hinweisen auf genetische Diskriminierung wurde durch Betroffenen-Interviews per Telefon weiter nachgegangen. So trugen Geller und ihre Mitarbeiter_innen Fallgeschichten zusammen, die Formen und Vielfalt von Praktiken genetischer Diskriminierung anschaulich darstellen. Diese reichten von der Ablehnung von Versicherungsleistungen und dem Verbot der Teilnahme an Blutspende-Aktionen bis hin zur Weigerung, Schüler_innen zu versetzen, weil die Lehrer_innen schlechte Schulleistungen als erste Symptome einer genetischen Erkrankung interpretierten (ebd.; vgl. auch Geller 2002).

Die beiden Pionier-Arbeiten machten die wissenschaftliche Öffentlichkeit auf wichtige negative Folgeerscheinungen des wachsenden genetischen Wissens aufmerksam. In den folgenden Jahren zeigte sich jedoch auch eine eigentümliche Verengung und Verschiebung der Debatte um „genetische Diskriminierung". Im Mittelpunkt des Interesses standen immer weniger Fragen nach vielfältigen und sich überscheidenden Diskriminierungserfahrungen und Ängsten vor eugenischen Praktiken, sondern etwas wesentlich Spezifisches:

> „unfair and prejudicial practices by health insurers, as well as employers and life insurers, against otherwise healthy individuals who were known to have genetic markers for diseases." (Childerhose 2008, S. 202)

Diese Akzentuierung verschob den Begriff der genetischen Diskriminierung von der bis dahin vorherrschenden Skandalisierung rassistischer Diskriminierung und der Benachteiligung von Minderheiten sowie der Kritik an einer Kontinuität eugenischer Praktiken. Die Aufmerksamkeit richtete sich nunmehr auf die mögliche Ungleichbehandlung von Personen, bei denen eine genetische Disposition für eine Krankheit nachgewiesen wird, die aber (noch) nicht erkrankt sind. Mit dieser Fokussierung wurde der Begriff der genetischen Diskriminierung einerseits medizinisch-genetisch spezifiziert und verengt, aber andererseits als ein übergreifendes Ungleichbehandlungsrisiko charakterisiert, das alle Gesellschaftsmitglieder betrifft.

---

7   Zu den methodischen Mängeln der frühen Studien genetischer Diskriminierung vgl. Treloar et al. 2004; Hall et al. 2005, S. 311f.

Diesem neuen Begriffsverständnis folgend, suchten in den 1990er und 2000er Jahren weitere empirische Studien den Umfang und die Formen genetischer Diskriminierung in den USA zu bestimmen (Lapham et al. 1996; Hall/Rich 2000; Hall et al. 2005; vgl. auch Martindale 2001; Slaughter 2008, S. 725f.). Dass die wissenschaftliche Auseinandersetzung mit dem Problem der genetischen Diskriminierung in den Vereinigten Staaten früher und intensiver als in anderen Ländern einsetzte, hat im Wesentlichen drei Gründe. Erstens waren die technologische Entwicklung und der Einsatz von Gentests dort am weitesten fortgeschritten. Nach einer Umfrage der American Management Association von 1999 zeigten sich 30 Prozent aller mittleren und größeren Unternehmen an den genetischen Daten ihrer Beschäftigten interessiert; sieben Prozent zogen sie für Einstellungen und Beförderungen heran (Martindale 2001, S. 14; vgl. auch Pagnatarro 2001; Dearing 2002). Zweitens spielt auch der politisch-institutionelle Kontext eine wichtige Rolle. In den USA fehlte lange Zeit – im Unterschied zu vielen anderen westlichen Industriestaaten – ein gesetzliches Krankenversicherungssystem, was der Risikodifferenzierung aufgrund von genetischen Besonderheiten eine existenzielle Bedeutung verlieh. In Extremfällen wurden Antragsteller_innen abgelehnt und blieben so ohne jeden Versicherungsschutz. Drittens gab es in den USA eine im Vergleich zu den meisten europäischen Staaten deutlich intensivere Debatte zu genetischer Diskriminierung aufgrund starker Patient_innenvereinigungen und Selbsthilfegruppen, die auf die (negativen) Folgen genetischen Wissens aufmerksam machten (Heath et al. 2004, Novas/Rose 2000).

Der gegenüber den Debatten und Analysen der 1970er und 1980er Jahre neu akzentuierte Problemhorizont prägte auch die wissenschaftliche Auseinandersetzung mit „genetischer Diskriminierung" außerhalb der USA. Lawrence Low, Suzanne King und Tom Wilkie berichteten auf der Grundlage einer Befragung von Menschen mit verschiedenen genetischen Erkrankungen von diskriminierenden Praktiken britischer Lebensversicherer. Die Autor_innen verschickten 7000 Fragebögen an Mitglieder von sieben Selbsthilfegruppen für genetische Erkrankungen (etwas mehr als 1000 gingen an eine Vergleichsgruppe, die sich aus einem repräsentativen Sample der Gesamtbevölkerung zusammensetzte). Insgesamt schilderten 33,4 Prozent der Befragten Probleme bei der Beantragung von Lebensversicherungen; dagegen hatten nur fünf Prozent der Antragssteller_innen aus der Kontrollgruppe Schwierigkeiten, eine Lebensversicherung abzuschließen. Die Untersuchung zeigte auch, dass viele Fälle genetischer Diskriminierung auf das mangelnde Fachwissen über Verursachungswege und Krankheitsbilder auf Seiten der Versicherungen bzw. deren Vertreter zurückgingen (Low et al. 1998). Fälle genetischer Diskriminierung traten in Großbritannien auch im Rahmen von Beschäftigungsverhältnissen auf, wie die kritische Organisation GeneWatch UK dokumentiert (Mayor 2003). Eine Befragung von

Arbeitgebern zeigte, dass 50 Prozent der Verantwortlichen es Anfang der 2000er Jahre für angemessen und richtig hielten, genetische Tests einzusetzen, um Menschen mit erhöhten Krankheitsrisiken zu identifizieren (GeneWatch UK 2001; 2003). Erfahrungen genetischer Diskriminierung in Kanada dokumentierten die unter der Leitung von Yvonne Bombard durchgeführten Interviews mit Menschen, bei denen die für die Huntington-Krankheit verantwortliche Mutation nachgewiesen wurde, die aber noch nicht erkrankt waren (Bombard et al. 2007; 2008). Diese Studie war die erste, die systematisch untersuchte, wie Betroffene mit dem Risiko umgehen, aufgrund ihrer genetischen Eigenschaften benachteiligt, stigmatisiert oder ausgeschlossen zu werden. Die insgesamt 37 Interviews mit asymptomatischen Mutationsträgern erbrachten den Nachweis, dass die Befragten im Wesentlichen vier Strategien benutzen, um auf die Gefahr genetischer Diskriminierung zu reagieren: „Sich bedeckt halten", „Herunterspielen", „Vorkehrungen treffen" und „Bekämpfen". Die Mehrzahl der Befragten wählte die erste Strategie (62 Prozent). Sie hielten die Familiengeschichte oder das Ergebnis des prädiktiven Gentests meist geheim und teilten in der Regel ihren Risikostatus anderen nicht mit. Während einige keine einzige Person über ihr Erkrankungsrisiko informierten, teilten andere diese Information mit einer kleinen Gruppe (meist Familienmitglieder und enge Freund_innen). Die Autor_innen identifizierten eine zweite Strategie bei etwa einem Drittel der Untersuchungsteilnehmer_innen (30 Prozent), die sie als „Herunterspielen" bezeichneten. Diese ist dadurch gekennzeichnet, dass die Betroffenen nicht direkt über Erfahrungen genetischer Diskriminierung nachdenken (wollten) oder die erlebten Vorfälle nicht als Diskriminierungserfahrungen begriffen. „Vorkehrungen treffen" ist die dritte Strategie, die von etwa der Hälfte der Befragten genutzt wurde. Sie umfasst alle Anstrengungen und Versuche, genetischer Diskriminierung zu entgehen oder sich vor ihr zu schützen. Dazu zählte etwa der Abschluss von Versicherungsverträgen vor der Durchführung des prädiktiven Tests oder das Initiieren von Maßnahmen, die sicherstellen, dass das Ergebnis des Gentests nicht in den Krankenakten auftaucht. Die letzte Strategie, die von 27 Prozent der Befragten verwendet wurde, zielt darauf, Praktiken genetischer Diskriminierung aktiv zu bekämpfen. In diesem Fall schilderten die Befragten, wie und wo sie Rat suchten, die diskriminierenden Praktiken als unbegründet zurückwiesen oder Widerstand gegen diese leisteten (Bombard et al. 2007; 2008; vgl. auch Bombard/Hayden 2011).

Neben diesen größeren empirischen Untersuchungen wurden in einigen Ländern einzelne Fälle genetischer Diskriminierung dokumentiert. In Frankreich gab es mindestens zwei Versuche von Versicherungsgesellschaften, laufende Verträge aufgrund eines positiven Untersuchungsergebnisses für die Huntington-Krankheit zu kündigen (Browaeys/Kaplan 2000: 2; vgl. auch Thébaud Mondy 1999). In Hongkong wurden drei junge Männer, die sich um Stellen bei der Feuerwehr und einer Finanzbehörde bewarben, aufgrund ihrer Familiengeschichte abgelehnt. Bei allen dreien war jeweils ein Elternteil an Schizophrenie erkrankt. Die zuständigen Behörden verwiesen darauf, dass die Bewerber aufgrund ihres erhöhten Erkrankungsrisikos eine zu große Gefahr für die öffentliche Sicherheit darstellten. Alle drei abgewiesenen Bewerber klagten erfolgreich gegen diese Entscheidung (Wong/Lieh-Mak 2001). In Brasilien wurde eine Volleyballspielerin von Mannschaftswettbewerben ausgeschlossen, als in ihrem Blut bei einer Routineuntersuchung die Anlage für Sichelzellenanämie nachgewiesen wurde (Guedes/Diniz 2007).

Die bislang umfassendste und methodologisch anspruchsvollste Untersuchung wurde zwischen 2002 und 2005 in Australien durchgeführt. Die Studie unter der Leitung von Margaret F. Otlowski enthält mehrere Analysedimensionen. Sie verknüpft eine Befragung von „Konsument_innen" (Menschen, die genetische Beratungen aufsuchen und Mitglieder von Selbsthilfegruppen zu genetischen Krankheiten) mit einer Erhebung von Fällen genetischer Diskriminierung im Rahmen von Beschäftigungsverhältnissen und bei Versicherungen. Darüber hinaus wurden Rechtsfälle analysiert, in denen der Vorwurf genetischer Diskriminierung Gegenstand des Verfahrens war. Ein letzter Analyseschritt zielte darauf, mutmaßliche Fälle genetischer Diskriminierung zu „verifizieren". Im Mittelpunkt des Gesamtprojekts stand die Rekonstruktion und Überprüfung individueller Erfahrungen genetischer Diskriminierung sowie die Frage, in welchen sozialen und organisationalen Kontexten sie auftreten und welchen Prozessmustern sie folgen (Otlowski et al. 2002; Taylor et al. 2004; Otlowski et al. 2007; Barlow-Stewart et al. 2009).

Eine wichtige Einzelstudie im Rahmen des Projekts war eine umfassende Befragung von Nutzer_innen von Testangeboten im Bereich der klinischen Genetik. Die Forscher_innen schickten ihren Fragebogen an 2.667 Erwachsene, die sich zwischen 1998 und 2003 in spezialisierten Zentren hinsichtlich der Durchführung prädiktiver oder präsymptomatischer Tests für spätmanifestierende Erkrankungen beraten ließen. 951 der zurückgesendeten Fragebögen (von insgesamt 1.185) stammten von Personen, die zum Zeitpunkt der Befragung asymptomatisch waren und daher in das Sample aufgenommen werden konnten. Etwa zehn Prozent (n=93) der Befragten schilderten negative Erfahrungen, die sie auf ihren genetischen Risikostatus bezogen. Die Vorgänge fanden in fünf verschiedenen Bereichen statt: Lebensversicherung (42 Prozent), Beschäftigungsverhältnisse (5 Prozent), Familie (22 Prozent), soziale Interaktionen im Alltag (11 Prozent) und Gesundheitssektor (20 Prozent). Die Studie erbrachte auch den Nachweis, dass nur eine Minderheit der Befragten von Beschwerdemöglichkeiten und Rechtswegen Kenntnis besaß. Lediglich 15 Prozent wusste, wohin sie sich wenden konnten, um sich gegen Andersbehandlungen oder Benachteiligungen aufgrund genetischer Informationen zu wehren (Taylor et al. 2008; vgl. auch Taylor 2011).

Die Ergebnisse der hier kurz vorgestellten Studien – die ersten empirischen Untersuchungen zum Phänomen der genetischen Diskriminierung liegen inzwischen fast ein Vierteljahrhundert zurück – lieferten wichtige Einsichten und Erkenntnisse für die gesellschaftliche Einschätzung und Bewertung von Problemlagen, die mit der Verbreitung genetischer Information verbunden sein können. Sie haben für die Durchsetzung des Begriffs *genetische Diskriminierung* gesorgt und entscheidend zur Etablierung entsprechender rechtlicher Schutzbestimmungen beigetragen.

2 Methodische Fragen, konzeptionelle Herausforderungen und analytische Probleme bei der Untersuchung genetischer Diskriminierung

Die Untersuchungsergebnisse warfen zugleich aber auch neue Fragen auf und zeigten Probleme bei der Datengenerierung und -auswertung. Die methodologische Kritik zielte auf eine überzeugende Unterscheidung zwischen subjektiven Einschätzungen erlebter Andersbehandlung einerseits und objektiven Fakten andererseits und betonte die Notwendigkeit, die geschilderten negativen Erfahrungen zu „verifizieren". Ebenso wurde eine sorgfältigere Differenzierung zwischen tatsächlicher genetischer Diskriminierung und (zumindest teilweise unbegründeten) Ängsten vor Benachteiligung und Andersbehandlung angemahnt (Otlowski et al. 2003; Treloar et al. 2004; Otlowski 2005; Joly et al. 2013, S. 11f.).[8] Mit dem wachsenden Wissen um Formen und Felder genetischer Diskriminierung wurde auch der Forschungsgegenstand unschärfer. In konzeptioneller Hinsicht wurde die Frage nach der Definition und Eigenart genetischer Diskriminierung aufgeworfen: Was genau unterscheidet Praktiken genetischer Diskriminierung von anderen Diskriminierungsformen? Was macht eine legitime Differenzierung auf der Grundlage genetischer Informationen zu einer moralisch verwerflichen und/oder rechtlich inakzeptablen Diskriminierung? Zu beobachten ist, dass den empirischen Untersuchungen unterschiedliche Definitionen genetischer Diskriminierung zugrunde liegen. Es gibt weite oder eher enger gefasste Begriffe genetischer Diskriminierung, was die Vergleichbarkeit der Ergebnisse

---

8 Bombard und Hayden weisen auf eine weitere Schwierigkeit hin: „[I]dentifying the target population is particularly challenging, since individuals who would represent the target population of genetic discrimination may not necessarily view themselves as target of genetic discrimination." (Bombard/Hayden 2011, S. 187)

sehr erschwert (Rothstein/Anderlik 2001; Treloer et al. 2004, S. 162f.; Joly et al. 2013, S. 9). Diese definitorischen Unschärfen führten zu gegensätzlichen Einschätzungen des Problems. Viele Kommentator_innen kritisierten, dass die Diskriminierungsvorwürfe überzogen seien und das Ausmaß genetischer Diskriminierung überschätzt werde (Nowlan 2002; Nowlan 2003; Wertz 2002). Ein aktueller Überblick über empirische Untersuchungen zu genetischer Diskriminierung im Bereich von Lebensversicherungen dokumentiert, dass in den wissenschaftlichen Studien hinsichtlich der Bedeutung genetischer Diskriminierung wenig Einigkeit herrscht. Der Artikel von Joly et al. (2013) zeigt, dass – jedenfalls in Bezug auf das Feld der Lebensversicherungen – keine eindeutige Aussage hinsichtlich der Prävalenz genetischer Diskriminierung möglich ist. Während die eine Hälfte der Studien zur Einschätzung gelangt, dass genetische Diskriminierung häufig vorkommt und ein gesellschaftspolitisches Problem darstellt, stimmt die andere Hälfte darin überein, dass es wenig Anhaltspunkte dafür gibt, dass genetische Diskriminierung verbreitet ist und sie eine ernstzunehmende Ursache für Benachteiligungen im Versicherungsbereich darstellt:

> „a majority of studies (58%) that believes that GD [genetic discrimination] in the context of life insurance is a negligible issue that does not warrant the substantial societal debate and policy concern generated to date, while a substantial minority (42%) concludes that GD exists and has impacted access to life insurance negatively." (Joly et al. 2013, S. 11)

Diese konträre Problemwahrnehmung ist nicht auf Lebensversicherungen beschränkt, sondern ein allgemeines Kennzeichen dieses Forschungsfeldes, und verweist damit auch auf definitorische Probleme, die den gegensätzlichen Einschätzungen möglicherweise zu Grunde liegen.

Die systematische Literaturübersicht von Joly et al. enthält darüber hinaus einen weiteren interessanten Befund der Debatte um genetische Diskriminierung. Von den insgesamt 33 empirischen Studien, die zwischen 1991 und 2012 zum Problem der genetischen Diskriminierung im Bereich der Lebensversicherungen veröffentlicht wurden, fokussierten mehr als die Hälfte (58%) auf den folgenden fünf Erkrankungen: Huntington-Krankheit, erblicher Brust- und Eierstockkrebs, Hereditäre Hämochromatose, erblicher Darmkrebs und familiäre Hypercholesterinämie (Joly et al. 2013, S. 3). Dies zeigt, dass die wissenschaftliche Diskussion genetischer Diskriminierung, aber auch die gesellschaftliche und politische Debatte, lediglich auf einigen wenigen Erkrankungen basiert. Daraus ergibt sich das Problem, dass die Analyse nur einen selektiven Ausschnitt der Komplexität genetischer Diskriminierung zu erfassen vermag, da sie geprägt wird von wenigen Krankheiten, die möglicherweise – wie etwa die Huntington-Krankheit aufgrund ihrer hohen Penetranz und des außergewöhnlichen prädiktiven Werts der Genanalyse – eine Sonderstellung innerhalb des Spektrums genetischer Erkrankungen einnehmen und die Vielzahl existierender Vererbungswege und Symptomatiken nicht abzubilden vermögen. Ein weiteres analytisches Problem der wissenschaftlichen (aber auch der gesellschaftlichen) Diskussion genetischer Diskriminierung besteht darin, dass diese vor allem auf organisationale Akteure einerseits und Individuen andererseits fokussiert. Die vorliegenden Arbeiten konzentrierten sich in der Regel auf Beschäftigungsverhältnisse und Versicherungsverträge. Dies mag zwar rechtlich opportun sein, insofern sie die leichtere Verfolgung von Rechtsverstößen und einen wirksamen Schutz vor dieser Form der Diskriminierung ermöglichen; allerdings bleibt diese Gegenüberstellung einem juridischen Täter-Opfer-Schema verhaftet und ignoriert andere Formen der Diskriminierung.[9] Lemke (2006a, S. 56) hat darauf hingewiesen, dass auf diese Weise eine bedeutsame Arena genetischer Diskriminierung nicht erfasst werden kann: die Missachtung und Stigmatisierung im Familien-, Freundes- und Bekanntenkreis und in alltäglichen Interaktionssituationen.

Aus dieser Problemwahrnehmung sind zwei Schlüsse zu ziehen. Zum einen sollte der Begriff genetischer Diskriminierung über eine individuumszentrierte und fallorientierte Perspektive hinausgehen. Die generationenübergreifende Bedeutung genetischer Informationen und ihre gesellschaftliche Wahrnehmung als ‚Familienkrankheit' macht es nötig, ein Verständnis von „‚familial' discrimination" (Treleor et al. 2004, S. 163) zu entwickeln, bei der letztlich nicht das Individuum, sondern die gesamte Familie möglicher Adressat diskriminierender Praktiken ist. Dies zeigen auch die Ergebnisse einer neueren Studie, in der Menschen zu Wort kommen, in deren Familie die Huntington-Krankheit aufgetreten ist:

> „Findings from the present study suggest that individuals have significant concerns about genetic discrimination for their children. Thus the extent of genetic discrimination may be under-represented if experiences of and concerns about genetic discrimination for family members is not taken into account." (Bombard/Hayden 2011, S. 199)

So ist zum zweiten auch zu beachten, dass die Familie selbst eine mögliche Arena genetischer Diskriminierung darstellt. Erfahrungen von Zurückweisung, Missachtung, Stigmatisierung und Abwertung finden nicht nur in organisationalen Kontexten statt, sondern auch innerhalb der Familie sowie im Freundes- und Bekanntenkreis. Die meisten empirischen Untersuchungen haben dieses Feld ignoriert. Eine Ausnahme ist die bereits erwähnte kanadische Studie unter der Leitung von Yvonne Bombard, die auf Interviews mit asymptomatischen Anlageträgern für die Huntington-Krankheit basiert. Die Befragten berichteten nicht

---

9 Vgl. hierzu die Beobachtung von Bombard und Hayden: „[G]enetic discrimination is an issue that spans beyond the traditionally examined settings of insurance and employment. Thus, an exploration of the breadth of genetic discrimination across a wide variety of settings is also required." (Bombard/Hayden 2011, S. 197)

nur von (aus ihrer Sicht) ungerechtfertigten Ungleichbehandlungen im Versicherungsbereich, in Beschäftigungsverhältnissen und im Gesundheitssektor, sondern sie beschrieben auch diskriminierende Praktiken in der Familie und im sozialen Nahbereich:

> „[T]his report highlights the fact that individuals link disrupted interactions and patterns of behavior within the family with discrimination. Although discriminatory experiences have not been typically linked to family interactions, this form of GD [genetic discrimination] needs to be considered along with more obvious forms of GD related to insurance and employment." (Bombard et al. 2008, S. 287)[10]

3 Untersuchungsdesign und methodisches Vorgehen unserer Studie

Wie bereits erwähnt, existiert bislang keine umfassende empirische Studie zu Formen genetischer Diskriminierung in Deutschland. Diese – vor allem im Hinblick auf die internationale Diskussion – manifeste Forschungslücke wird durch die vorliegende systematisch angelegte empirische Studie geschlossen. Ihr Ziel war es, Erfahrungen von Menschen zusammenzutragen, die aufgrund einer (vermuteten) Veranlagung für eine genetisch bedingte Erkrankung diskriminiert wurden. Im Mittelpunkt standen dabei folgende Fragen: Gibt es Hinweise auf Benachteiligungen und Ausgrenzungen aufgrund genetischer Merkmale? Welche Formen der Andersbehandlung sind zu beobachten? In welchen Bereichen erfolgen Diskriminierungen und Stigmatisierungen und wie gehen Betroffene damit um? In der einschlägigen Literatur bezeichnet der Begriff der genetischen Diskriminierung Formen von Benachteiligung, Ausschluss oder Andersbehandlung aufgrund eines Genotyps, der als ‚anders' oder ‚defekt' wahrgenommen wird. Wie gesehen, wird das Spezifikum dieser Diskriminierungsform darin gesehen, dass die Betroffenen (noch) nicht erkrankt sind bzw. keine manifesten Symptome der Erkrankung aufweisen. Diese Personen werden deshalb als „asymptomatische Kranke" (Billings et al. 1992, S. 479) oder „gesunde Kranke" (Scholz 1995, S. 48) bezeichnet. Ihre potenzielle Erkrankung wird jeweils durch spezifische Erbgänge bestimmt und kann eine unterschiedliche Symptomatik und Schwere aufweisen. Die vorliegenden Studien haben gezeigt, dass insbesondere vier Gruppen „asymptomatisch Kranker" von genetischer Diskriminierung betroffen sind:

---

10 Vgl. auch die Feststellung in einem 2012 veröffentlichten Überblicksartikel: „Negative treatment based on genetic information can occur within interpersonal domains, such as family and social settings, as well as within public institutional domains, such as access to fertility and health services, military services, and adoption services." (Otlowski et al. 2012, S. 435; vgl. auch Erwin et al. 2010, S. 1088)

- Personen, für die ein positives Untersuchungsergebnis für eine autosomal-dominante Erkrankung vorliegt, an der sie mit hoher Wahrscheinlichkeit erkranken werden;
- Personen, bei denen eine genetische Disposition für eine Krankheit festgestellt wurde, an der sie in Zukunft möglicherweise, aber nicht sicher leiden werden;
- Personen mit einer vollkommen behandelbaren genetischen Krankheit;
- heterozygote ‚Träger' von rezessiven Merkmalen, die sie möglicherweise an ihre Kinder weitergeben, an denen sie selbst aber nicht erkranken (vgl. Barash 2000, S. 217; Taylor et al. 2004, S. 228).

An diese Untersuchungsergebnisse angelehnt haben auch wir exemplarisch vier Betroffenengruppen ausgewählt, die sich voneinander deutlich unterscheiden, den aufgeführten Vererbungswegen, Krankheitsbildern und genetischen Charakteristika entsprechen und ein möglichst großes Spektrum genetischer Erkrankungen abdecken:

1. Menschen, bei denen der genetische Test für die *Familiäre Adenomatöse Polyposis* (FAP) positiv ausfiel. Diese Erkrankung basiert auf einem autosomal-dominanten Erbgang, d.h. die Genvariante wird mit einer 50-prozentigen Wahrscheinlichkeit an die nachfolgende Generation weitervererbt. Dabei bilden sich zahlreiche Polypen im Dickdarm, die unbehandelt fast sicher eine Krebserkrankung hervorrufen (Bisgaard et al. 1994; Andresen et al. 2009; Spier/Aretz 2012). FAP zählt zu den spät manifestierenden Erkrankungen und wird bei Auftreten einer hohen Anzahl von Polypen regelmäßig mit der Entfernung des Dickdarms behandelt (Douma et al. 2008).
2. Menschen mit einem Risiko für *Familiären Brust- und Eierstockkrebs* (BRCA). Diese Krankheit wird wie die FAP autosomal-dominant vererbt und entsteht vor allem durch Mutationen der Gene BRCA1 oder BRCA2. Bislang sind mehr als 2000 pathogene Varianten des BRCA1-Gens und mehr als 1000 des BRCA2-Gens bekannt (Schlehe/Schmutzler 2008; Schmutzler/Kast 2010). Mutationen in den Genen BRCA1 und BRCA2 beeinträchtigen die Funktion, das Zellwachstum und die Zellteilung zu regulieren, weshalb es zu einem unkontrollierten Wachstum der Zellen und so zur Entstehung von (malignen) Tumoren bzw. von Krebs kommen kann. Bei einer BRCA1- oder BRCA2-Mutation wird die Wahrscheinlichkeit, bis zum 80. Lebensjahr an Brustkrebs zu erkranken, auf 60 bis 80 Prozent geschätzt; für Eierstockkrebs wurde eine Erkrankungswahrscheinlichkeit von 20 bis 50 Prozent berechnet (Meindl et al. 2011).
3. Betroffene der Eisenspeicherkrankheit (*Hereditäre Hämochromatose*, HH). Diese Krankheit ist charakterisiert durch die erhöhte Aufnahme von Eisen im Körper, welches sich in verschiedenen Organen, insbesondere in der Leber, ablagert und dort zu irreversiblen Organschäden führt (Cooper et al.

2008; Watkins et al. 2008). Verursacht wird die HH durch Genvarianten, zumeist durch Veränderungen des HFE-Gens auf Chromosom Nr. 6. Die Krankheit wird autosomal-rezessiv vererbt, d.h. zum Auftreten von Krankheitssymptomen kommt es nur, wenn die entsprechende Genveränderung von beiden Elternteilen weitergegeben wird. Das Erkrankungsrisiko bei vorliegender Genvarianz lässt sich nur schwer beziffern, da verschiedene Studien sehr unterschiedliche Werte ermittelt haben (vgl. Mc Cune et al. 2002; Büttner/Spangenberg 2011). Die HH gehört zu den häufigsten erblichen Stoffwechselstörungen in Europa, Nordamerika und Australien. In Deutschland liegt die Prävalenz bei 2 bis 5:1.000 (Stuhrmann et al. 2005a). Ohne Behandlung verläuft die Krankheit potenziell tödlich, bei rechtzeitiger Diagnose ist sie dagegen gut behandelbar.

4. ‚Träger' des CFTR-Gens für *Cystische Fibrose* (CF). Die CF (auch bekannt als Mukoviszidose) basiert – wie die HH – auf einem autosomal-rezessiven Erbgang, d.h. bei Genträgerschaft beider Eltern liegt die statistische Erkrankungswahrscheinlichkeit des Kindes bei 25 Prozent. Es handelt sich um eine Stoffwechselerkrankung, die durch unterschiedliche Varianten des CFTR-Gens auf dem Chromosom Nr. 7 hervorgerufen wird. Die Krankheit führt zu einer Störung der Schleimproduktion im Körper, so dass Sekrete wie beispielsweise das Bronchialsekret zähflüssig werden und die Organtätigkeit einschränken. Die Prävalenz der Erkrankung liegt in Europa bei 1:2.500 Neugeborenen (Stuhrmann et al. 1999). Die Symptome der Erkrankung lassen sich mildern, der Krankheitsverlauf ist jedoch nicht umkehrbar.

Um Erfahrungen von Benachteiligung und Andersbehandlung zu dokumentieren und um mögliche Formen und Felder genetischer Diskriminierung zu identifizieren, haben wir in der ersten Projektphase eine Fragebogenerhebung unter Personen durchgeführt, die von den genannten genetischen Krankheiten betroffen sind. Die Fragebogenerhebung (Phase 1) ermöglichte den Zugang zu Personen, die nachfolgend auf der Grundlage eines Leitfadens befragt wurden (Phase 2). Ausgehend von diesen Schilderungen haben wir in ausgewählten Feldern von Diskriminierung und zu spezifischen Problemkomplexen Follow up-Interviews geführt, um die Schilderungen von Betroffenen zu ergänzen (Phase 3).[11] Der

---

11 Die Fragebogenerhebung fand von März bis Dezember 2011 statt. Beginn und Dauer der nachfolgenden Interviewphase variierte in den vier Teilprojekten aufgrund organisatorischer Erfordernisse, umfasste jeweils einen Zeitraum von acht oder neun Monaten, an den sich ab Beginn des Jahres 2013 die dritte Erhebungsphase des Projekts anschloss, in der ausgewählte Problemlagen vertiefend untersucht wurden. Methodisch muss angemerkt werden, dass unsere Untersuchung auf einen zweifachen Selektionseffekt verweist, der sich kaum vermeiden lässt, aber hier zumindest erwähnt werden soll. Zum einen liegt ein Verzerrungspotenzial darin, dass vermutlich vor allem Personen an der Studie teilnehmen, die sich mit der Thematik stärker als andere auseinandergesetzt haben und professionelle Anerkennung für die geschilderten Unrechts- und Ausgrenzungserfahrungen suchen (vgl. z.B. Petermann 2005; Treloar et al. 2004, S. 165); zum ande-

Einleitung

Zugang zu den Teilnehmer_innen der Fragebogenerhebung erfolgte durch die Verteilung des Fragebogens (einschließlich eines frankierten Rückumschlags) über Selbsthilfegruppen für die vier Erkrankungen sowie über humangenetische Beratungsstellen.[12] Darüber hinaus lag ein Projekt-Faltblatt mit den Kontaktdaten in Arztpraxen, Kliniken und humangenetischen Beratungsstellen aus. Insgesamt wurden 2.368 Fragebögen verteilt bzw. verschickt, die entweder der Mitgliederpost von Selbsthilfegruppen oder Infoschreiben der Beratungsstellen beigelegt, von Betroffenen bei uns angefordert oder auf Treffen von Selbsthilfegruppen Interessierten ausgehändigt wurden. Wir erhielten 275 ausgefüllte Fragebögen zurück (Response-Rate 11,61%). Der Fragebogen konnte auch auf der Internetseite des Projekts ausgefüllt werden. Weitere 121 Fragebögen gingen im genannten Untersuchungszeitraum über diese Online-Befragung ein, so dass insgesamt 396 Fragebögen vorlagen. Die Auswertung der Daten erfolgte im Sinne der Datenschutzrichtlinien für gesundheitsbezogene Daten und gemäß dem Ethikkodex der Deutschen Gesellschaft für Soziologie. Der Fragebogen setzte sich aus standardisierten und offenen Fragen zusammen. Die ersten Items zielten auf die Ermittlung von genetischen Merkmalen und krankheitsbezogenen Informationen; gefragt wurde u.a. nach Ergebnissen genetischer Untersuchungen und danach, wer von genetischen Krankheitsrisiken Kenntnis hat. Der nächste Fragenkomplex richtete sich in Übereinstimmung mit den vorliegenden Studien zu genetischer Diskriminierung auf negative Erfahrungen aufgrund der (vermuteten) genetischen Veranlagung im Arbeitsbereich, bei Versicherungen, in Behörden, im Bildungssektor, bei Banken, Vereinen und im Gesundheitsbereich. Darüber hinaus bestand auch die Möglichkeit, positive Erfahrungen im Kontext genetischen Wissens zu schildern. Dies stellt ebenso eine Erweiterung des Fragenkatalogs gegenüber den meisten Untersuchungen genetischer Diskriminierung dar, wie auch die Option, im Fragebogen von Erfahrungen im sozialen Nahbereich und im familiären Umfeld zu berichten (Freund_innen, Kinder, Partner_in, andere Familienangehörige). Das Leben mit einem genetischen Krankheitsrisiko bzw. einer genetischen Erkrankung legt auch die Auseinandersetzung mit dem Auftreten bzw. Fortschreiten der Krankheit sowie den Krankheitsrisiken der nachfolgenden Generation nahe. Daher fragten die abschließenden Items

---

ren sind die grundsätzliche Selektivität von Selbsteinschätzungen und Betroffenen-Befragungen sowie die Offenheit und Unschärfe eines erfahrungsbasierten Diskriminierungsbegriffs zu konstatieren und werden auch in der Diskriminierungsforschung kritisch reflektiert (vgl. z.B. Beelmann/Jonas 2009; Krieger 2000; Maier 2010, S. 159ff). Aufgrund dieses doppelten bias erheben die hier vorgelegten Studienergebnisse nicht den Anspruch, Formen und Felder genetischer Diskriminierung „objektiv" nachzuweisen; vielmehr geht es angesichts der unbefriedigenden, rudimentären Forschungslage zunächst einmal darum, Erfahrungen von Andersbehandlung aufgrund des Genstatus zu dokumentieren und einer Erklärung zugänglich zu machen.

12 Diese Selbsthilfegruppen haben die Untersuchung unterstützt: Familienhilfe Polyposis Coli e.V., BRCA Netzwerk e.V., Hämochromatose-Vereinigung Deutschland e.V. und Mukoviszidose e.V.

nach Befürchtungen, in der Zukunft aufgrund der genetischen Merkmale anders behandelt oder ausgegrenzt zu werden und nach Schilderungen von Handlungsstrategien und Vorkehrungen gegen (zukünftige) Erfahrungen von Ausgrenzung, Benachteiligung und Stigmatisierung. Die standardisierten Fragen wurden mittels der Predictive Analytics Software (PASW 18) einer deskriptiven Analyse unterzogen. Die narrativen Antwortpassagen variierten zwischen kurzen Sätzen und ausführlichen Schilderungen. Sie wurden von den standardisierten Fragen separiert und inhaltsanalytisch ausgewertet.

	BRCA	CF	FAP	HH	Gesamt
Anzahl (n)	89	113	127	67	396
Anteil am Gesamtsample (%)	22,5	28,5	32,1	16,9	100
Alter (Median in Jahren)	40,5	35,0	44,5	60,5	43,0
männlich (%)	1,3	34,0	39,2	46,8	30,9
weiblich (%)	98,7	66,0	60,8	53,2	69,1

Tabelle 1: Übersicht Anzahl, Alter und Geschlecht der Befragten[13]

Die Fragebogenerhebung zielte darauf, Diskriminierungserfahrungen von Menschen mit einer Disposition für eine genetisch bedingte Krankheit zu erfassen. Sie diente darüber hinaus auch dazu, Personen für Interviews zu gewinnen, die einen detaillierten und fundierten Einblick in Erfahrungen und Umgangsweisen mit dem genetischen Wissen geben sollten.

Im Mittelpunkt der zweiten Erhebungsphase standen insgesamt 67 Interviews mit Personen, die bereit waren, mit uns über ihre genetischen Merkmale und die damit verbundenen Erfahrungen ausführlicher zu sprechen.[14] Anhand eines Leitfadens fragten wir nach der Bedeutung der genetischen Diagnose für die Betroffenen, nach den damit möglicherweise verbundenen Ängsten und Befürchtungen, aber auch nach eventuellen Entlastungseffekten, die mit dem genetischen Wissen einher gehen können. Darüber hinaus war die innerfamiliäre Kommunikation über genetische Krankheitsrisiken und Testoptionen und die Frage, mit wem das genetische Wissen (nicht) geteilt wurde, Gegenstand der

---

13 Alle Angaben zu Variablen beziehen sich auf die jeweilige Anzahl der Fragebögen, in denen hierzu Angaben gemacht wurden (gültige Prozente).
14 Dabei verteilte sich die Anzahl der Interviews auf die Fallstudien wie folgt: FAP: 16 Interviews; BRCA: 18 Interviews; HH: 15 Interviews; CF: 18 Interviews.

Interviews. Dabei ging es vor allem darum, Erzählimpulse zu geben, die den Betroffenen eine eigenständige Relevanzsetzung und deren narrative Ausformulierung ermöglichten. Mit diesem offen angelegten Interviewverfahren sollten Spannungen, Widersprüche und Brüche in den kommunizierten Einstellungen, Meinungen und Werthaltungen Raum erhalten. Dieses Vorgehen zielte darauf, der komplexen Bedeutung genetischen Wissens ebenso Rechnung zu tragen wie dem Anliegen, empirische Befunde systematisch mit konzeptionellen Fragen zu verschränken (vgl. Bombard/Hayden 2011, S. 189; Klitzman 2010, S. 70f.).

Ein wichtiger Bestandteil dieses Vorgehens war, dass alle interviewten Personen vorab über den Untersuchungsgegenstand, die Anonymisierung der Daten und das Auswertungsverfahren informiert sowie auf die Möglichkeit hingewiesen wurden, jederzeit eine Löschung ihrer Angaben zu verlangen. Auf dieser Grundlage erteilten die Interviewten schriftlich ihre informierte Einwilligung. Die Gespräche dauerten zwischen einer knappen halben Stunde und drei Stunden. Sie wurden aufgezeichnet, transkribiert und in einer Mehrpersonenperspektive von der Forschungsgruppe gemeinsam vertikal und horizontal interpretiert (Haubl/Liebsch 2010). In der vertikalen Interpretation wurde die jeweilige individuelle Geschichte der Interviewten Sinn verstehend rekonstruiert. Im Mittelpunkt dieses Untersuchungsschritts stand die Identifizierung der für die relevanten thematischen Felder signifikanten Erzählfacetten, die Feststellung der Brüche und Widersprüche in den Erzählungen sowie die methodische Reflexion der Ko-Produktionen hinsichtlich der Interaktion zwischen Interviewten und Interviewer_in. Eine Erweiterung der thematischen Felder wurde immer dann vorgenommen, wenn sich jenseits des definierten Rasters des Forschungsinteresses relevante Gesichtspunkte der Erzählungen zeigten, die über bisher berücksichtigte Aspekte hinaus gingen. Die Herausforderung bestand dabei darin, einerseits eine die individuelle Person (und ihre spezifischen Verarbeitungsweisen der in Rede stehenden genetischen Erkrankung) verstehende Perspektive einzunehmen, andererseits aber unter begründetem Abzug der individuellen Besonderheiten die hier deutlich werdenden allgemeinen Strukturmerkmale im Interviewmaterial zu identifizieren. Darauf aufbauend haben wir anschließend in einem horizontalen, alle Interviews und deren Interpretationen übergreifenden Auswertungsschritt die Befunde miteinander verglichen und gewichtet.

Unser Umgang mit dem Material und die damit verknüpfte Suchstrategie war gleichermaßen deduktiv wie induktiv: Deduktiv, indem wir prüften, ob sich im Material Hinweise auf Fälle genetischer Diskriminierung im Sinne der vorherrschenden Definition finden; induktiv, als dass wir diese Definition selbst als offen und unabgeschlossen ansahen und das empirische Material nach Hinweisen für eine mögliche (oder gar nötige) Erweiterung oder Veränderung des Diskriminierungsbegriffs befragten. Um der Auseinandersetzung zwischen empirischen Befunden und konzeptionellen Überlegungen Raum zu geben, erschien es uns sinnvoll, die Berichte der Interviewten über ihre Erfahrungen mit dem genetischen Wissen und die Reaktionen ihres Umfeldes zu sammeln, zu explizieren und thematisch zu gruppieren. Angesichts des bisher wenig bearbeiteten Forschungsfeldes erwies sich dieses Vorgehen als produktiv, da nur so die Komplexität und Differenziertheit der Erfahrungen der Betroffenen in den Blick kam. In der letzten Untersuchungsphase fokussierte die Projektarbeit auf ausgewählte Problemkomplexe, die im Zuge der Interviews sichtbar wurden. Diesen Fragen sind wir im Rahmen von vier kleineren Fallstudien nachgegangen, die das Themenfeld genetischer Diskriminierung weiter ausleuchten sollten.

Die erste Fallstudie hatte die Bandbreite klinischer und genetischer Variationen von Cystischer Fibrose und deren Bedeutung für die medizinische und gendiagnostische Beratung im Kontext von Pränataldiagnostik, Reproduktionsmedizin und Präimplantationsdiagnostik zum Gegenstand. Wir führten Interviews mit zwei Kinderärzten einer CF-Ambulanz, mit einer Ärztin in einer Schwangerschaftskonfliktberatungsstelle, einem Humangenetiker in einer privaten Praxis für Reproduktionsmedizin, einer Humangenetikerin in einem Pränatalzentrum, einer Humangenetikerin in einer Beratungsstelle an einem Krankenhaus sowie mit Vertreter_innen von Nicht-Regierungsorganisationen. Die so gewonnenen Einblicke und die Überlegungen der befragten Expert_innen wurden im Rahmen eines Gruppengesprächs mit Mitgliedern einer CF-Selbsthilfegruppe diskutiert.

Die zweite Fallstudie nahm ihren Ausgangspunkt in dem (für uns) überraschenden Befund, dass einige der interviewten und vor einigen Jahren an erblichen Brustkrebs erkrankten Frauen den Verlust ihres Schwerbehindertenstatus nach ihrer Heilung als – in ihren Worten – „diskriminierend" empfanden. Wir wollten deshalb abklären, welche Bedeutung genetischen Erkrankungsrisiken bei der Vergabe des Schwerbehindertenausweises zukommt und welche Kriterien die Unterscheidung von Behinderung einerseits und genetischer Disposition andererseits begründen. Dazu interviewten wir Vertreter_innen von Versorgungsämtern zum Verfahren der behördlichen Anerkennung des Status ‚Schwerbehinderung'. Aus den insgesamt fünf angeschriebenen Versorgungsämtern, erklärten sich schließlich Vertreter_innen aus zwei Ämtern zu einem Gespräch bereit. An zwei leitfadengestützten Gruppengesprächen nahmen Abteilungsleiter_innen aus beiden Ämtern, Versorgungsärzt_innen und Grundsatzsachbearbeiter_innen für das Neunte Sozialgesetzbuch (SGB IX/Rehabili-tation und Teilhabe behinderter Menschen) teil.

Die dritte Fallstudie zielte auf Ausschlusserfahrungen im Feld der Blutspende. Da Befragte der Teilstudie zur Hereditären Hämochromatose Befürchtungen äußerten, nicht zur Blutspende zugelassen zu werden und zudem die Entsorgung des von ihnen ‚gelassenen' Blutes als kränkend oder sogar diskriminierend empfanden, gingen wir diesem Problem im Rahmen einer weiteren Interviewerhebung nach. Dazu wurden insgesamt fünfzehn Blutspendeeinrichtungen in der Bundesrepublik angeschrieben und um Auskunft darüber gebeten, ob und mit welchen Begründungen spendewillige Personen mit einer genetischen Disposition für Hereditäre Hämochromatose zur Blutspende zugelassen oder ausgeschlossen werden. Sieben Blutspendedienste gaben schriftliche bzw. telefonische Rückmeldungen, die wir dann mit den Erfahrungen und Eindrücken der Hämochromatose-Patient_innen konfrontierten.

Das Themenfeld der sog. Nicht-Tester_innen wurde in einer vierten Fallstudie adressiert. Krankheitsübergreifend berichteten unsere Interviewpartner_innen von Angehörigen, die sich gegen die Inanspruchnahme gendiagnostischer Angebote zur Abklärung von Krankheitsrisiken entschieden hatten. Diese Entscheidung führte nicht selten zu Konflikten innerhalb der Familie und zu Erfahrungen von Kränkung, Ausschluss und Stigmatisierung, verwies zugleich aber auch auf Ängste und Befürchtungen vor genetischer Diskriminierung, der durch Nicht-Wissen begegnet und vorgebeugt werden sollte. Interviews mit einer an FAP erkrankten Frau und ihren zwei erwachsenen Kindern sollten dabei helfen, zum einen die innerfamiliäre Kommunikation zur strittigen Frage nach Testung bzw. Nicht-Testung besser zu verstehen; zum anderen zielte die Fallstudie auch auf die Klärung der Frage, inwieweit Menschen mit genetischen Krankheitsrisiken aus Angst vor organisationaler Diskriminierung Strategien entwickeln, um möglichen Benachteiligungen vorzubeugen bzw. diese zu vermeiden.

Unser Umgang mit dem Material folgte der Prämisse, dass das von Forschenden und Erforschten gemeinsam Hergestellte – der Interview-Text, das Feld- und/oder Beobachtungsprotokoll, die fallspezifischen Merkmale – auch in Bezug auf das Alltagswissen und die jeweiligen Rationalitäten und Präferenzstrukturen der Beteiligten hin gelesen und durchgearbeitet werden muss (Bourdieu 1996). Erst dieses Vorgehen ermöglicht es, blinde Flecke und unhinterfragte Vorannahmen sichtbar zu machen und so methodisch zu kontrollieren. Diese Anforderung stellt sich in besonderer Weise im Rahmen von Untersuchungen, die prekäre gesundheitliche Lebenslagen zum Gegenstand haben, da hier von einer größeren Distanz zwischen der sozialen, kulturellen und symbolischen Lebenswelt der Erforschten und der Forschenden auszugehen ist. Die mit dieser Distanz in der Regel verbundenen unterschiedlichen Existenz- und Sprechweisen können nicht einfach nur benannt und aufgelistet werden. Sie bedürfen im Prozess der Materialauswertung immer auch einer Übersetzung, im Zuge derer die Relativität von Erkenntnis, wie sie aus der „Standortgebundenheit" des Wissens (Mannheim 1970, S. 13) der Beteiligten resultiert, intersubjektiv reflektiert und überprüft wird.

Schließlich haben wir das in diesem Sinne durchgearbeitete und in dem vorliegenden Band präsentierte Material immer wieder auf der Folie eines weiten Begriffs von Diskriminierung (Breuer 2010; siehe auch Bombard/Hayden 2011,

S. 184ff.) diskutiert. Entgegen der kategorialen Engführungen, die mit dem in der einschlägigen Literatur vorherrschenden Begriff „genetischer Diskriminierung" verbunden sind, schien es uns hilfreich, zunächst einem breiteren Begriffsverständnis zu folgen. Statt zwischen ‚echter' und ‚falscher', ‚tatsächlicher' und ‚vermuteter' genetischer Diskriminierung zu unterscheiden, gingen wir davon aus, dass es kaum möglich sein dürfte, zwischen „perceptions and independently verified instances of GD [genetic discrimination]" (Otlowski et al. 2012, S. 437) trennscharf zu unterscheiden. Im Gegenteil vermuteten wir, dass die Orientierung an einem ‚neutralen' und ‚objektiven' juridischen Diskriminierungsbegriff und dessen Fokussierung auf Täter und Opfer zu einer Perspektivenverengung der sozialwissenschaftlichen Analyse beiträgt, da sie die Dynamik und Komplexität diskriminierender Prozesse nicht zu erfassen vermag (vgl. dazu auch Klitzman 2010, S. 82).

Für die weitere Konzeptualisierungsarbeit knüpfen wir an zwei unterschiedliche Verwendungen des Diskriminierungsbegriffs an: Der Diskriminierungsbegriff dient zum einen entsprechend seiner lateinischen Wurzel (*discriminare* = trennen, unterscheiden) der Kennzeichnung einer sozialen und kulturellen Differenz. Zum anderen fungiert er in den Sozialwissenschaften und im Recht als normativer Begriff mit Bezugnahme auf Gleichheits- und Gerechtigkeitsvorstellungen. Im Hinblick auf die erste Verwendungsweise wäre zu fragen, wie „Unterscheidungen, die Unterschiede in Ungleichheiten verwandeln" (Scherr 2012, S. 7) im Kontext einer „genetischen Diskriminierung" etabliert werden. Statt eine Gruppenmitgliedschaft als Merkmal von Diskriminierung vorauszusetzen (und davon auszugehen, dass ‚Träger' einer genetischen Veränderung potenziell benachteiligt werden können), sollte vielmehr danach gefragt werden, wie bestimmte Eigenschaftszuschreibungen mittels Klassifikationen zu bedeutsamen Differenzen aufgeladen werden und wie damit eine Gruppenzuordnung und ein sozialer Sonderstatus erzeugt wird, der durch hierarchisierende Strukturmuster und herabsetzende Praxisformen charakterisiert ist (Scherr 2010, S. 44). Mit der Frage, wie das genetische Wissen „gesellschaftlich einflussreiche Differenzkonstruktionen" (ebd., S. 36) anleitet, geraten sowohl Prozesse der Stigmatisierung als auch Normalitätsvorstellungen, aber auch Formen des genetischen Exzeptionalismus in den Blick.

Strukturell sind diese „Mikropolitiken der Grenzziehung" (Gottweis, zit. nach Müller-Wille/Rheinberger 2009, S. 19) eingebunden in aufeinander bezogene Formen der Selbst- und Fremdführung einerseits und der Kopplung von Machttechniken und Wissensformen anderseits, für die Michel Foucault den Begriff der Gouvernementalität gefunden hat (Foucault 2004a, 2004b). In einer daran anschließenden Perspektive untersuchen die Beiträge dieses Buches die Mechanismen und Wirkungsweisen einer „Regierung der Gene" und fragen danach, wie sich im Kontext genetischen Wissens Formen der Fremdführung mit

Techniken der Selbstführung verbinden. Dabei entstehen neue Personenkategorien und Subjektformen, etwa wenn die von uns Befragten sich als „Genträger" oder „Mutanten" begreifen und korrespondierende Erwartungen, Normen und Verantwortlichkeiten artikulieren, oder wenn sie von anderen als „gesunde Kranke" (Scholz 1995, S. 48) oder auch als „symptomatische und asymptomatische Kranke" (Feuerstein/Kollek 2001, S. 26) adressiert werden.

In Auseinandersetzung mit dem erhobenen Material untersuchen wir, ob und wie sich betroffene Personen den neuen abstrakten Gruppen zuordnen, welche normativen Vorstellungen sie artikulieren bzw. wie sie in ihrem Handeln auf die an sie herangetragenen Erwartungen reagieren. Dabei wird deutlich, wie das genetische Wissen eingeht in Praktiken der Fremd- und Selbstführung, die zur Rationalisierung des Gesundheitsverhaltens, zur Realisierung von Kinderwünschen und zur Prävention von Krankheiten beitragen sollen, gleichermaßen aber auch neue normative Anforderungen und gesellschaftliche Erwartungen hervorbringen. Die Befragten werden regelmäßig mit der Erwartung konfrontiert, genetische Risiken durch Verhaltensänderungen und Vorsorgestrategien zu kontrollieren. Sichtbar werden Konturen einer genetischen Verantwortung (Lemke 2006b, S. 105-137), die sich nicht nur in der Nachfrage nach medizinischen Diagnoseangeboten und Präventionsmöglichkeiten materialisiert, sondern sich auch im Reproduktionsbereich und in der Verpflichtung findet, Angehörige über mögliche genetische Risiken aufzuklären. Zugleich aber gerät dieser Imperativ einer genetischen Verantwortung mit zentralen Rechtsgarantien (wie etwa das Recht auf Nicht-Wissen) und Freiheiten in Konflikt und kann darüber hinaus selbst zum Ausgangspunkt und Grund für Stigmatisierung, Benachteiligung, Kränkung und Ausschluss werden.

Für die Untersuchung genetischer Diskriminierung ist es deshalb unerlässlich, den Fokus der Analyse über (negative) Formen von Ausschluss, Zwang und Benachteiligung hinaus auf die Entstehung und Veränderung normativer Konzepte und gesellschaftlicher Werturteile hin zu erweitern. Die im Folgenden präsentierten Untersuchungsergebnisse fordern dazu heraus, die Analyse genetischer Diskriminierung mit Konzepten genetischer Verantwortung zu verbinden.

4 Zu den Beiträgen

Die Ergebnisse der Studie werden in sieben Kapiteln präsentiert. Die ersten vier Beiträge stellen die krankheitsbezogenen Fallstudien vor, während die nachfolgenden zwei Kapitel ausgewählte Themenfelder genetischer Diskriminierung diskutieren. Das letzte Kapitel trägt die wichtigsten Ergebnisse der Untersuchung zusammen und entwickelt einen Rahmen für die weitere empirische und konzeptionelle Arbeit.

Tino Plümecke stellt in seinem Beitrag „Diskriminierende Unterscheidungen. Benachteiligung, Ausschluss und Stigmatisierung von Menschen mit Familiärer Adenomatöser Polyposis" ausgewählte Ergebnisse der Teilstudie zu FAP vor. Ausgehend von den geschilderten Diskriminierungserfahrungen problematisiert Plümecke die in der Diskussion genetischer Diskriminierung regelmäßig in Anschlag gebrachte Unterscheidung zwischen asymptomatischen Risikopersonen und bereits Erkrankten. Das Interviewmaterial belegt deutlich die epistemische und ontologische Unschärfe des Kriteriums ‚Symptom' und veranschaulicht die systematische Verbindung von Krankheitsprozessen, genetischen Informationen und Diskriminierungserfahrungen. Vor diesem Hintergrund zeigt Plümecke die begrifflichen Verengungen im vorherrschenden Verständnis genetischer Diskriminierung auf. Statt zwischen Andersbehandlungen im Zusammenhang mit genetischen Merkmalen einerseits und mit Krankheit/Behinderung andererseits zu unterscheiden, fordert der Beitrag eine kritische Revision dieser begrifflichen Trennung.

Der Beitrag „Vorbeugen und Verhindern. Über den vereindeutigenden Umgang mit Unsicherheit bei Frauen mit einer BRCA-Mutation" von *Tabea Eißing* dokumentiert vielfältige Berichte von Frauen mit einer genetischen Disposition für Brust- und Eierstockkrebs. Die Autorin zeigt, dass in den Interviews vor allem die durch die prädiktive Diagnose induzierten Beunruhigungen und Unsicherheiten thematisiert werden. Dabei besteht die Spezifik des empirischen Materials in diesem Fall darin, dass eine Reihe der Interviewten die Ansicht vertrat, dass ihnen aufgrund ihres positiven Gentestergebnisses (und des damit dokumentierten erhöhten Erkrankungsrisikos) ein Sonderstatus zukomme, der nach Anerkennung der besonderen Belastungssituation verlange und einen privilegierten Zugang zu spezifischen medizinischen Leistungen erfordere. Die Gleichbehandlung mit anderen Kranken (ohne positives Gentestergebnis) erleben die Befragten als eine Form von Benachteiligung. Vor diesem Hintergrund diskutiert der Beitrag, ob sich die aktive Einforderung einer eigenständigen und herausgehobenen ‚Risikoklasse' als Wunsch nach einer ‚positiven Diskriminierung' begreifen lässt – verstanden als Akzentuierung einer Besonderung, um einen mutmaßlichen Nachteil bzw. eine Schlechterstellung auszugleichen.

Der Beitrag von *Ulrike Manz* „Ängste und Befürchtungen. Wirkungen genetischen Wissens bei Personen mit Hereditärer Hämochromatose" argumentiert, dass Ängste und Befürchtungen in die Analyse genetischer Diskriminierung einbezogen werden sollten. Damit wird zum einen dem empirischen Material Rechnung getragen, da das Ausmaß der genannten Befürchtungen die Zahl der tatsächlich berichteten Diskriminierungserfahrungen deutlich übersteigt; zum anderen zeigt Manz, dass das genetische Wissen von den Betroffenen mit unterschiedlicher Bedeutung aufgeladen werden kann und dass diese Uneindeutigkeit und Offenheit eine Quelle für unterschiedliche Befürchtungen und negative Erwartungen darstellt. Der Beitrag zielt darauf, die Hintergründe und Relevanzen von Ängsten und Befürchtungen für den Umgang mit genetischem Wissen besser zu verstehen und reflektiert deren empirische und konzeptionelle Bedeutung für die Analyse genetischer Diskriminierung.

Bettina Hoeltje und *Katharina Liebsch* diskutieren in ihrem Beitrag „Wir kriegen eben halt kein krankes Kind mehr.' ‚Reproduktionsverantwortung' im Umgang mit der Vererbung von Cystischer Fibrose" Formen von Benachteiligung, Kränkung und Stigmatisierung im Kontext einer rezessiv vererbten Erkrankung. Aufgrund der Spezifik des Erbgangs und erweiterter Testoptionen entstehen neue Klassifikationen bzw. (Personen-)Gruppen: ‚Genträger', die selbst nicht krank sind', ‚ungeborene Kranke', ‚ungeborene Genträger' sowie ‚erkrankte Genträger'. Die Autorinnen zeigen, dass es diese Hervorbringung veränderter Kategorisierungen auf der Grundlage genetischen Wissens erforderlich macht, normative Erwartungen, Verantwortungspostulate sowie Ängste und Befürchtungen das ungeborene Leben betreffend in den Problemhorizont genetischer Diskriminierung zu integrieren. Die von Betroffenen berichteten Erfahrungen von Kränkung und Stigmatisierung werden unter der Fragestellung diskutiert, wie die Aneignung der genetischen Diagnose im Koordinatenkreuz von Selbst- und Fremdwahrnehmung spezifische Technologien der Selbstführung und neue Risiken von Ungleichbehandlung mit sich bringt.

In dem Beitrag „Genetisches Wissen und sozialer Ausschluss. Am Beispiel Blutspende" zeigen *Ulrike Manz* und *Jonas Rüppel* wie die genetische Diagnostik, die kulturelle Symbolik des Blutes und institutionelle Logiken sich zu Andersbehandlungen und Benachteiligungen von Betroffenen verschränken. Vorgestellt werden Ausschnitte einer Befragung von Hämochromatose-Betroffenen, in denen sich die Interviewten auf die Thematik der Blutspende beziehen, sowie das Material aus einer schriftlichen Umfrage, in der Blutspendedienste nach ihren Umgangsweisen mit spendewilligen Hämochromatose-Betroffenen befragt wurden. Der Beitrag diskutiert mögliche kränkende Effekte genetischer Diagnosen im Feld der Blutspende und reflektiert den Zusammenhang zwischen genetischem Wissen und sozialem Ausschluss. Das Kapitel „Motive und Entscheidungswege von ‚Nicht-Tester_innen'. Diskussion eines Fallbeispiels" von *Laura Christiane Schnieder* beleuchtet anhand von Interviews mit drei Mitgliedern einer Familie, die sich (vorläufig) gegen die Durchführung eines genetischen Tests entschieden haben, Dynamiken und Dimensionen dieses Entscheidungsprozesses. Der Beitrag zeigt die Verwobenheit individueller Motive und Beweggründe mit sozialen Determinanten und Rahmenbedingungen auf, stellt jedoch auch die prinzipielle Offenheit und Unabgeschlossenheit des Entscheidungsprozesses heraus. Die Entscheidung für oder gegen einen genetischen Test wird von den Betroffenen als ‚Familiensache' betrachtet, in der die Angst vor organisationaler Diskriminierung einen wesentlichen Grund darstellt, sich gegen die Testoption zu entscheiden.

Das abschließende Kapitel von *Thomas Lemke* und *Katharina Liebsch* fasst die zentralen Ergebnisse der Studie zusammen und begründet die Notwendigkeit einer Revision und Erweiterung des klassischen Begriffs genetischer Diskriminierung. Der Beitrag argumentiert, dass es erforderlich ist, das Problemfeld in vierfacher Hinsicht zu öffnen bzw. neu zu konfigurieren. Erstens muss die Engführung des Begriffsverständnisses auf die Unterscheidung symptomatisch/asymptomatisch aufgegeben werden; zweitens ist es wichtig, die Ambivalenzen genetischen Wissens stärker anzuerkennen und Tendenzen ihrer Auflösung und Vereinseitigung zu untersuchen; drittens ist es grundlegend, Ängste und Befürchtungen, aufgrund genetischer Merkmale benachteiligt oder stigmatisiert zu werden, in die Analyse einzubeziehen; und viertens müssen Familienbeziehungen und soziale Interaktionen als mögliche Felder genetischer Diskriminierung beschrieben und konzeptionell berücksichtigt werden.

Wir möchten diese Einleitung nicht beschließen, ohne uns bei den studentischen und wissenschaftlichen Hilfskräften Sascha Krüger, Setareh Radmanesch, Jonas Rüppel, Laura Schnieder und Maya Uygun für die Unterstützung bei der Planung, Durchführung und Auswertung der Interviews und ihren Beitrag zur Projektorganisation zu bedanken. Dem Bundesministerium für Bildung und Forschung (BMBF) sei für die Förderung des Projekts im Rahmen des Schwerpunkts „Ethische, rechtliche und soziale Aspekte der modernen Lebenswissenschaften und der Biotechnologie" gedankt und dem Projektträger DRL für eine kompetente Betreuung während der dreijährigen Laufzeit des Projekts. Marianne Steppat, Jonas Rüppel und Carolin Mezes danken wir für die Unterstützung bei der Formatierung und Fertigstellung des Manuskripts.

Vor allem aber möchten wir uns an dieser Stelle bei den humangenetischen Beratungsstellen und den Selbsthilfegruppen Familienhilfe Polyposis Coli e.V., BRCA Netzwerk e.V., Hämochromatose-Vereinigung Deutschland e.V. und Mukoviszidose e.V. herzlich für ihre Unterstützung des Forschungsprozesses und ihr Vertrauen danken. Ohne ihre Mithilfe wäre es für unser Vorhaben vermutlich sehr viel schwerer, wenn nicht gänzlich unmöglich gewesen, Betroffene zur Teilnahme an der Studie zu bewegen und sensible Gesundheitsdaten sowie persönliche Informationen zu erheben.

Diskriminierende Unterscheidungen. Benachteiligung, Ausschluss und Stigmatisierung von Menschen mit Familiärer Adenomatöser Polyposis

Tino Plümecke

Dieser Beitrag stellt die Ergebnisse der Befragung von Betroffenen der *Familiären Adenomatösen Polyposis* (FAP), einer Form vererbbaren Darmkrebses, vor. Als Teilstudie der Untersuchung zu „Genetischer Diskriminierung in Deutschland" interviewten wir die Personengruppe mit (einem Risiko für) FAP, weil diese als grundsätzlich vulnerable Gruppe anzusehen ist, da bei Vorliegen der krankheitsauslösenden Genvariante fast sicher Symptome auftreten und diese unbehandelt zu Krebs führen. Aufgrund der im Vergleich zu anderen genetischen Krankheiten außerordentlich hohen Penetranz, dem besonderen emotionalen Belastungs- und Stigmatisierungspotenzial von Darmkrebs und vor dem Hintergrund der Ergebnisse internationaler Studien gingen wir von einem erhöhten Risiko für Andersbehandlung und Benachteiligung aus.[15]

Das Ziel unserer Untersuchung war es nicht nur, möglicherweise bestehende Benachteiligungen in Deutschland zu dokumentieren, sondern darüber hinaus auch die zur Verfügung stehenden Ansätze zur Bestimmung genetischer Diskriminierung kritisch zu hinterfragen. Eine Revision des Verständnisses genetischer Diskriminierung schien uns notwendig, weil begriffliche Unschärfen und empirische Lücken (vgl. Lemke 2006b) in der bisherigen Debatte auszumachen sind, diese aber seit der ersten Definition genetischer Diskriminierung zu Beginn der 1990er Jahre nicht mehr Gegenstand wissenschaftlicher Auseinandersetzungen waren. So sind sich die Forschenden in fast allen bisher durchgeführten Studien ungewöhnlich einig, wie genetische Diskriminierung zu definieren und wie sie von anderen Formen von Diskriminierung abzugrenzen sei. Ungewöhnlich ist dies vor allem, weil im Vergleich zu anderen Diskri-

---

15 Studien wie etwa MacDonald/Anderson 1984 zeigen das hohe Belastungs- und Stigmatisierungspotential von kolorektalen Karzinomen auf. Vgl. hierzu auch Bleiker et al. 2013. Einzelne Untersuchungen belegten bereits Benachteiligungen von Personen mit (einem Risiko für) FAP (vgl. Taylor et al. 2007; Schmedders 2004).

mnierungsformen, wie etwa Sexismus, Rassismus oder Ableism, kaum mehr theoretische und normative Auseinandersetzungen um die Bestimmung und Beschreibung genetischer Diskriminierung stattfinden. Während die Benennung von Benachteiligungssituationen in anderen Bereichen Gegenstand andauernder Deutungskämpfe ist und sehr unterschiedliche theoretische und empirische Ansätze existieren (Hormel/Scherr 2004; McCall 2005; Baer 2008; Gomolla 2010; Liebscher et al. 2012), besteht demgegenüber bei genetischer Diskriminierung ein Konsens, der trotz der Durchführung umfangreicher Studien und weitreichender rechtlicher Regulierungen nicht überprüft, geschweige denn revidiert wurde.[16] Diese Einigkeit ist umso verblüffender, weil in den untersuchten Ländern (USA, Kanada, Großbritannien und Australien) erhebliche Differenzen in Bezug auf die zugrundeliegenden (Sozial-)Versicherungssysteme bestehen, Betroffene unterschiedlicher Erkrankungen untersucht wurden und verschiedene Erhebungsmethoden zur Anwendung kamen.

Das zugrunde gelegte Verständnis genetischer Diskriminierung blieb in allen Studien somit seit Beginn der 1990er Jahre unhinterfragt. Insbesondere fokussieren alle Untersuchungen auf eine spezifische Personenkategorie, die Billings et al. (1992) in ihrer ersten Studie zu genetischer Diskriminierung analytisch als „asymptomatisch Kranke" (S. 479) bezeichnet hatten. Gemeint sind damit Menschen, bei denen (noch) keine Zeichen einer Krankheit vorliegen, die aber Teilhabebeschränkungen im Zusammenhang mit einem genetischen Risiko erleben. Dies lässt sie als „Noch-nicht-richtig-Kranke", aber auch „[N]icht-mehr-ganz-Gesunde" (Rautenstrauch 2003, S. 37) erscheinen. Billings et al. (1992) konkretisieren: „Although they are healthy, persons in this new group may find that they are treated as if they were disabled or chronically ill by various institutions of our society." (Billings et al., S. 479)

Grundlage des Fokus auf eine Personengruppe ist eine strikte definitorische Abgrenzung genetischer Diskriminierung zu Diskriminierung im Zusammenhang mit Krankheit und Behinderung (vgl. ebd., S. 477). Zwar erfassten Billings et al. in ihrer Studie auch Schilderungen bereits erkrankter Personen[17], jedoch erwies sich die Problembeschreibung der „asymptomatisch Kranken" als so anschlussfähig, dass die meisten weiteren Studien zu genetischer Diskrimi-

---

16 Lediglich die Unterscheidung von genetischen und nichtgenetischen Krankheiten wurde vereinzelt hinterfragt, weil die meisten Krankheiten multifaktoriell verursacht seien und viele klinische Tests auf biochemische Variablen auch Aussagen über genetische Erkrankungen zulassen (Alper/Beckwith 1998; Beckwith/Alper 1998). Gegenstand der Kritik war außerdem die Beschränkung auf Diskriminierungen in institutionellen bzw. organisationalen Settings, da damit „Alltagsdiskriminierungen", die im Familien-, Freundes- und Bekanntenkreis stattfinden, ausgeklammert würden (Lemke 2010a, 2013).
17 Die Autor_innen machen keine Angaben dazu, wie viele Schilderungen in ihrer Studie von Betroffenen mit Symptomen der untersuchten Erkrankungen stammen, es werden jedoch mehrere Personen zitiert, bei denen Symptome etwa der Eisenspeicherkrankheit, der Phenylketonurie und der Charcot-Marie-Tooth-Krankheit vorliegen.

nierung ausschließlich auf diese Personengruppe unter Ausschluss bereits Erkrankter fokussierten (s. etwa Geller et al. 1996; Taylor et al. 2008; Barlow-Stewart et al. 2009). Diese Perspektivenverengung reproduzieren die folgenden Studien und machten dies auch begrifflich noch deutlicher, wenn sie genetische Diskriminierung etwa als „opposed to discrimination based on phenotype" (Geller et al. 1996, S. 72) darstellten oder genetische Diskriminierung als „differential treatment of *asymptomatic individuals* or their relatives on the basis of actual or presumed genetic differences" (Taylor et al. 2008, S. 20, Hervorhebung TP) auffassten. Auch ein im Jahr 2012 erschienener umfangreicher Überblicksartikel zum Phänomen genetischer Diskriminierung (Otlowski et al. 2012) nimmt eine solche enge Definition zur Grundlage, in der „asymptomatische Individuen" als alleinige Betroffenengruppe gefasst wird.

Sicherlich bot sich die enge Bestimmung zunächst an, um das spezifisch Neue genetischer Diskriminierung herauszustellen. Mit dieser analytischen Grenzziehung entstand jedoch die Gefahr, Betroffene nicht erfassen zu können, die Benachteiligungen im Zusammenhang mit ihren genetischen Merkmalen erleben, aber bereits Symptome der genetischen Erkrankung aufweisen.

Die Einengung der Untersuchungsperspektive auf die Personenkategorie der „asymptomatisch Kranken" wollten wir in unserer Untersuchung nicht unreflektiert wiederholen. Entsprechend dienten uns die Schilderungen der Betroffenen dazu, die Bandbreite negativer Erfahrungen im Zusammenhang mit genetischen Informationen zu erfassen und damit auch den bisherigen Bedeutungsgehalt des Terminus „genetische Diskriminierung" zu überprüfen. Zusätzlich zur Hinterfragung der Kategorie „asymptomatisch Kranker" wurde es dafür notwendig, über den Fokus auf institutionelle Benachteiligungen (insbesondere durch Versicherungen und im Erwerbskontext) hinaus Stigmatisierungen und Andersbehandlungen im interpersonalen Nahbereich zu untersuchen.

Anhand der Erfahrungen von Betroffenen einer vererbbaren Form von Darmkrebs werden im Folgenden zunächst Charakteristika dieser Erkrankung und die Untersuchungsschritte der Studie dargelegt. Im Anschluss stellt der Beitrag Ergebnisse der Studie mittels der Interview- und Fragebogen-Schilderungen von Betroffenen der FAP, deren Erleben ausschließender, stigmatisierender und kränkender Situationen, vor. Auf die Schilderungen aufbauend werden die Verengungen im vorherrschenden theoretischen Verständnis genetischer Diskriminierung herausgearbeitet und die kategoriale Auftrennung von Diskriminierungserfahrungen problematisiert. Statt zwischen Andersbehandlungen im Zusammenhang mit einerseits genetischen Merkmalen und andererseits mit Krankheit/Behinderung klar zu trennen, plädiert der Beitrag hier vielmehr für eine Auflösung dieser Unterscheidung. Hierfür sind epistemische und ontologische Unzulänglichkeiten des Kriteriums „Symptome", die Verbindung von Krankheit, genetischen Informationen und Diskriminierungspotenzialen und anschließend Perspektiven einer erweiterten Konzeption genetischer Diskriminierung zu diskutieren.

1 FAP: genetische und medizinische Grundlagen

Dickdarmkrebs ist mit circa 70 000 Neuerkrankungen pro Jahr die zweithäufigste Krebserkrankung und Krebstodesursache in Deutschland. Bei 3-5% der Patient_innen liegt eine erbliche Form vor, von der die Familiäre Adenomatöse Polyposis (FAP, oder auch Polyposis coli) eine von mehreren Erkrankungen ist.[18] Mit einer Inzidenz von 1 zu 8 000 bis 40 000 ist sie eine der häufigsten monogenetischen Erkrankungen (Aretz 2009; Holinski-Feder/Morak 2010). Im Krankheitsverlauf kommt es bei der FAP vermehrt zu Adenomen (Polypen) im Dickdarm, die sich unbehandelt fast immer zu einem Karzinom entwickeln. Das verantwortliche Tumorsuppressor-Gen wird autosomal dominant vererbt und somit von einem betroffenen Elternteil mit einer Wahrscheinlichkeit von 50 Prozent an die leiblichen Kinder weitergegeben.

Aufgrund der fast 100-prozentigen Penetranz bei Vorliegen der Disposition stellt die Erkrankung eine Besonderheit bei den spätmanifestierenden genetischen Erkrankungen dar, denn ein positiver Gentest bedeutet nicht nur eine erhöhte Wahrscheinlichkeit, sondern es gilt als sicher, dass Krankheitssymptome auftreten werden. Hervorzuheben ist zudem, dass es bei der FAP im Unterschied zu anderen genetischen Erkrankungen üblicherweise schon in der Adoleszenz (im Mittel mit 16 Jahren) zu Adenomen im Dickdarm kommt, die durch eine Darmspiegelung festgestellt werden können. Die Adenome führen zunächst nicht zu Einschränkungen, können im weiteren Verlauf und bei gehäuftem Auftreten aber die Darmtätigkeit beeinträchtigen, Durchfall und Blutungen hervorrufen und schließlich einen Tumor ausbilden (Centelles 2012; Bülow 1986).

Medizinisch wird auf ein positives Gentestergebnis mit einem engmaschigen Früherkennungsprogramm durch Koloskopie und ab dem Auftreten einer hohen Anzahl von Polypen in der Regel mit der Entfernung des Dickdarms reagiert. Mit der prophylaktischen Entfernung dieses Darmabschnitts sind meist Einschränkungen für die Betroffenen verbunden. Einige müssen etwa mit einem künstlichen Darmausgang leben. Zudem kann es zu gravierenden weiteren Folgen der Erkrankung kommen, da z.B. Polypen in anderen Bereichen des Magendarmtracks oder niedrigmaligne Bindegewebstumore auftreten können. Vielen Patient_innen sieht man allerdings die Krankheit nicht an, sie partizipieren am

---

18 Neben der FAP sind weitere vererbbare Darmkrebserkrankungen bekannt, wie das Lynch-Syndrom (HNPCC), die Attenuierte FAP, die MUTYH-assoziierte Polyposis, das Peutz-Jeghers-Syndrom, die Familiäre Juvenile Polypolis und das Cowden-Syndrom (Holinski-Feder 2011; Aretz 2011).

gesellschaftlichen Leben, gehen einer Erwerbsarbeit nach und haben Kinder; einige beschreiben sich sogar selbst als gesund.

Da für die mit FAP assoziierten Genvarianten seit Anfang der 1990er Jahre ein Gentest zur Verfügung steht, liegen mittlerweile langjährige Erfahrungen von Personen mit dieser Disposition vor. Aufgrund der typischerweise frühen Symptomatik und der therapeutischen Optionen lässt sich anhand der FAP beispielhaft das Zusammenspiel von Symptomen und genetischen Informationen im Kontext von Benachteiligungs- und Stigmatisierungserfahrungen analytisch sichtbar machen.

2 Untersuchungsdesign und Durchführung der Studie

Mittels einer Fragebogenerhebung und qualitativen leitfadengestützten Interviews befragten wir Personen, die ein erhöhtes Risiko für diese Krankheit aufweisen bzw. bereits erkrankt sind. Die Fragebogenerhebung erfolgte durch die Verschickung und Verteilung von 665 Fragebögen über die Selbsthilfegruppe *Familienhilfe Polyposis Coli e.V.* zusammen mit der regelmäßig erscheinenden Informationsbroschüre der Organisation (die auch einen kurzen Text zum Forschungsprojekt enthielt). 428 Fragebögen wurden zudem nach einer zuvor eingeholten Zustimmung an zwölf größere genetische Beratungszentren zusammen mit Projektfaltblättern gesandt und 20 Fragebögen auf einem Selbsthilfegruppentreffen an die dort Anwesenden verteilt. Außerdem bestand die Möglichkeit, über die Projekthomepage den Fragebogen online auszufüllen.

Insgesamt liegt ein Datenbestand von 127 Fragebögen von Personen mit (einem Risiko für) FAP vor.[19] In diesen machten 51 Personen (40%) Angaben zu negativen Erlebnissen im Zusammenhang mit ihrer genetischen Veranlagung.[20] Die Befragten berichteten von Problemen im Versicherungsbereich, im Kontext des Arbeitsplatzes und bei Bewerbungen, mit Behörden, im Bereich des Gesundheitswesens, mit Krankenkassen und Adoptionsagenturen. Neben institutionellen bzw. organisationalen Bereichen wurden auch Erlebnisse in privaten Kontexten, insbesondere negative Erfahrungen mit Partner_innen, Familienmitgliedern und Freund_innen geschildert. Häufig finden sich etwa Berichte, bei denen Familienmitglieder der erkrankten Person Schuldvorwürfe machten, mit Unverständnis auf die genetische Testoption reagierten, es in Partnerschaften zu Trennungen kam und Familienplanungen und Kinderwünsche in Frage gestellt

---

19 Für eine Auswertung der Fragebogendaten des Gesamtprojekts siehe Lemke et al. 2013.
20 Die Formulierung im Fragebogen lautete: „Haben Sie aufgrund Ihrer (möglichen) genetischen Veranlagung negative Erfahrungen gemacht?" sowie „Wenn JA, in welchen Bereichen haben Sie diese Erfahrungen gemacht?"

wurden. Im Fragebogen kündigten wir an, dass wir zu einigen Themenbereichen gern persönlich nachfragen würden und baten um die Übermittlung von Kontaktdaten. Anhand der Angaben im Fragenbogen wählten wir 14 Personen aus, mit denen wir einen Interviewtermin vereinbarten. Der Kontakt zu zwei weiteren Personen erfolgte durch die Vermittlung einer Befragten. In den Interviews griffen wir die in den Fragebögen genannten Bereiche auf und befragten die Betroffen dazu eingehend. Die Gespräche dauerten zwischen einer dreiviertel Stunde und drei Stunden. Alle Interviews wurden aufgezeichnet, transkribiert und in einer Mehrpersonenperspektive von der Forschungsgruppe gemeinsam vertikal und horizontal interpretiert (Haubl/Liebsch 2010). Erfragt wurden sowohl Erfahrungen von Benachteiligung und Andersbehandlung sowie positive Erlebnisse, die im Zusammenhang mit der genetischen Disposition stehen. Alle interviewten Personen wurden umfassend über die Untersuchung, die Anonymisierung der Daten und die Auswertung sowie die Möglichkeit hingewiesen, jederzeit eine umgehende Löschung ihrer Angaben zu verlangen, und gaben auf dieser Grundlage schriftlich ihre informierte Einwilligung.

Im Folgenden werden einige Diskriminierungserfahrungen mit Versicherungen, Probleme bei der Verbeamtung, mit einer Adoption, bei der Blutspende und Infragestellungen der Reproduktionsentscheidung anhand von Fallbeschreibungen genauer vorgestellt. Die Berichte dokumentieren die schwierige Abgrenzbarkeit von Andersbehandlungen aufgrund genetischen Wissens und krankheitsbezogenen Formen der Diskriminierung.

3 Erfahrungen von Diskriminierung, Stigmatisierung und Andersbehandlung aufgrund genetischen Wissens

Benachteiligung durch Versicherungen

Frau Wietjen: „Dadurch hatten die wohl noch die ganzen Unterlagen"

Zwei Drittel aller Angaben zu negativen Erlebnissen in den Fragebögen behandeln den Versicherungsbereich, insbesondere Lebens-, Kranken- bzw. Krankenzusatzversicherungen sowie Berufs- bzw. Arbeitsunfähigkeitsversicherungen. Betroffene berichten etwa: „Anträge auf Versicherung wurden abgelehnt, aufgrund meiner Krankheit" (Fb 28), die „BU schließt Erkrankungen (Berufsunfähigkeit) bzgl. Magen-Darm-Erkrankungen aus" (Fb 19) oder „Ich erhielt keine Lebensversicherung, keine Berufsunfähigkeitsversicherung" (Fb 50). Andere berichten von privaten Krankenversicherungen, deren Abschluss nur gegen hohe Risikozuschläge möglich gewesen sei oder sie beschreiben sich

Diskriminierende Unterscheidungen 41

selbst als mit ihrer Erkrankung „nicht versicherbare Person" (Interview Dreben, 646)[21].

Allerdings steht ein Großteil der Erfahrungen – wie in den ausgewählten Zitaten – in Bezug zu einer bereits manifesten genetischen Erkrankung und verweist damit nicht auf ein Risiko einer zukünftig auftretenden Krankheit. Die Befragten selbst unterscheiden jedoch kaum zwischen negativen Erfahrungen, die sie aufgrund ihres präsymptomatischen Krankheitsrisikos oder aufgrund der Erkrankung machen mussten. Im Vordergrund stehen stattdessen die als ungerecht erlebten Zurückweisungen, wie etwa bei Versicherungsanträgen sowie die damit zusammenhängenden weiteren Beschränkungen, wenn etwa durch die Verweigerung einer Lebensversicherung die Aufnahme eines Baukredits oder die Option einer beruflichen Selbstständigkeit verunmöglicht wurde.

Von den acht asymptomatischen Personen, die also in der Fragebogenerhebung zum Fragezeitpunkt (noch) keine klinische Diagnose der Erkrankung FAP aufwiesen, berichtete lediglich eine von negativen Erfahrungen. Im Interview schildert diese Frau, der wir das Pseudonym „Wietjen" gegeben haben, ausführlich von den Problemen, die sie mit einem etwa zehn Jahre zurückliegenden Versuch hatte, eine Lebensversicherung abzuschließen. Frau Wietjen führt aus, dass es nicht zum Vertrag kam, da die Versicherung wahrscheinlich auf die Krankendaten des Vaters zurückgegriffen habe. Retrospektiv bezeichnet sie als ihren „größten Fehler" (Interview Wietjen, 64), dass sie „in die gleiche Versicherung wollte, in der mein Vater auch versichert war" (65). Zwar sei der Vater zum Zeitpunkt ihrer Antragstellung schon Jahre verstorben gewesen, aber der Versicherungsvertreter habe ihr von „extremen Nachforschungen" (108) seitens des Unternehmens berichtet, was sie letztlich als Grund für die Ablehnung ihres Antrags ansieht: „Dadurch hatten die wohl noch die ganzen Unterlagen, weil Zugehörigkeit war irgendwie zuzuordnen, und daher sind etliche Fragen gestellt worden, noch zusätzlich." (77) Ihr selber war die Vererbbarkeit der Erkrankung des Vaters zu dem Zeitpunkt gar nicht klar, da ihr diese erst Jahre später durch die FAP-Diagnose und den Gentest beim Bruder bekannt wurde. Als sie von dessen positivem Gentestergebnis erfuhr, ließ sie auch bei sich einen Gentest durchführen – mit dem Ergebnis, dass sie die Genvariante nicht geerbt hat. Weder zum Zeitpunkt der Ablehnung durch die Versicherungsgesellschaft noch nach dem Ergebnis ihres Gentests hatte Frau Wietjen eine juristische Klärung versucht, sondern den „Fehler" stattdessen bei sich selbst gesucht, der ihrer Auffassung nach darin bestand, dass sie die Versicherung kontaktierte, bei der der Vater versichert war.[22]

---

21 Alle Zitatangaben sind mit der Zeilennummerierung im Transkript versehen.
22 Allerdings lag der Fall auch vor Inkrafttreten des Gendiagnostikgesetzes, mit dem seit 2010 die „Benachteiligung auf Grund genetischer Eigenschaften" verboten wurde (Deutscher Bundestag 2010).

Die Versicherung begründete die Ablehnung zwar nicht weiter, es ist jedoch plausibel, dass Frau Wietjen wegen eines vermuteten Vererbungsrisikos abgelehnt wurde. Folglich läge hier nach der klassischen Definition eine genetische Diskriminierung vor, da der Ausschluss aufgrund einer vermuteten erhöhten Wahrscheinlichkeit für eine Erbkrankheit eine ungerechtfertigte Ungleichbehandlung darstellt. Eine ähnliche Ungleichbehandlung, aber bei Vorliegen einer manifesten Erkrankung, berichtet die nächste Person, bei der deutlich wird, wie prekär der Status von Symptomen sein kann, wenn diese subjektiv gar nicht im Kontext einer Krankheitserfahrung erlebt werden.

Frau Büttner: „Ich bin ja auch nie krank gewesen"

Welche weitreichende Bedeutung Symptomen zugesprochen werden kann, wird bei dem Fall einer Interviewten deutlich, der der Abschluss einer privaten Krankenversicherung „nur durch Trick 17" (Interview Büttner, 222) und einen 25-prozentigen Risikozuschlag möglich war und der eine Lebensversicherung verweigert wurde. Im Interview beschreibt sich die Betroffene als „gesund" (312; 972), da sie ihren Dickdarm nach einem Polypenbefund – jedoch wie sie betont *vor* der Entstehung von Krebs – prophylaktisch entfernen ließ. Der Kosten-Aufschlag bei der Krankenversicherung habe sie aber „persönlich getroffen und geärgert" (166), da sie zwar die Diagnose wahrheitsgemäß im Antrag angegeben hatte, sich selbst aber nicht als krank sieht. So sei sie, wie sie betont, trotz der diagnostizierten und durch einen Gentest bestätigten FAP immer voll arbeitsfähig gewesen: „Ich bin keine Sekunde wegen FAP zu Hause geblieben." (777)

Obwohl mit den Darmpolypen bei Frau Büttner Symptome der Erkrankung vorlagen und diese auch die prophylaktische Darmentfernung indizierten, weist sie in ihrem Selbstverständnis den Status des Krankseins weit von sich. Die Symptome, aufgrund derer ihr der Versicherungsabschluss zunächst verweigert wurde, sind für sie nur Zeichen der Behandlungsnotwendigkeit, aber nicht eine krankheitsbedingte Beeinträchtigung ihrer Leistungsfähigkeit. Diese Selbsteinschätzung kontrastiert mit der Tatsache, dass sie einen Schwerbehindertenstatus beantragt hat, um in den Staatsdienst übernommen zu werden. Aufgrund ihrer Erkrankung und der prophylaktischen OP, so zitiert sie die Amtsärztin, sei keine reguläre Verbeamtung möglich. Diese Erfahrung beschreibt sie als stigmatisierend, da damit eine von ihr als negativ empfundene Eigenschaftszuschreibung verbunden gewesen sei und sie sich keinesfalls behindert fühle: „Und dann wird man da plötzlich so abgestempelt, zu einem Menschen zweiter Klasse." (713) Wie oben ausgeführt, wird in der internationalen Debatte zu genetischer Diskriminierung fast ausschließlich auf die Gruppe der asymptomatischen Personen fokussiert. Ausschlusserfahrungen wie die von Frau Büttner gelten durch die definitorische Unterscheidung von Benachteiligung aufgrund von Behinderung oder Krankheit nicht als genetische Diskriminierung. Auch das Gendiagnostikgesetz sieht für klinische Symptome einer genetischen Erkrankung keinen Schutzstatus vor. Geschützt sind lediglich Informationen zu Gentestergebnissen, sodass von Arbeitgebern oder Versicherungen weder bestehende Ergebnisse erfragt werden noch diese einen Test verlangen dürfen.[23] Dagegen ändert sich der Schutzstatus bei Vorliegen von Symptomen grundlegend. Angaben zu Erkrankungen müssen sowohl bei privaten Krankenversicherungen, bei Lebens-, Berufs- und Erwerbsunfähigkeitsversicherungen als auch bezüglich einer bestehenden Schwerbehinderung – zumindest ab 50 Grad der Behinderung – bei Eingehen eines Arbeitsverhältnisses gemacht werden. Dies macht die besondere Bedeutung von Symptomen einer Erkrankung deutlich, aufgrund derer nicht nur über den Erkrankungsstatus, sondern auch über rechtliche Ansprüche entschieden wird. Symptome stellen somit im Kontext der Bewertung und Wahrnehmung von Benachteiligungen eine Art Umschlagpunkt dar, durch die eine Ungleichbehandlung nicht mehr als genetische Diskriminierung gewertet wird.

In beiden bisher erörterten Fällen von Frau Wietjen und Frau Büttner berichten die Interviewten von Problemen mit Versicherungen. Während bei Frau Wietjen ein erhöhtes Risiko einer genetischen Erkrankung nur vermutet wurde, gilt sie bei Frau Büttner durch eine klinische Diagnose und durch ein positives Gentestergebnis als gesichert. Während der erste Fall als genetische Diskriminierung im klassischen Sinn bezeichnet werden kann, gilt die verweigerte Versicherung bei Frau Büttner als sachlich gerechtfertigt aufgrund der schon diagnostizierten Erkrankung. Doch wie verschieden sind die beiden Fälle tatsächlich? Zu fragen ist, welche Rolle die genetische Information für die Entscheidung bei Frau Büttner spielte und wie sinnvoll eine solche Auftrennung anhand des Kriteriums „Symptom" überhaupt sein kann. Zur Klärung dieser Fragen ist es hilfreich, weitere Fallschilderungen heranzuziehen.

Herr Rölter: „Diese Symptome, die für mich keine waren"

Herr Rölter hatte eine Berufsunfähigkeitsversicherung längere Zeit vor der Diagnose FAP abgeschlossen. Als er Jahre später Darmbeschwerden bekam und kurze Zeit darauf eine Darmoperation vornehmen ließ, erlitt er erhebliche körperliche Einschränkungen, sodass er arbeitsunfähig wurde und der Versicherungsfall eintrat. Den diesbezüglichen Anspruch lehnte seine Versicherung jedoch ab. Herr Rölter schildert:

„[...] der Vertrag bestand. Ich habe ja auch schon gezahlt. Aber man ist eben, wo dann die Berufsunfähigkeit zustande kam, wurde dann ja auch bei den Ärzten nachgehakt und dann, hatte ich ja auch schon gesagt, dass schon diese Symptome,

---
23 Siehe Deutscher Bundestag 2010 §§ 18 und 21.

die für mich keine waren, sage ich mal so, schon fünf, sechs Jahre bestanden haben." (Interview Rölter, 716)

Das Symptom, von dem Herr Rölter spricht, ist Blut im Stuhl, welches er schon Jahre vorher bei sich bemerkt habe, dies aber, weil keine weiteren Einschränkungen damit einhergingen, als nicht gravierend erachtete. Als er schließlich beim Arzt vorstellig wurde, erwähnte er auch das schon einmal von ihm bemerkte Blut. Die Versicherung forderte seine Patientenunterlagen an und bekam so Einsicht in den Bericht des Arztes und wertete das Blut, das Herr Rölter selber als unerheblich wahrnahm, als Symptom einer Erkrankung und ging zudem von einem schuldhaften Verschweigen versicherungsrelevanter Informationen aus. Sie argumentierte, so berichtet Herr Rölter, auch ein Laie hätte erkennen müssen, „dass es sich da um eine ernsthafte Erkrankung handelt oder so" (720). In der Folge wurde der Versicherungsvertrag schließlich aufgelöst, Herr Rölter konnte keine Ansprüche auf Leistungen aus der Berufsunfähigkeitsversicherung geltend machen.

Die Versicherung sah in dem Blut im Stuhl also nicht nur ein Anzeichen, das mittels ärztlicher Kompetenz als Krankheitssymptom gedeutet wird, sondern ging davon aus, dass auch ein Laie diese Deutung hätte vollziehen müssen. Die Deutung der Betroffenen wird nicht nur durch eine professionelle Expertise vom Arzt korrigiert, sondern zudem von der Versicherung als Begründung genutzt, um den Vertrag aufzulösen und die Ansprüche von Herrn Rölter abzuweisen. In dieser Perspektive schützt die Unwissenheit bzw. Fehldeutung den Betroffenen nicht, er hätte vielmehr – so die Argumentation der Versicherung – kompetent die eigenen körperlichen Zeichen deuten müssen. Dem Symptom kommt somit nicht nur eine rein medizinische Bedeutung zu. Es ist mehr als das, nämlich auch der Ort, an dem normative Fragen verhandelt werden, also Fragen von Selbstsorge und Schuld, vom verantwortlichen Umgang mit dem eigenen Körper.

Während die Deutung von Blut im Stuhl auch von Laien noch plausibel als Allgemeinwissen unterstellt werden kann, ist eine solche Interpretation aber für viele andere Symptome nicht möglich, z.B. wenn diese kaum sichtbar sind oder allgemein als unbedeutend angesehen werden. Bei vielen Erkrankungen lassen sich mit geübtem ärztlichem Blick eine Reihe körperlicher Eigenheiten klinisch feststellen, bevor es zu krankheitsbedingten Einschränkungen für die Betroffenen kommt.[24] Solche (ersten) Symptome oder auch mit speziellen Untersuchungsmethoden „hervorgerufenen Zeichen" (Canguilhem 2004, S. 18) können auf die beginnende Erkrankung verweisen. Sie können aber auch singuläre, gesundheitlich unbedenkliche Merkmale bleiben, wenn sich nie krankheitsbedingte Einschränkungen entwickeln, oder sie können andere Ursachen haben und nicht

---

24 So treten etwa bei der FAP häufig bestimmte Muster auf der Netzhaut, Hautveränderungen oder Zahnanomalien auf, die von den Betroffenen aber zumeist weder als Einschränkung erlebt noch als Krankheitsanzeiger gedeutet werden.

mit der vermuteten Erkrankung in Verbindung stehen. Der besondere Charakter von Symptomen besteht in dem hier verhandelten Fall also weniger in der medizinischen Diagnose einer gegenwärtigen Krankheit, sondern in der prädiktiven Aussagekraft für weitere bzw. fortschreitende Merkmale einer zukünftigen Erkrankung. Genau aufgrund solcher prädiktiven Aussagemöglichkeiten kommt genetischen Merkmalen ein spezifischer rechtlicher Schutz zu, und entsprechend werden Gene auch nicht als Symptome angesehen. Der diagnostische Charakter von Symptomen aber verbindet sich bei genetischen Erkrankungen mit der prädiktiven Aussagekraft genetischer Merkmale, wie die nächsten beiden Erfahrungsberichte noch klarer zeigen.

4 Ausschluss von der Blutspende

Frau Kortecker und Frau Arnold:
„Ich darf kein Blut spenden, weil ich präkanzerös bin"

Von der Zurückweisung durch verschiedene Blutspendedienste berichten im Interview zwei an FAP erkrankte Schwestern. Frau Kortecker hatte Anfang der 1990er Jahre in einer Transfusionszentrale im Krankenhaus nahe ihres Wohnorts Blut gespendet. Als sie aber das zweite Mal zum Spenden kam, wurde sie mit Verweis auf ihre FAP-Erkrankung abgewiesen. Vor einigen Jahren wollte Frau Kortecker wieder an einem Blutspendetermin in ihrem Betrieb teilnehmen, da sie die erste Abweisung für überholt hielt und zudem die Blutspende durch eine andere Organisation durchgeführt wurde. Jedoch sei dort im Computer ein Gesperrt-Vermerk aufgetaucht, sodass sie nicht spenden durfte:

> „Vielleicht 2010, 2011 war ein Blutspendetermin im Betrieb, also sehr bequem. Ich hatte mich angemeldet. Und als die dann meinen Namen eingegeben haben, haben sie gesagt, nein ich bin gesperrt. Also ich darf kein Blut spenden." (Interview Arnold/Kortecker, 1008)

Ihre Schwester Frau Arnold berichtete dagegen, dass sie zu Beginn der 1990er Jahre noch Blut spenden konnte, obwohl sie damals schon von ihrer FAP-Erkrankung wusste und diese zumindest nicht bewusst verschwiegen habe. Aufgrund der neuerlichen Erfahrung ihrer Schwester fragte Frau Arnold ihren behandelnden Arzt, ob sie Blut spenden dürfe. Dies sei ihr ebenfalls verneint worden, mit der Begründung, dass sie mit ihrer Erkrankung als „Vorkrebs", als „Präkarzinom" (982) eingestuft werde. Der Arzt habe gesagt: „Ich darf kein Blut spenden, weil ich präkanzerös bin." (1016)

Beide Schwestern berichten, dass sie die Zurückweisung der Blutspende als kränkend erlebten. In dieser Kränkung verschränken sich drei unterschiedliche Probleme: Erstens die Erfahrung von Zurückweisung, die aufgrund der Aufladung von Blut sowie des altruistischen Charakters der Spende als massiver Affront und Ausschluss empfunden werden kann.[25] Zweitens nährt die Informationsweitergabe zwischen den Blutspendediensten die von vielen Befragten geäußerte Befürchtung, dass ihre Gesundheitsdaten und die Information über die genetische Erkrankung unkontrolliert weitergegeben würden. Und drittens fühlen sie sich von der Zuschreibung als „präkanzerös" stigmatisiert, da sie beide nie Krebs hatten und sich beide einer prophylaktischen Entfernung des Dickdarms unterzogen, wodurch ihr Erkrankungsrisiko als deutlich verringert gilt. Unabhängig von der Legitimität eines organisationsübergreifenden und möglicherweise zeitlich unbegrenzten Sperrvermerks stellt sich hier die Frage, welche Informationen als relevant und schließlich ausschlaggebend gewertet werden. Beide Schwestern dürfen nach Auskunft von Frau Korteckers Arzt aufgrund eines Status als „präkanzerös" nicht spenden.

Die vermeintlich besondere Vorhersagekraft von Symptomen zeigt sich hier in der Form einer Teilhabeschränkung, dem sozialen Ausschluss von der Blutspende. Noch deutlicher wird dieser Mechanismus bei Entscheidungen zur Familienplanung.

Schuld und Verantwortung im Kontext der Familienplanung

Herr Hille: „Dass das sinnvoller ist, wenn man keine Kinder zeugt"

Eine der wichtigsten Fragen für Personen mit einem genetischen Erkrankungsrisiko ist die nach der potenziellen Weitergabe genetischer Krankheitsrisiken an leibliche Kinder. Die mögliche Vererbung der krankheitsrelevanten Genvarianten konfrontiert viele mit normativen Anforderungen, mit Fragen von Schuld und Verantwortung. Die Auseinandersetzung mit dieser Thematik findet vor allem bei partnerschaftlichen, freundschaftlichen und in familialen Kontakten statt. Hier werden einerseits, so wird berichtet, oft Hilfestellungen für schwierige Entscheidungsprozesse gewährt, andererseits ist das Private aber auch ein Ort von Kränkungen und Schuldzuweisungen.

Die Erfahrungen, die Betroffene im sozialen Nahraum machen, wurden in den meisten bisherigen Studien zu genetischer Diskriminierung nicht erhoben, da aufgrund der weitgehend juridisch ausgerichteten Debatte um genetische

---

25 Welche vergemeinschaftende Wirkung die Gabe und welche besondere Kränkungswirkung die Zurückweisung einer Blutspende erzeugen kann, hat Ferdinand Sutterlüty 2010 in einer teilnehmenden Beobachtung einer Blutspendeaktion einer islamischen Kultusgemeinde untersucht. Die Auseinandersetzungen um die Blutspende und deren Symbolkraft erörtern auch Ulrike Manz und Jonas Rüppel (vgl. den Beitrag in diesem Band) anhand von Betroffenenberichten der genetischen Erkrankung Hämochromatose.

Diskriminierung derartige negative Erfahrungen in der Regel ausgeklammert blieben. In unserer Untersuchung sollten über die institutionalisierten Bereiche (wie Behörden, Versicherungen, Erwerbsbereich, Militär, Schule) möglicher Diskriminierungen hinaus auch negative Erfahrungen mit Freund_innen, Bekannten, Arbeitskolleg_innen oder im Familienkontext erfasst werden.

Hinweise auf Probleme in Bezug bei Reproduktionsentscheidungen dokumentiert schon Mechthild Schmedders (2004) in einer Untersuchung zu psychosozialen Folgen der Erkrankung FAP. In ihrer Studie berichteten vier der von ihr Interviewten von direktiven Beratungen durch Mediziner_innen, die den Patient_innen die Fortpflanzung untersagt oder zum Vorwurf gemacht hätten (Schmedders 2004, S. 136 u. 264). In unserer Untersuchung berichteten einige Personen von ähnlichen Erfahrungen mit Ärzt_innen oder Personal im Gesundheitsbereich. So schilderte ein Interviewter, dass Ärzte ihn auf einen vermeintlich „verantwortungsvollen" Umgang mit der Erkrankung auch in Bezug auf Entscheidungen zur Familienplanung hingewiesen hätten:

> „Wobei das schon auch einige Ärzte gesagt haben, dass das eigentlich schon sehr ... na ja ... verantwortungsvoll ist, haben sie gemeint, sinnvoller ist, wenn man keine Kinder zeugt." (Interview Hille, 841)

Viel häufiger als direktive Aussagen von Ärzt_innen fanden sich allerdings Schilderungen von Auseinandersetzungen um den Wunsch nach leiblichen Kindern, die in familialen Kontexten stattfanden. Schon in den Fragebögen berichteten mehrere Befragte von entsprechenden Konflikten. So führt eine Person aus, dass ihr Schwiegervater die Auffassung vertreten habe, sie „solle keine Kinder bekommen wg. Vererbbarkeit" (Fb 15). In den Interviews werden ähnliche Erfahrungen geschildert. So berichtet eine Befragte von ihrer Tante, die sie während der Schwangerschaft kritisiert habe: „wie kann die jetzt noch ein viertes Kind bekommen" (Interview Dreben, 510). Diese Äußerung habe sie „natürlich sehr verletzt" (535). Ähnliches schildert auch eine Befragte, deren Schwiegermutter ihre Entscheidung für ein drittes Kind in Frage stellte: „Aber allgemein sagte sie so nach dem Motto: Muss es denn sein? Ihr habt doch zwei gesunde Kinder, es ist doch in Ordnung. Es reicht doch." (Interview Arnold, 1585) Eine weitere Interviewte berichtete, dass sie schon häufiger erlebt habe, dass Personen ihre Entscheidung für leibliche Kinder in Frage gestellt hätten, wenn sie von der genetischen Ursache ihrer Erkrankung erfuhren. Ihre persönliche Entscheidung für eine künstliche Befruchtung stoße bei vielen auf Unverständnis:

> „Ja wieso denn das dann eben halt noch [...] Also ja, habe ich mir dann doch schon manchmal die Frage habe gefallen lassen müssen, warum dann nicht adoptiert eben halt?" (Interview Wagenführ, 1229)

In den aufgeführten Berichten kann die Sorge um das Kindeswohl eine Rolle spielen. Die Befragten empfanden die Situationen aber als Einmischung in ihre privaten Reproduktionsentscheidungen. Insbesondere wenn von anderen eine Adoption statt leiblicher Kinder empfohlen wird, – wie im letzten Zitat von Frau Wagenführ – steht vermutlich weniger die Sicherstellung anstehender Pflege- und Betreuungsaufgaben, sondern wohl eher die Vermeidung der möglichen Vererbung krankheitsrelevanter Genveränderungen im Mittelpunkt. Wie problematisch solche Anforderungen mitunter sein können, verdeutlicht wiederum ein anderer Fall, in dem eine Interviewte die Zurückweisung ihres Adoptionswunsches als diskriminierendes Ereignis beschrieb.

Frau Maltritz: „Wir haben uns bestraft gefühlt"

Frau Maltritz hatte sich nach der Diagnosestellung FAP und einer genetischen Beratung gemeinsam mit ihrem Ehemann an eine Adoptionsagentur gewandt. Zum Zeitpunkt der Kontaktaufnahme bestanden bei ihr keine gesundheitlichen Einschränkungen und eine prophylaktische OP war noch nicht durchgeführt worden. Bei einem Termin mit der Vermittlungsagentur sei dem Paar jedoch sehr schnell deutlich gemacht worden, dass ihnen kein Adoptivkind in Aussicht gestellt wird: „Ich könnte es mir ausmalen, dass ich mit dieser Erkrankung, wo keiner den Verlauf weiß, kein Kind kriege." (Interview Maltritz, 1273) Im Interview kritisiert sie diesbezüglich, dass sich die Adoptionsagentur nicht über die Erkrankung informiert habe, sondern „dass die überhaupt nichts wussten und auch nicht gewillt waren, darüber nachzulesen wie das ist. Damit war das dann abgehakt." (1314)

Aufgebracht ist Frau Maltritz über die Ablehnungsbegründung, bei der offenbar Annahmen über die weitere Entwicklung der Erkrankung zugrunde gelegt wurden. Schon im Fragebogen hatte sie beschrieben, wie sie und ihr Mann sich „bestraft" und am „Rande der Gesellschaft" gestellt gefühlt hätten: „denn es geht nicht immer um das Kindeswohl." (Fb 36) Im Interview beklagt Frau Maltritz einen solchen pauschalen Ausschluss, da für alle Menschen Krankheitsrisiken bestünden. Sie verweist damit auf die Unterscheidung zweier Risikokalküle. Zwar hatte sie zum Zeitpunkt der Adoptionsanfrage keine gesundheitlichen Einschränkungen, die eine Kinderbetreuung ausgeschlossen hätten, aber die Vermittlungsagentur wertete ihr Risiko als gravierender als jenes, das für Bewerber_innen im Allgemeinen besteht. Im Unterschied zu Personen mit anderen (nichtgenetischen) Erkrankungen befinden sich die Betroffenen dabei in einem normativen Dilemma: Auf der einen Seite wird ihnen von leiblichen Kindern abgeraten, um nicht die Krankheitsrisiken an die nächste Generation weiterzugeben, auf der anderen Seite wird aber auch ihre gesundheitliche Eignung für eine Adoption in Frage gestellt.

5 Diskussion: Für ein erweitertes Verständnis genetischer Diskriminierung

In allen hier erörterten Fällen berichten Personen von negativen Erfahrungen, Teilhabebeschränkungen, Ausschlüssen und Kränkungen, die sie im Zusammenhang mit (ihrem Risiko) einer genetischen Erkrankung erlebten. Viele Betroffene äußern deutlich, dass sie sich durch diese Erfahrungen „zurückgesetzt", „unverstanden und verletzt", „ausgegrenzt und hilflos", zu einem „Mensch[en] 2. Klasse abgestempelt", „bestraft" sowie „diskriminiert" fühlen.[26]

Stellen aber die berichteten Andersbehandlungen, Ausschlüsse und Stigmatisierungen Fälle genetischer Diskriminierung dar? In der Logik der vorherrschenden Definition, mit der ausschließlich asymptomatische Personen in den Blick genommen werden sollen, kann von den vorgestellten Fällen allein der von Frau Wietjen als solcher bewertet werden, da nur bei ihr zum Zeitpunkt des Ausschlusses von einer Lebensversicherung noch keine Symptome der genetischen Krankheit vorlagen. Zwar verbieten sowohl supranationale Übereinkünfte wie die „Allgemeine Erklärung über das menschliche Genom und Menschenrechte der UNESCO" als auch Gesetze wie das deutsche „Gendiagnostikgesetz" *jegliche* Benachteiligung aufgrund genetischer Merkmale. In der Gesetzgebung wird der Rechtsschutz jedoch nur den genetischen Informationen zugesprochen, womit klinische Daten, von denen auf eine genetische Erkrankung geschlossen werden kann, nicht geschützt sind. In diesem Sinne gilt in der deutschen Gesetzgebung laut § 18 Abs. 2 Gendiagnostikgesetz der Grundsatz, dass „Vorerkrankungen und Erkrankungen" z.B. beim Abschluss einer Versicherung mithilfe der klinischen Informationen „anzuzeigen" sind. Da die Auskunft über eine schon manifeste genetische Erkrankung auch eine genetische Information ist, unterscheidet das Gesetz hier also zwischen genetischen Krankheiten mit und ohne Symptomatik, wodurch ein allgemeiner Schutz vor Diskriminierung aufgrund genetischer Merkmale nicht gegeben ist.[27]

Für die sozialwissenschaftliche Bestimmung genetischer Diskriminierung geht es jedoch nicht nur um Fragen zur rechtlichen Absicherung, sondern zunächst allgemeiner um Fragen der Wahrnehmung und Anerkennung von Benachteiligungserfahrungen. Entsprechend steht zur Diskussion, wie die beschriebenen Fälle einzuordnen sind. Kann die Unterscheidung zwischen Diskriminierung aufgrund von genetischen Merkmalen und aufgrund von Krankheit/Behinderung überhaupt sinnvoll getroffen werden?

---

26 Auswahl aus den Fragebögen und den Interviews. Zitate der Reihe nach aus Fragebogen 15; 18; 59; 31, dem Interview Büttner: 1210, dem Fragbogen 99 und dem Interview Büttner: 709.

27 Auch in anderen rechtlichen Regelungen zu genetischer Diskriminierung wird zumeist eine Abgrenzung genetischer zu klinischen Informationen und Unterschutzstellung ersterer vorgenommen (Hall/Rich 2000; für einen Überblick siehe Otlowski et al. 2012).

Zur Beantwortung dieser Fragen ist es wichtig, sich einer Prämisse zu vergegenwärtigen, auf der die vorherrschende Definition genetischer Diskriminierung mit ihrer strikten Abgrenzung von Benachteiligungen im Zusammenhang mit Krankheit und Behinderung beruht: Die Annahme nämlich, dass sich Diskriminierungsereignisse anhand des Vorhandenseins von Symptomen klassifizieren lassen. Diese hat zur Voraussetzung, dass sich eindeutig zwischen asymptomatischen und symptomatischen Zuständen trennen lässt. Diese Unterscheidung hat in der Medizingeschichte eine Entsprechung in der grundsätzlichen Differenz zwischen normalen physiologischen und krankheitsbedingten Merkmalen, die sich auch in den zwei eigenständigen medizinischen Disziplinen – Pathologie und Physiologie – ausdrückte. In seiner medizinhistorischen Arbeit „Das Normale und das Pathologische" arbeitete Georges Canguilhem (1974) heraus, wie sich diese Vorstellung einer grundsätzlichen Differenz der beiden Zustände seit Ende des 18. Jahrhunderts immer mehr aufzulösen begann: „Anomalie oder Mutation sind nicht per se pathologisch" schreibt Canguilhem, da „die Phänomene der Krankheit im Wesentlichen mit denjenigen der Gesundheit, von der sie immer nur durch Intensität sich unterscheiden, koinzidieren" (S. 148/37). Das „unter bestimmten Bedingungen Normale, weil Normative" könne somit, in einer „anderen Situation zum Pathologischen werden, obwohl es selbst gleich bleibt" (ebd., S. 190).

Was Canguilhem in seiner Schrift als grundlegendes Prinzip der Bewertung körperlicher Erscheinungen beschrieb, gilt auch für die Bestimmung genetischer Diskriminierung. Symptome können in diesem Sinne gar nicht als Grenzmarker einer eindeutigen Unterscheidung von Personen und der von ihnen erlebten Andersbehandlung und Benachteiligung fungieren, da sie je nach Kontext und individuell zwischen Merkmalen einer Krankheit und jenen einer gesunden Person changieren.

Aufbauend auf Canguilhems Rekonstruktion der sich in der modernen Medizin durchsetzenden Vorstellung der Relativität gesunder und kranker Zustände, sind noch weitere Besonderheiten von Symptomen zu berücksichtigen, die diese für die Bestimmung von genetischer Diskriminierung unbrauchbar machen. Eine erste Besonderheit ist die konstitutive Unsicherheit im Versuch, spezifische körperliche Zustände als Symptome zu werten. Der Begriff „Symptom" ist durch eine *ontologische Unbestimmtheit* gekennzeichnet, da sehr unterschiedliche körperliche Merkmale mit diesem Begriff benannt werden. So können damit einerseits Merkmale bezeichnet werden, die als manifestes Leiden selbst wesentlicher Teil einer Krankheit sind, oder aber andererseits lediglich auf eine Krankheit verweisen, selber jedoch keine gesundheitliche Beeinträchtigung bedeuten. Für die FAP wird diese ontologische Differenz etwa im Unterschied zwischen dem diagnostischen Blick einer Ärzt_in, die einzelne Polypen im Darm als Symptom der Erkrankung interpretiert, während für die Patient_in gegebenenfalls erst viel später Verdauungsbeschwerden oder Schmerzen als Symptome erlebt werden. Die klinische Untersuchung entspricht dabei allerdings keinesfalls einer objektiven oder neutralen Bestimmung, sondern beruht auf weitgehend kontingenten Festlegungen, wie ausgebildet die Gewebswucherungen sein müssen und ab wie vielen und welcher Form von Polypen von einer FAP-Erkrankung ausgegangen wird. Auch für das vermeintlich deutliche Symptom von Herrn Rölter stellt sich die Frage, ab welcher Menge an Blut von einem Symptom zu sprechen wäre.

Neben dieser allgemeinen Bedeutungsbreite von Symptomen geht die Verknüpfung von körperlichen Erscheinungen und Krankheiten bei konkreten Individuen mit weiteren Unsicherheiten einher, da spezifische körperliche Merkmale bei der einen Person erste Anzeichen einer Erkrankung sein können, bei einer anderen aber ohne weitere Beeinträchtigungen bleiben oder gar wieder verschwinden. Aus diesem Grund werden in der heutigen medizinischen Literatur Symptome als „fassbare Krankheitszeichen" (Pschyrembel 2012, S. 2031) als Verschränkung individueller Leiberfahrungen und sozialer Deutungsangebote und entsprechend nicht als rein objektive und eindeutige Zeichen verstanden (z.B. Dingwall 1976; White 2002). Die individuelle und zugleich soziale Fundierung der Symptome lässt sich dabei auch keinesfalls durch eine im englischen Sprachraum gelegentlich zu findende Unterscheidung von *Zeichen* und *Symptomen* auflösen, bei denen der klinische Befund von subjektivem Empfinden differenziert wird (z.B. Stedman 2000). Eine solche Unterscheidung versucht zwar in positivistischer Manier eine Trennung von vermeintlich objektiven Fakten und subjektiven Deutungen vorzunehmen, wodurch aber eben jene kategoriale Unterscheidung wiederholt wird, die medizintheoretisch als überholt gilt.

Selbst bei der FAP, bei der sich bei einem positiven Gentest auf eine mit der FAP assoziierte Genvariante mit einer fast 100-prozentigen Wahrscheinlichkeit eine sich im Laufe des Lebens entwickelnde Erkrankung vorhersagen lässt, sind Symptome keinesfalls eindeutig zu bestimmen. Denn oft sind schon in den ersten beiden Lebensjahrzehnten Polypen im Darm (Adenome) klinisch feststellbar, die auf die zukünftige Erkrankung verweisen oder aber als „normale" und harmlose, bei jedem Menschen mögliche Geschwulst interpretiert werden können. Ein und dasselbe körperliche Phänomen kann somit jeweils als Symptom einer Krankheit oder aber als normale Varianz gelten oder gegebenenfalls gar als positiver Gesundheitsindikator interpretiert werden.[28]

---

28 Wie Symptome auch als positiver Gesundheitsindikator gewertet werden können, berichten in unserer Studie etwa Betroffene der Hereditären Hämochromatose, bei denen ihr gegenüber den Normalwerten der Allgemeinbevölkerung erhöhter Ferritinwert vor der Diagnosestellung als sehr guter Wert, der auf eine gute Eisenversorgung schließen lässt, bewertet wurde (siehe Manz in diesem Band).

Wahrscheinlich wird auch die Weiterentwicklung der Medizin an der Unschärfe und Bedeutungsoffenheit von Symptomen höchstens partiell etwas ändern. Denn auch noch so differenzierte Untersuchungsmethoden gehen immer mit der gleichen ontologischen Unbestimmtheit einher, da sich nicht klären lässt, welches körperliche Merkmal ab welcher Normabweichung wirklich als Symptom gelten kann. Mit erweiterten Diagnosetechniken, der Bestimmung diverser Biomarker und dem immer tieferen Eindringen in den Körper und seine kleinsten Bestandteile können zwar zukünftig noch mehr Zeichen sichtbar gemacht werden, mit den vermehrten Datenaufkommen wächst jedoch auch der Interpretationsbedarf und die Deutungsoffenheit des Wissens.

Eine weitere Besonderheit von Symptomen besteht in den unterschiedlichen heuristischen Anforderungen ärztlicher Praxis an die Bestimmung von Symptomen. Diese als *epistemische Unbestimmtheit* zu bezeichnende Eigentümlichkeit wird bei einem Blick auf die Funktionen von Symptomen in der Medizin deutlich. So dienen sie dazu eine Erkrankung zu erkennen, können frühzeitige therapeutische Optionen und prophylaktische Behandlungen ermöglichen und als prädiktiv interpretierbare Zeichen verwendet werden, um weitere Krankheitsfolgen bzw. -verläufe vorherzusagen. Diese unterschiedlichen Funktionen – als *An*zeichen einer Erkrankung oder als *Vor*zeichen zukünftiger Krankheitsfolgen – zeigte sich auch in den Erlebnissen der von uns Befragten, wenn diese von Symptomen als einer Varianz ohne weitere gesundheitliche Bedeutung, als erstem Hinweis auf eine im Entstehen begriffene Erkrankung, als manifestes Merkmal beträchtlicher körperlicher Beeinträchtigungen, als Vorhersage für zukünftige krankheitsbedingte Einschränkungen berichten. Für so unterschiedliche gesundheitsbezogene Deutungen müssen Symptome deshalb weitgehend interpretationsoffen sein. Diese Interpretationsoffenheit ist jedoch keinesfalls als Problem, sondern unter medizinischen Maßgaben als äußerst sinnvoll zu deuten. So kommt Symptomen als ersten *Anzeichen* die Funktion zu, einen Krankheitszustand idealerweise schon frühzeitig zu erkennen, damit Therapien ergriffen, die Krankheit bekämpft oder Leiden verringert werden kann. Solche Anzeichen zur Diagnose einer Krankheit stellen jedoch nicht selbst die Erkrankung dar, sondern erfüllen die heuristische Funktion, ein diagnostisches Abbild eines komplexen körperlichen Zustandes zu sein. Diese Funktion nehmen in den Berichten etwa die durch Koloskopie diagnostizierten Adenome im Dickdarm ein, wenn sie wie bei Frau Büttner, Herrn Rölter sowie Frau Kortecker und Frau Arnold dazu dienen, ein engmaschiges Netz an Vorsorgeuntersuchungen und schließlich eine prophylaktische Darmentfernung zu indizieren.

Viel häufiger wird in den beschriebenen Benachteiligungssituationen aber auf eine über die Anzeigefunktion hinausreichende Bedeutung von Symptomen rekurriert. Wenn wie bei Frau Arnold und Frau Kortecker die FAP-Erkrankung als „Vorkrebs", als „Präkarzinom" gilt, werden Symptome als *Vorzeichen* zur Prognose möglicher weiterer Krankheitsfolgen gesetzt. Für Frau Büttner waren die Symptome der FAP vor allem für die prophylaktische Entfernung des Dickdarms von Bedeutung. Während sie sich selbst trotz der Symptome als gesund erlebt, wertete der Versicherer die Symptome aber als Ausschlussgrund, indem er diese nicht lediglich als Verweis auf eine Erkrankung, sondern als prädiktiv interpretierbare Zeichen wertete, mit dem zukünftige Komplikationen vorherzusehen sind. Dass solche Deutungsunterschiede noch weiter auseinanderliegen können, wurde am Fall von Herrn Rölter ersichtlich, der das Blut im Stuhl nicht als Zeichen einer Krankheit interpretierte, während die Versicherung in dem Blut aber einen eindeutigen Anzeiger einer gravierenden zukünftig eintretenden gesundheitlichen Einschränkung sah. Ähnlich wie Gene können Symptome in solchen Deutungen also Ausgangspunkt von Annahmen über die zukünftige Entwicklung einer Krankheit sein. Nicht die aktuelle körperliche Verfassung einer Person mit einer genetischen Erkrankung ist dabei ausschlaggebend für Andersbehandlung oder Benachteiligung, sondern die antizipierten gesundheitlichen Einschränkungen.

6 Fazit: Genetische Diskriminierung bei asymptomatischen und symptomatischen Personen

Die im Rahmen unseres Forschungsprojekts vorgenommene Befragung sollte Einblicke in Formen und Felder genetischer Diskriminierung vermitteln, die auch für weitere Erkrankungen sowie für die zu erwartende Ausweitung genetischen Wissens in der Gesundheitsvorsorge der Allgemeinbevölkerung aussagekräftig sind. Die Berichte von Personen mit einer Disposition für die genetische Erkrankung FAP dienten hier dazu, die Problematik einer engen Definition genetischer Diskriminierung aufzuzeigen. Ersichtlich wurde, dass auch Personen mit Symptomen Benachteiligung und Stigmatisierung im Zusammenhang mit den genetischen Aspekten ihrer Erkrankung erleben, die von der klassischen Definition genetischer Diskriminierung mit dem Abgrenzungskriterium „asymptomatisch" nicht erfasst werden können. Während also die frühen Studien zu den negativen Wirkungen genetischen Wissens deutlich machten, dass man nicht erkrankt sein muss, um diskriminiert zu werden, ließ sich mit den hier erörterten Fällen deutlich machen, dass man nicht gesund sein muss, um genetischer Diskriminierung ausgesetzt zu sein.

Deutlich wurde zudem, dass die Andersbehandlungen und Benachteiligungen nicht ausreichend auf Grundlage der vorliegenden Symptome zu erklären sind, sondern die erlebten Ausschlüsse ebenso auf Informationen über genetische

Merkmale und deren Deutung beruhten. Nicht allein die Adenome im Darm führten bei Frau Maltritz zur Zurückweisung durch die Adoptionsagentur und ohne das Wissen um die genetische Disposition und damit zusammenhängende Krankheitsrisiken wären Frau Kortecker und Frau Arnold sicherlich nicht von der Blutspende ausgeschlossen worden. Vielmehr standen die berichteten Benachteiligungen immer auch im Zusammenhang mit prospektiven Annahmen, die auf genetisches Wissen rekurrierten. Auf Grundlage der Berichte ließ sich somit herausarbeiten, dass der Symptombegriff aufgrund seiner ontologischen als auch epistemischen Unbestimmtheiten unzureichend ist für einen angemessenen Begriff genetischer Diskriminierung und keine valide Grundlage für die Grenzziehung zwischen verschiedenen Formen von Diskriminierung liefert.

Sicherlich war es zu Beginn der 1990er Jahre zweckmäßig, genetische Diskriminierung als eigenständige Diskriminierungsform in Abgrenzung zu anderen Formen auszuweisen. Die *boundary work* (Gieryn 1983) mittels einer Abgrenzung zu Diskriminierungen im Zusammenhang mit Behinderung und Krankheit hat seitdem allerdings zur Folge, dass nicht die gesamte Bandbreite an realen Benachteiligungspraxen im Zusammenhang mit genetischen Merkmalen erfasst werden kann, was im Weiteren dazu führt, dass Maßnahmen gegen Ungleichbehandlungen im Zusammenhang mit genetischen Merkmalen bei bereits erkrankten Personen erschwert oder, wenn sie nicht erfasst werden können, gar ausgeschlossen sind. Konkrete Relevanz hat die Abgrenzung bereits in den in den letzten beiden Jahrzehnten in Kraft getretenen rechtlichen Absicherungen erhalten, in denen Symptome von genetischen Eigenschaften signifikant unterschieden werden. Der Gesetzgeber stärkte bisher lediglich die Rechte von Individuen gegenüber prospektiven Annahmen aufgrund genetischer Merkmale. Doch können sowohl Gene als auch Symptome in Benachteiligungssituationen dazu dienen, zukünftige gesundheitliche Einschränkungen einer Person mittels Wahrscheinlichkeitskalkulationen vorherzusagen, und zudem als Rechtfertigung für darauf basierende Ungleichbehandlung benutzt werden. Studien und Gesetze, in denen unter Rückgriff auf die Definition von Billings et al. nur asymptomatische Personen erfasst und geschützt werden, stehen damit also in der Gefahr, den diskriminierenden Akt auf einer anderen Ebene zu wiederholen, wenn aufgrund der verengten Definition von Diskriminierung betroffenen Personen die Anerkennung ihrer Benachteiligungserfahrung verwehrt wird.

Da es aber zur Bestimmung genetischer Diskriminierung weder hilfreich ist, bereits Erkrankte auszuschließen, noch notwendig erscheint, diese Benachteiligungsform von anderen scharf abzugrenzen, steht eine Erweiterung des Verständnisses genetischer Diskriminierung an. Ein solches erweitertes Verständnis müsste über die enge symptombezogene Begriffsdefinition hinausgehen und stattdessen an den Erfahrungen von Betroffenen ansetzen. In den Blick zu nehmen sind die Verschränkungen von genetischen Informationen mit Krankheit bzw. Behinderung. Diese können nicht sinnvoll auseinander dividiert werden, sondern sind gerade in ihrer Verwicklung miteinander, als Konglomerat wirksam. Für ein solches erweitertes Verständnis genetischer Diskriminierung ist die Grenzziehung zwischen Personen *mit* und *ohne* Symptome zu verabschieden. Weiterhin müssen über organisationale und institutionelle Ausschlüsse hinaus auch Andersbehandlungen, Stigmatisierungen und Ausschlüsse im sozialen Nahraum mit dem Begriff genetischer Diskriminierung erfasst werden können. Für einen wirksamen Schutz der Betroffen sind schließlich auch klinische Daten, mit denen auf genetische Dispositionen geschlossen werden kann, in die rechtlichen Schutzverfügungen aufzunehmen. Erst ein um diese Dimensionen erweitertes Verständnis genetischer Diskriminierung vermag Benachteiligungen, wie sie hier von den Betroffenen geschildert wurden, umfassend zu begreifen.

Vorbeugen und Verhindern.
Über den vereindeutigenden Umgang mit Unsicherheit bei Frauen mit einer BRCA-Mutation

Tabea Eißing

Die Feststellung einer genetischen Disposition für Brust- und Eierstockkrebs ist für die Betroffenen mit einer Gemengelage an Unsicherheiten verbunden. Da ein positives Gentestergebnis eine erhöhte Wahrscheinlichkeit anzeigt, in Zukunft an Krebs zu leiden, kann es Ängste vor einer Erkrankung und Tod auslösen. Auch kann das Wissen die Lebensplanung verändern und beispielsweise eine Neuausrichtung der Familienplanung mit sich bringen. Aufgrund des erblichen Charakters der Krankheit betreffen derartige Beunruhigungen nicht nur die diagnostizierten Frauen selbst, sondern auch leibliche Verwandte und Kinder.

Auch in den im Rahmen unserer Untersuchung durchgeführten Interviews mit Frauen mit einer genetischen Disposition für Brust- und Eierstockkrebs nehmen Schilderungen vielfältiger, durch die prädiktive Diagnose induzierter Unsicherheiten einen breiten Raum ein. Dabei spielen Reflexionen zur Bedeutung des prädiktiven Wissens eine große Rolle. Viele der Befragten betonen dabei die positive Wirkung institutionell angebotener Präventionsmaßnahmen und berichten, dass sie darüber Unsicherheit minimieren. Die interviewten Frauen schildern aber auch negative Erfahrungen von Benachteiligungen, Stigmatisierungen und Kränkungen aufgrund des genetischen Wissens. Diese Berichte beziehen sich zum einen auf institutionelle Akteure (Krankenversicherungen, medizinischer Bereich und Versorgungsämter) und zum anderen auf die Beziehung zu Partnern und familiäre Kontexte. Insgesamt zeigt sich, dass die genetische Diagnose die Betroffenen und ihre Angehörigen vor die Aufgabe stellt, sich zu Fragen nach Vererbung und Verantwortung zu positionieren, und dass sie in den Familien eine Auseinandersetzung um die Bedeutung und den Umgang mit dem neuen genetischen Wissen in Gang bringt.

Im Folgenden wird dargestellt, wie die befragten Frauen mit den vielfältigen Unsicherheiten umgehen und wie sich die Unsicherheiten, welche die Interviewten im Kontext der prädiktiven Gendiagnostik schildern, zu Erfahrungen von Diskriminierung und Stigmatisierung verhalten. Dabei dokumentiert das

Material Berichte von Benachteiligungserfahrungen, die insofern als spezifisch für die genetische Disposition für Familiären Brust- und Eierstockkrebs angesehen werden können, als dass sie im Rahmen der drei anderen von uns durchgeführten Teilstudien zu den verschiedenen genetischen Mutationen und Krankheitsausprägungen nicht aufgetreten sind: Mehrere Interviewte vertreten die Ansicht, dass ihr positives Gentestergebnis einen Sonderstatus begründe, der einen Zugang zu spezifischen, medizinischen Maßnahmen garantieren sollte. Die Verweigerung derartiger medizinischer Extra-Leistungen, die sie mit den meisten anderen Versicherten gleichstellt, erleben sie als Benachteiligung. Zur Deutung und Einordnung dieser Aussagen ist der begriffliche Rahmen von negativer Diskriminierung – verstanden als ungerechtfertigte Andersbehandlung – nicht wirklich hilfreich. Vielmehr regt das Material zum Nachdenken darüber an, inwieweit sich diese Schilderungen von subjektiv erfahrener ungerechtfertigter Gleichbehandlung als Forderungen nach ‚positiver Diskriminierung' – verstanden als Akzentuierung einer Besonderung zum Zwecke eines Nachteilsausgleichs – fassen lassen und welche normativen Implikationen mit der Forderung nach gesonderter Berücksichtigung des Genstatus einhergehen.

1 Methodischer Zugang und Untersuchungsdesign

Das empirische Material wurde in einer dreiphasigen Untersuchung generiert. In der ersten Phase (März bis Dezember 2011) wurde eine Fragebogenerhebung unter Betroffenen eines genetischen Risikos für Brust- und Eierstockkrebs durchgeführt. Der Zugang zu den Teilnehmer_innen wurde durch die Verteilung des Fragebogens einschließlich eines frankierten Rückumschlags über Selbsthilfegruppen – insbesondere über das BRCA-Netzwerk e.V. (http://www.brcanetzwerk.de) – und durch die Auslage des Projektflyers in verschiedenen Zentren „Familiärer Brust- und Eierstockkrebs" hergestellt. Eines dieser Zentren erklärte sich zu einer postalischen Kontaktierung betroffener Frauen bereit. Dies ermöglichte es, Personen zu finden, bei denen ein genetisches Risiko diagnostiziert wurde, die aber (noch) keine Symptome aufweisen. Insgesamt wurden 370 Fragebögen verteilt, von denen 69 zurück geschickt wurden (Response-Rate 18,64%).[29] Auch auf der Internetseite des Projekts war der Fragebogen verfüg-

---

29 Mit dem gewählten Zugang über Selbsthilfegruppen und genetische Beratungsstellen sind vermutlich Selektionseffekte verbunden. Zum einen ist von einem Mittelschichtbias auszugehen, da vorrangig Frauen aus der Mittelschicht in Selbsthilfegruppen organisiert sind. Es ist deshalb anzunehmen, dass Frauen aus den unteren Schichten den Fragebogen seltener beantwortet haben. Die Strategie, Betroffene über genetische Beratungsstellen zu rekrutieren, kann zudem dazu geführt haben, dass vor allem Betroffene erreicht wurden, die der prädiktiven genetischen Testung relativ positiv gegenüber stehen. Die Untersuchungsergebnisse können daher lediglich als Explo-

bar. Über diese Online-Befragung gingen 26 Fragebögen ein. Insgesamt lagen somit insgesamt 95 Fragebögen vor, die in die Auswertung einbezogen wurden. Der Fragebogen setzte sich aus standardisierten und offenen Fragen zusammen. Die ersten Items zielten auf die Ermittlung genetischer Merkmale und krankheitsbezogener Informationen. Gefragt wurde in diesem Zusammenhang nach Ergebnissen genetischer Untersuchungen und wer von dem (möglichen) genetischen Krankheitsrisiko Kenntnis hatte. Schilderungen von Erfahrungen aufgrund der (vermuteten) genetischen Veranlagung und die Bereiche, in denen diese Erfahrung(en) gemacht wurden, wurden in weiteren Items erbeten. Mittels der Predictive Analytics Software (PASW 18) wurden die standardisierten Fragen einer deskriptiven Analyse unterzogen. Die narrativen Antwortpassagen variieren zwischen kurzen Sätzen bis hin zu ausführlichen Schilderungen. Sie wurden von den standardisierten Fragen separiert und inhaltsanalytisch ausgewertet.[30]

In der zweiten Phase (April 2011 bis Februar 2013) wurden 18 leitfadengestützte Interviews mit Frauen geführt, die auf dem Fragebogen ihre Bereitschaft zu einer weiteren Befragung notiert hatten. Ziel der Interviews war es, vertiefende und ausführlichere Erzählungen zu generieren. Inhaltlich orientierte sich der Leitfaden an den Themen des Fragebogens. Die Interviewten wurden gefragt, wie sie von ihrem genetischen Risiko erfahren haben, wen sie (nicht) über die genetische Veranlagung informierten, weshalb sie die genetische Information (nicht) bekannt gaben, welche positiven und negativen Erfahrungen mit der Gendiagnose für sie verbunden waren, was sie für die Zukunft befürchten und was sich durch die genetische Diagnose in ihrem Leben verändert hat. Sechs der Frauen, mit denen ein Interview geführt wurde, waren bereits an Eierstock- oder Brustkrebs erkrankt. Zwölf der Befragten waren zum Zeitpunkt des Gesprächs symptomlos. Bei zwei der Interviewten wurde nicht aufgrund eines Gentests, sondern auf der Basis der Familiengeschichte eine erhöhte Erkrankungswahrscheinlichkeit errechnet. Das Alter der befragten Frauen lag zwischen 24 und 66 Jahren, der Großteil war verheiratet bzw. lebte in einer Partnerschaft, verfügte über einen hohen Bildungsabschluss und war berufstätig. Die Hälfte der Frauen hatte Kinder. Abgesehen von zwei Gesprächen, bei denen die Betroffenen ein Telefonat bevorzugten, wurden alle Interviews bei den Befragten zuhause geführt. Die Dauer der Gespräche variierte zwischen 16 Minuten und zwei Stunden. Mit der schriftlichen Zustimmung der Befragten wurden die Interviews aufgenommen, anschließend transkribiert und anonymisiert. Thematische Schwerpunkte der Auswertung waren die Bedeutung des Wissens um ein erhöhtes genetisches Erkrankungsrisiko, der Umgang mit dem genetischen Wissen, der

---

ration des Themenfelds verstanden werden. Zur Funktion und Bedeutung von Selbsthilfegruppen siehe auch Pelters 2012.
30 Genauere Angaben zum methodischen Vorgehen der Fragebogenuntersuchung und zu den Ergebnissen der vier Teilstudien finden sich in Lemke et al. 2013.

Einfluss des positiven Testergebnisses auf die Familiendynamik, die Befürchtungen und Ängste die Betroffenen vor möglichen Ungleichbehandlung sowie Erfahrungen von Diskriminierung aufgrund des (vermuteten) genetischen Risikos.

In einer dritten Phase wurden die dokumentierten subjektiven Erfahrungsberichte mit Eindrücken und Informationen anderer Personen abgeglichen. Dazu wurden Vertreter_innen von Versorgungsämtern zum Verfahren der institutionellen Anerkennung des Sonderstatus ‚Schwerbehinderung' interviewt. Es wurden insgesamt fünf Versorgungsämter angeschrieben, von denen sich dann Vertreter_innen aus zwei Ämtern zu einem Gespräch bereit erklärten. Bei beiden leitfadengestützten Gruppengesprächen waren Abteilungsleiter_innen aus beiden Ämtern, Versorgungsärzt_innen und Grundsatzsachbearbeiter_innen für das Neunte Sozialgesetzbuch (SGB IX/Rehabilitation und Teilhabe behinderter Menschen) anwesend. Die Expert_innen wurden zunächst gebeten zu schildern, wie sich das Verfahren der Beantragung des Schwerbehindertenstatus gestaltet, welche Personen ihn erhalten und welche Rechte mit dem Status einhergehen. Im Anschluss daran fokussierten die Gespräche die Frage, ob für (akute/chronische) Erkrankungen und (angeborene/erworbene) Behinderungen dieselben Verfahren greifen, um dann die Rolle genetischer Erkrankungsrisiken bei der Vergabe des Schwerbehindertenausweises zu diskutieren.

Bevor im Folgenden ausgewählte Ergebnisse vorgestellt werden, soll zunächst das Krankheitsbild des familiären Brust- und Eierstockkrebses erläutert werden.

2 Medizinische Grundlagen und die Bedeutung des prädiktiven Gentests

Die Vorstellung der Vererbbarkeit von Brustkrebserkrankungen wie auch das Wissen um das gehäufte Auftreten von Brustkrebs über mehrere Generationen innerhalb einer Familie geht in das 19. Jahrhundert zurück. Bereits 1866 erfolgte die erste umfassende Beschreibung eines Stammbaums mit über mehrere Generationen auftretenden Krebserkrankungen durch den französischen Chirurg Paul Broca. Als jedoch in den 1990er Jahren die sogenannten ‚Brustkrebsgene' BRCA1 und BRCA2[31] entdeckt wurden, verliehen diese der Vorstellung der Vererbbarkeit von Brust- und Eierstockkrebs eine (neue) Materialität (Lynch et al. 2004; Palfner 2010).[32] Bei den BRCA-Genen handelt es sich um sogenannte

---

31 Die Abkürzung steht für das englische Wort für Brustkrebs, BReast CAncer.
32 Bislang wurden weltweit mehr als 2000 pathogene Mutationen in dem Gen BRCA1 und mehr als 1000 in dem BRCA2-Gen beschrieben (Schmutzler/Kast 2010). Zusätzlich zu diesen als hochpenetrant bezeichneten Genvarianten wurden seit den 1990er Jahren weitere krankheitsassoziier-

Tumorsuppressor-Gene, die wichtige Aufgaben bei der Zellteilung und beim Zellwachstum erfüllen und das Wachstum von Tumoren unterdrücken. Das erhöhte Risiko für eine Brust- und Eierstockkrebserkrankung durch eine Veränderung in den BRCA-Genen wird damit erklärt, dass eine Mutation diese zelluläre Funktion beeinträchtigt oder aber dazu führt, dass diese nicht mehr ausgeführt werden kann, weshalb (maligne) Tumore entstehen können (Familiärer Brust- und Eierstockkrebs – Verbundprojekt der Deutschen Krebshilfe 2003).

Die Anzahl an Brustkrebserkrankungen, die auf eine Veränderung in den BRCA-Genen zurückgeführt werden, wird mit circa fünf bis zehn von 100 Frauen angegeben (Meindl et al. 2011). Statistisch gesehen liegt das Risiko für Personen ohne diese genetische Veränderung bis zum 80. Lebensjahr an Brustkrebs zu erkranken (sogenannter sporadischer Brustkrebs) bei 8 bis 10%, für eine Eierstockkrebserkrankung liegt es bei 1,5 bis 2% (RKI 2010; Deutsche Krebsgesellschaft e.V. 2010). Wird hingegen eine BRCA-Mutation diagnostiziert, steigt die Erkrankungswahrscheinlichkeit: Bei einer BRCA1- oder BRCA2-Mutation wird eine Erkrankungswahrscheinlichkeit für Brustkrebs von 60 bis 80% und für Eierstockkrebs von 20 bis 50% benannt (Meindl et al. 2011). Bei einer Brustkrebserkrankung, die mit einer BRCA-Mutation assoziiert ist, wird zudem ein kumulatives Erkrankungsrisiko für die ‚gesunde' Brust von 47,4% angegeben (Graeser et al. 2009; Meindl et al. 2011). Zudem wird mit einer Veränderung im BRCA1-Gen ein erhöhtes Risiko für Magen-, Nieren-, Pankreas-, Gebärmutter- und Prostatakrebs und im BRCA2-Gen für Darm-, Magen-, Pankreas-, Prostata- und Hautkrebs assoziiert.

Die Vererbung erfolgt geschlechtsunabhängig und folgt dem autosomal-dominanten Erbgang, demzufolge die genetische Prädisposition mit einer Wahrscheinlichkeit von 50% sowohl an weibliche als auch an männliche Nachkommen weitergegeben werden kann. Im Unterschied zu den sogenannten sporadischen Brustkrebserkrankungen charakterisiert die erblich bedingte Form ein frühes mittleres Erkrankungsalter von 43 Jahren sowie das häufigere Auftreten bilateraler Karzinome (Paepke et al. 2003; Kiechle et al. 2008; Schmutzler/Kast 2010; Meindl et al. 2011).

Allerdings ist zu beachten, dass es sich bei den Nachweisverfahren für die BRCA-Gene um prädiktive Gentests handelt, die lediglich Aussagen über Krankheits*wahrscheinlichkeiten* zulassen (Kollek/Lemke 2008, S. 42). Auf Basis einer diagnostizierten BRCA1- oder BRCA2-Mutation wird ein abstraktes Risi-

---

te Gene entdeckt: Neben dem Gen RAD51C, das aufgrund seiner ebenfalls hohen Penetranz als BRCA3-Gen bezeichnet wird, wurden moderat penetrante Gene und Genvarianten identifiziert. Mit diesen geht eine Risikoerhöhung für ein Mammakarzinom um 10 bis 14% (z.B. CHEK2, PALB2 ATM, BRIP1) einher. Weitere sogenannte Niedrigrisikovarianten (z. B. FGFR2, TNRC9, TOX3) führen zu einer Risikoerhöhung um 1 bis 6% (Gadzicki et al. 2007; Kast et al. 2009; Meindl et al. 2011). Die Risikoberechnungen beziehen sich jeweils auf die Wahrscheinlichkeit, bis zum 80. Lebensjahr zu erkranken.

koprofil erstellt, mit dem eine statistische Wahrscheinlichkeit einhergeht (Samerski 2010). Ob die diagnostizierte Person zu der Gruppe der Erkrankten gehören wird oder zu der Gruppe, die nicht erkrankt, kann mit Hilfe des Gentests nicht bestimmt werden. Ein prädiktiver Gentest sagt somit nichts darüber aus, ob eine konkrete Person überhaupt jemals erkranken wird und falls eine Erkrankung auftreten sollte, wie sich der Krankheitsverlauf gestaltet. Trotz einer BRCA-Diagnose bleibt somit durchaus die Möglichkeit bestehen, dass die betroffene Person ihr Leben lang nicht erkrankt (Feuerstein/Kollek 2001; Samerski 2002; Finkler et al. 2003; Badura/Feuerstein 2007; Kollek/Lemke 2008).

Seit 1996 bieten in Deutschland spezialisierte universitäre und interdisziplinär organisierte „Zentren Familiärer Brust- und Eierstockkrebs"[33] den prädiktiven Gentest an.[34] Die damit verbundene Beratung orientiert sich am Prinzip der nicht-direktiven Beratung und verfolgt das Ziel, dass die Betroffenen eine informierte Entscheidung treffen können (Deutsches Ärzteblatt 1998, S. 2003). Bei Nachweis eines erhöhten genetischen Risikos wird die betroffene Person weiter durch das „Zentrum Familiärer Brust- und Eierstockkrebs" betreut und über die verfügbaren präventiven Maßnahmen informiert. Als Einschlusskriterien für eine klinische Prävention gelten neben der Diagnose einer Mutation in den Genen BRCA1 und BRCA2 auch ein lebenslanges Erkrankungsrisiko von >30% und eine Mutationsträgerwahrscheinlichkeit von >20%, das auf Grundlage einer familiären Stammbaumanalyse ermittelt wird (Schmutzler/Kast 2010; Meindl et al. 2011).[35] Als präventive Maßnahmen werden den Betroffenen das sogenannte engmaschige intensivierte Früherkennungsprogramm (Sekundärprävention) und die chirurgische Prophylaxe (Primärprävention) angeboten.[36] Die prophylaktische Chirurgie umfasst die vorbeugende Entfernung der (noch nicht tumorösen) Brust (Mastektomie) und der Eierstöcke (Ovarektomie), um eine Krebserkrankung zu vermeiden. Die intensivierten Früherkennungsuntersuchungen zielen darauf, einen malignen Tumor früh zu entdecken, um mit einer Behandlung rechtzeitig beginnen und die Heilungschancen erhöhen zu können. Während Frauen ohne diagnostiziertes genetisches Risiko die Früherkennung erst ab dem

---

33 In Deutschland existieren derzeit 15 Zentren Familiärer Brust- und Eierstockkrebs (http://www.krebshilfe.de/brustkrebszentren.html).
34 Zunächst hat die Deutsche Krebshilfe e.V. die Kosten der genetischen Beratung, der prädiktiven Untersuchung und der anschließenden Präventionsmaßnahmen übernommen. Nach einer Evaluation des speziellen Versorgungsangebots im Jahr 2003 wurde es in den Leistungskatalog der Gesetzlichen Krankenkassen aufgenommen und zu einem Bestandteil der Regelversorgung (Schmutzler et al. 2005).
35 Neben der Durchführung eines Gentests ist mit dem Programm Cyrillic 2 die computergestützte Errechnung eines genetischen Risikos möglich (Claus et al. 1991).
36 Es besteht auch die Möglichkeit der medikamentösen Prävention mit dem Präparat Tamoxifen. In Deutschland ist diese Maßnahme aufgrund uneindeutiger Wirksamkeitsnachweise jedoch nicht zugelassen. Frauen mit einem hohen Risiko wird diese Maßnahme deshalb nur im Rahmen von Studien empfohlen (für mehr Informationen siehe www.mamazone.de).

50. Lebensjahr angeboten wird, können Betroffene einer BRCA-Mutation die Prävention bereits ab dem 25. Lebensjahr wahrnehmen. Zudem finden die Früherkennungsuntersuchungen in enger gesteckten Intervallen statt.

Die Wirksamkeit und der klinische Nutzen dieser Präventionsmaßnahmen werden unter medizinischen Expert_innen kontrovers diskutiert. So wird in einigen Studien eine Risikoreduzierung von 90% genannt (Rebbeck et al. 2002), andere geben eine Risikoreduktion von > 90% an (Meijers-Heijboer et al. 2000; Kauff et al. 2002). Andere Expert_innen sind hinsichtlich des klinischen Nutzens deutlich zurückhaltender und weisen darüber hinaus auf wichtige Nebenwirkungen und Folgen dieser Präventionsmaßnahmen hin. Es könne, so lautet ein Einwand gegen die Mastektomie, zu Störungen der Geschlechtsidentität und des Körperbildes sowie der Selbstwahrnehmung kommen. Zudem könne die Lebensqualität beeinträchtigt, soziale Beziehungen negativ beeinflusst werden und die Ovarektomie das frühzeitige Einsetzen der Wechseljahre bewirken (Meijers-Heijboer et al. 2000; Feuerstein/Kollek 2001; Hallowell/Lawton 2002; vgl. auch Ditsch et al. 2005; Zakaria/Degnim 2007).

Die BRCA-Gendiagnostik und die darauf aufbauenden Präventionsangebote zeigen eine spezifische Ambivalenz genetischen Wissens: Das Versprechen, Risiken zu kontrollieren, produziert neue Risiken; die Hoffnung, Unsicherheiten in sicheres Wissen zu transformieren, generiert neue Formen des (Noch)Nicht-Wissens (Bröckling 2008; Leanza 2010). Ein positiver Befund bedeutet nicht notwendig, dass eine Frau die Krankheit entwickeln wird. Bei einem negativen Testergebnis kann sie dennoch an Brustkrebs erkranken.[37] Darüber hinaus werden die prädiktiven Untersuchungsverfahren angeboten, ohne dass adäquate Therapieoptionen vorhanden sind. Frauen, bei denen eine BRCA-Mutation nachgewiesen wurde, haben lediglich die Möglichkeit, Vorsorgeuntersuchungen intensiver wahrzunehmen. Wie bei den meisten anderen molekulargenetischen Tests ist auch bei den BRCA-Analysen ein Auseinanderfallen von diagnostischen Erkenntnissen und Interventionsmöglichkeiten zu konstatieren – ein Zustand, den Robert Proctor als „aufgeklärte Ohnmacht" bezeichnet hat (Proctor 1995, S. 247).

Diese mit Präventionsangeboten und (genetischem) Risikowissen einhergehenden verunsichernden Uneindeutigkeiten zeigen sich auch in den von uns geführten Interviews mit Frauen, die ein genetisches Risiko für Brust- und Eierstockkrebs besitzen. Sie bilden den Ausgangspunkt und Anlass für Erfahrungen von Benachteiligung, Zurücksetzung und Kränkung, die im Folgenden beschrieben werden. Zuvor soll jedoch erläutert werden, wie die betroffenen Personen

---

37 Auch im Fall eines negativen Ergebnisses des Gentests verbleibt zum einen das Erkrankungsrisiko bestehen, das für die Allgemeinbevölkerung gilt, zum anderen existiert die Möglichkeit einer Mutation in einer anderen krankheitsassoziierten Genvariante, die derzeit nicht in der gendiagnostischen Praxis getestet wird.

die Tragweite und Bedeutung der Gendiagnose begreifen und für sich abzuklären versuchen.

3 Die Diagnose verstehen: „Schock" und genetisches Wissen als Ermächtigung

Die Nachricht, dass in einem der BRCA-Gene eine Veränderung diagnostiziert wurde, erleben Betroffene als eine Zäsur und einen tiefgreifenden biografischen Einschnitt: „Nee also, im ersten Moment war es wirklich ein Schock" (Frau Michels/A9: 16f.;[38] 29 Jahre alt, lebt in einer Partnerschaft, kinderlos, BRCA-Mutation[39], nicht erkrankt). Das Wissen um die BRCA-Mutation erzeugt eine „wahnsinnige Angst" (Frau Menz/A12: 730; 44 Jahre alt, verheiratet, eine Tochter, ein Sohn, BRCA-Mutation, nicht erkrankt). Frau Schmitz erzählt beispielsweise: „Und man hat eigentlich immer Angst. Die Angst ist jetzt da. Die ist mehr da als vorher, klar, weil man das Wissen hat." (Frau Schmitz, 44 Jahre alt, verheiratet, kinderlos, BRCA-Mutation, nicht erkrankt, A4: 579f.) Eine Reihe von Interviewten nimmt die genetische Diagnose nicht als ein abstraktes Risikowissen wahr, sondern als eine konkrete körperliche Tatsache. Frau Zeller (58 Jahre alt, ledig, ein Kind, BRCA-Mutation, erkrankte an Brustkrebs) formuliert dies ganz plastisch, indem sie sagt:

> „[...] eine Zahl, ich bekomme 60 bis 80 Prozent Wahrscheinlichkeit zu erkranken, die brennt sich einem so ein." (Frau Zeller/K3: 189f.)

Das physische „Einbrennen" der statistischen Berechnung löst die Unterscheidung zwischen einer abstrakten Risikopopulation und dem konkreten Individuum und dessen Körper auf. Das positive Gentestergebnis wird von den Betroffenen so gedeutet, als zeige die Genmutation ein bereits vorhandenes und (verborgenes) Krankheitssymptom an (Samerski 2010, S. 135). Auch wenn das, was der positive Gentest anzeigt, gegebenenfalls erst in der Zukunft Gestalt annimmt, erlangt das, was sein *könnte*, bereits im Hier und Heute eine große Bedeutung und veranlasst die Betroffenen zu handeln. So erzählt zum Beispiel Frau Kurz (24 Jahre alt, geschieden, kinderlos, errechnetes genetisches Erkrankungsrisiko von 90%, erkrankte an Brustkrebs):

---

38 Die Kennzeichnung der Interviewzitate setzt sich aus dem Pseudonym, einem A, wenn die Befragte nicht erkrankt ist/war, im Fall, dass die Befragte erkrankt ist/war einem K und einer willkürlich vergebenen Nummer zusammen. Zudem werden Informationen zum Alter, Beziehungsstatus und zu Kindern gegeben.

39 Auf eine Unterscheidung zwischen einer BRCA1- und BRCA2-Mutation wird hier verzichtet. Es wird jedoch angegeben, ob eine Mutation in einem der BRCA-Gene diagnostiziert oder ein genetisches Erkrankungsrisiko anhand von Stammbaumangaben errechnet wurde.

> „Aber letztendlich war es für mich schlimm zu erfahren und ich hab daraus resultierend auch ja drastische Maßnahmen gezogen. Also es war für mich schlimm und ja, also ich für mich hab entschieden, dass ich alles dafür tun werde, es nicht zu bekommen. Alles was mir da sozusagen in meiner Macht steht." (Frau Kurz/K5: 47ff.)

Die hier erwähnten „drastische(n) Maßnahmen" – gemeint ist die vorbeugende Entfernung der nicht erkrankten Brust, die Frau Kurz durchführen ließ, als sie einseitig an Brustkrebs erkrankte und von ihrem erhöhten genetischen Risiko erfahren hatte –, lassen die Anstrengungen und den Verlust von Alltäglichkeit erkennen. Der Gentest wirft Frau Kurz, wie die zweifache Formulierung „es war für mich ganz schlimm" nahelegt, aus der Bahn. Sie beschließt daraufhin, „alles" Erdenkliche und Mögliche zu erproben, um eine Erkrankung abzuwenden. In dem Satz „Alles was mir da sozusagen in meiner Macht steht" bringt Frau Kurz die Hoffnung zum Ausdruck, das Auftreten der Krankheit zu verhindern. Der Satz ist grammatikalisch nicht korrekt. Der Satzbeginn „Alles was mir da sozusagen...", müsste sachlogisch eigentlich fortgesetzt werden im Sinne von „Alles was mir da sozusagen *angeboten wird bzw. zur Verfügung steht, werde ich wahrnehmen*". Die gewählte Formulierung „Alles was mir da sozusagen in meiner Macht steht" verweist darauf, dass Frau Kurz die ihr angebotenen „drastischen Maßnahmen" bereits zum Bestandteil ihres Handelns erklärt. Sie „hat sich entschieden", die Chance zur Risikominimierung zu nutzen.

Viele der von uns befragten Frauen haben nach Erhalt ihres Gentestergebnisses präventive Maßnahmen eingeleitet. Einige trieben mehr Sport, ernährten sich gesünder oder waren bestrebt, Stress zu vermeiden. Frau Neumann (52 Jahre alt, verheiratet, ein Sohn, eine Tochter, BRCA-Mutation, nicht erkrankt) sagt beispielsweise:

> „Es [die genetische Diagnose] hat ja Einfluss klar auf mein Leben, dass ich schon noch mehr drauf achte, dass ich mich relativ gesund ernähre und angefangen hab noch mehr Sport zu machen." (Frau Neumann A1: 115ff.)

Neben diesen lebensstilbezogenen Handlungen setzten sich die Frauen vor allem mit den Maßnahmen der sogenannten Primär- und Sekundärprävention auseinander, um den mit der Gendiagnose verbundenen Unwägbarkeiten und Verunsicherungen zu begegnen. Wie auch in anderen Studien dokumentiert, verbinden die Frauen unserer Befragung mit der Teilnahme an dem Früherkennungsprogramm und der vorbeugenden Entfernung von Brust und Eierstöcken die Hoffnung, Krankheit vermeiden bzw. eine Erkrankung rechtzeitig entdecken und behandeln lassen zu können, um so bessere Heilungschancen zu haben (vgl. Hallowell 1999a; Robertson 2000; Hallowell/Lawton 2002; Hallowell et al. 2002; Foster et al. 2002; Kenen et al. 2003; Scott et al. 2005; Boenink 2008; Hamilton et al. 2009). Die mit der genetischen Diagnose verbundene Möglichkeit, Präventionsmaßnahmen von den Krankenkassen bezahlt in Anspruch nehmen zu können, lässt das Wissen um ein genetisches Erkrankungsrisiko für die

Mehrzahl der Befragten positiv erscheinen; sie wähnen sich im „Vorteil" (Frau Herrmann/A10: 25; 40 Jahre alt, verheiratet, ein Sohn, eine Tochter, BRCA-Mutation, nicht erkrankt), weil sie nun vorbeugend tätig werden können. Die Inanspruchnahme der Maßnahmen gibt den Betroffenen Gefühle von Handlungsfähigkeit, Kontrolle und Sicherheit, wie das folgende Zitat exemplarisch zeigt:

> „Ich lebe, ich lebe mit diesem Wissen, dass ich an, dass das Risiko ja nicht so ganz gering ist, dass ich irgendwann auch an Brustkrebs erkranken kann. Ich kann da ein Stück was für tun, um das Risiko zu minimieren. Einmal hab ich das gemacht, indem ich mir die Eierstöcke hab entfernen lassen. Dann mit den Vorsorgeuntersuchungen." (Frau Neumann/A1: 640ff.; 52 Jahre alt, verheiratet, ein Sohn, eine Tochter, BRCA-Mutation, nicht erkrankt)

Das Zitat illustriert, wie für Betroffene das genetische Wissen mit einer Handlungsaufforderung verbunden ist, „da ein Stück was für tun, [...] das Risiko zu minimieren". Statt sich der Risikokalkulation schicksalhaft zu ergeben, wird Ohnmacht durch Aktivität bekämpft und der Vorstellung Ausdruck verliehen, durch die Maßnahmen die zukünftige Gesundheit eigenmächtig kontrollieren zu können. Die Wahrnehmung von Präventionsangeboten, so berichten eine Reihe der Befragten, ermögliche es, „selbst etwas tun [zu können] und [...] sich nicht so ausgeliefert" (BRCA/A Fb 35)[40] zu fühlen. Die präventiven Maßnahmen geben den Betroffenen das Gefühl, sich „um mich kümmern [zu können] und dafür [zu] sorgen, dass nichts passiert, nichts weiter passiert" (Frau Schmitz/A4: 595f.; 46 Jahre alt, verheiratet, kinderlos, BRCA-Mutation, nicht erkrankt), das „Risiko [durch eine Operation] weitgehend auszuschließen" (Frau Zeller/K3: 186; 58 Jahre alt, ledig, ein Kind, BRCA-Mutation, erkrankte an Brustkrebs). Eine Teilnehmerin der Befragung schreibt, es sei „positiv [...], dass ich es erfahren habe ohne zu erkranken und prophylaktische Maßnahmen einleiten konnte" (BRCA/A Fb 2). Die Vorstellung von Kontrolle durch genetisches Wissen kommt deutlich bei Frau Jahn zum Ausdruck: „Ich selber hab die Macht da was gegen zu tun." (Frau Jahn/K1: 222; 38 Jahre alt, verheiratet, eine Tochter, BRCA-Mutation, erkrankte zwei Mal an Brustkrebs) Auch die Aussage von Frau Schmitz transportiert die Vorstellung von einer mit dem genetischen Wissen verbundenen Handlungsfähigkeit:

> „Wer den Teufel kennt, kann ihn bekämpfen. [...] ich mein ich hab ja noch Glück, dass bei mir das noch nicht ausgebrochen ist. Ich hab das bei meiner Schwester gesehen, was die alles durchgemacht hat und ja. Deswegen hab ich gesagt, ich will es wissen, damit ich das bekämpfen kann und vorsichtiger sein kann." (Frau Schmitz/A4: 596ff.; 46 Jahre alt, verheiratet, kinderlos, BRCA-Mutation, nicht erkrankt)

---

40 Die Zitate aus der Fragebogenerhebung sind mit BRCA/K gekennzeichnet, wenn die Befragte erkrankt ist/war, die Kennzeichnung BRCA/A steht für befragte Frauen, die nicht an Krebs erkrankt waren/sind sowie einer fortlaufend vergebenen Nummer.

Auch hier findet sich erneut die Vorstellung, dem drohenden Übel („Teufel") nicht passiv ausgeliefert zu sein, sondern aktiv, durch „Vorsicht" und „Kampf" an der weiteren Gesundheit mitwirken zu können. Die hier zitierten Befragten erachten die genetische Diagnose als Wissen, das „positiven Nutzen bringt" (Frau Förster/A6: 239; 28 Jahre alt, verheiratet, ein Sohn, eine Tochter, BRCA-Mutation, nicht erkrankt), da es mit dem Recht zu weiteren medizinischen Angeboten und Leistungen verbunden ist. Die genetische Diagnose eröffne „das Recht auf bezahlte intensivierte Vorsorge" (BRCA/K Fb 43) und die Möglichkeit, „erweiterte[n] Vorsorgeuntersuchungen (jährliches MRT) [wahrnehmen können], die [sie] sonst [ohne die genetische Diagnose] nicht bekommen hätte[n]." (BRCA/K Fb 48)

Die Zitate veranschaulichen erstens, dass eine genetische Diagnose ein einschneidendes Erlebnis ist, das Verunsicherungen mit sich bringt. Zweitens wird deutlich, dass die genetische Information nicht als statistisches Risikoprofil, sondern als individuelles und als verkörpertes Risiko, als etwas Manifestes wahrgenommen wird. Die Betroffenen wähnen sich in einem „latenten Nochnicht" Zustand (Samerski 2010, S. 136), aus dem sich für sie die Notwendigkeit von Handlungen ergibt, durch die sie das genetische Risiko zu kontrollieren versuchen. Drittens zeigt sich, wie sich eine positive Deutung der genetischen Diagnose entfaltet: Die Betroffenen sehen in der Gendiagnose die Anspruchsgrundlage für eine besondere medizinische Versorgung begründet. Der Zugang zu Maßnahmen der Primär- und Sekundärprävention nährt die Hoffnung, die weitere Gesundheit beeinflussen zu können und dem ‚genetischen Schicksal' nicht ausgeliefert zu sein. Dies minimiert das Erleben von Unsicherheit und der Anlass der Beunruhigung erscheint nun als positiver, weil handlungsermächtigender Wissensbestand: die genetische Diagnose wird zur „Chance" (Frau Zeller/K3: 24; 58 Jahre alt, ledig, ein Kind, BRCA-Mutation, erkrankte an Brustkrebs).

Diese handlungsermächtigende und Ansprüche begründende Dimension des genetischen Wissens steht bei vielen der Befragten im Vordergrund. Gleichzeitig zeigt sich eine deutliche Tendenz unter den Befragten, Unsicherheiten und Ambivalenzen des genetischen Wissens zu vereindeutigen bzw. sie nicht zur Sprache kommen zu lassen. Demzufolge werden Aussagen und Einschätzungen anderer, die die Bedeutung der Gendiagnose eher relativieren, als fehlende Unterstützung und mangelndes Verständnis erlebt. Diese Tendenz zeigt sich vor allem in der Auseinandersetzung mit Krankenversicherungen und mit medizinischem Personal sowie in Konflikten mit Versorgungsämtern. Schließlich wird auch von Kränkungserfahrungen in partnerschaftlichen Beziehungen sowie in familiären Kontexten berichtet. In den Beispielen zeigen sich Vereindeutigungen der Ambivalenzen einer Gendiagnose, die im Folgenden auf ihr diskriminierendes Potenzial hin befragt und diskutiert werden sollen.

4 Erfahrungen von Benachteiligung und Kränkung in institutionellen Kontexten

Die ausgewählten Interviewpassagen zeigen, dass Ambiguitätstoleranz sowie Bereitschaft und Fähigkeit zur abwägenden Deutung der Gendiagnose angesichts der Bedrohung durch Krankheit und Tod schwinden und durch Vereindeutigungen ersetzt werden. Die zitierten Frauen sehen es als notwendig und alternativlos an, aufgrund ihrer Gendiagnose ihren (noch) gesunden Körper präventiven medizinischen Handlungen auszusetzen und in die Patient_innenrolle einzutreten, *bevor* eine Erkrankung vorliegt. Dabei gerät die Relativität von Risiko und Bedrohung tendenziell aus dem Blick, und Nachfragen, Zweifel und abweichende Ratschläge zum Umgang mit dem genetischen Risikopotenzial werden als Zumutung, Belastung und Kränkung erlebt. So wird das auch unter Expert_innen kontrovers diskutierte unsichere Wissen von Gendiagnostik und Präventionsangeboten im medizinischen Alltagshandeln zu einer Frage von Moral und Verantwortung gemacht.

Negative Erfahrungen mit Ärzt_innen und Krankenkassen

Eine Reihe von Frauen berichten empört von Reaktionen und Kommentaren von Gynäkolog_innen, Krankenschwestern und Arzthelfer_innen, welche die Sinnhaftigkeit von Maßnahmen der Primär- und Sekundärprävention in Frage stellten und die von den betroffenen Frauen als fehlende Zustimmung, mangelnde Unterstützung und Bagatellisierung ihrer Situation erlebt wurde. Frau Menz (44 Jahre alt, verheiratet, eine Tochter, ein Sohn, BRCA-Mutation, nicht erkrankt) erzählt beispielsweise: „Und man muss sich immer die Frage gefallen lassen, ‚Warum machen Sie das [die prophylaktischen Operationen]?'" (Frau Menz/A12: 350) Diese Nachfragen begreift sie als „Unverständnis", dem zu begegnen, sie als anstrengend erlebt (BRCA/A Fb 19). Eine andere Teilnehmerin der Untersuchung schreibt:

> „Für mich ist positiv, dass ich es erfahren habe, ohne zu erkranken und prophylaktische Maßnahmen einleiten konnte! [...] Meine Gynäkologin hält die prophylaktische Mastektomie und Ovarektomie (hab ich 2007 durchführen lassen nach BRCA2-Diagnostik) für sehr extrem und findet meine halbjährlichen Untersuchungen (Sono Brust) für überflüssig; Ärzte (niedergelassene) kennen sich nicht aus mit BRCA1 und 2." (BRCA/A Fb 2)

Hier wertet die Befragte die Einschätzung der Gynäkologin als Unkenntnis und als mangelnden Sachverstand und weist damit die Bandbreite möglicher Deutungen der Gendiagnose zurück. Sie macht deutlich, dass es für sie nur *eine* angemessene Interpretation des Gentests gibt und dass andere Überlegungen die Ernsthaftigkeit ihrer Situation bagatellisierten.

Eine der Befragten – Frau Schmitz (46 Jahre alt, verheiratet, kinderlos, BRCA-Mutation, nicht erkrankt) – berichtet von langwierigen Auseinandersetzungen mit ihrer Krankenversicherung, bis diese die Übernahme der Kosten für eine Ovarektomie bewilligte. Der erste Antrag auf die Kostenübernahme, so die Befragte, sei zunächst abgelehnt worden. Die Versicherung habe ihr mitgeteilt, die vorliegenden Dokumente „würde[n als Begründungs- und Anspruchsgrundlage] nicht reichen. Sie wollten genaue Angaben haben" (Frau Schmitz/A4: 140f.). Um eine Zusage der Kostenübernahme zu erreichen, ließ Frau Schmitz der Versicherung „eine Kopie von dem [Gentest-] Ergebnis" (ebd.: 146f.) zukommen und erhielt anschließend einen positiven Bescheid der Versicherung. Das Gentestergebnis, so schlussfolgert die Befragte, habe letztlich die Bewilligung der Kostenübernahme herbeigeführt.

Frau Schmitz ist aufgrund des bei ihr diagnostizierten Risikos von der sachlichen Notwendigkeit der Operation und ihrem artikulierten Anspruch auf Kostenübernahme überzeugt und empfand die zunächst erfolgte Ablehnung ihres Antrags als unangemessen und unbegründet:

> „[…] das ist schlimm genug, man selber unterzieht sich ja nicht einer OP, wenn man das nicht unbedingt muss, aber die wollten das halt genauer wissen. Dann haben sie es halt bekommen." (ebd.: 161f.)

Das positive Gentestergebnis wertet sie als klaren Indikator für eine zukünftige Erkrankung und erachtet vor diesem Hintergrund die vorsorgliche Entfernung der Eierstöcke als ein ‚unbedingtes Muss', als eine nicht zu hinterfragende Notwendigkeit, um eine Erkrankung abzuwenden, von der bereits ihre Mutter und Schwester betroffen waren. Im Verlauf des Konflikts mit der Krankenkasse habe, so erzählt Frau Schmitz, die Sachbearbeiterin der Versicherung die Ablehnung des Antrags mit den Worten begründet: „Wissen Sie, es geht ja um ein gesundes Organ ja. Und wir wissen ja nicht, ob Sie wirklich daran erkranken" (ebd.: 171ff.). Die Angestellte der Versicherung stellt hier den probabilistischen Charakter der BRCA-Diagnose heraus („wir wissen ja nicht, ob sie wirklich daran erkranken"), macht ihn zum Bezugspunkt des weiteren Vorgehens und fordert die Versicherte auf, zusätzliche Nachweise zu erbringen. Die Betroffene jedoch erlebt die konträre Bewertung der genetischen Diagnose und das korrespondierende Vorgehen als Mangel an Solidarität und Sensibilität und als unangemessene Infragestellung ihrer Ängste und als eine mangelnde Anerkennung ihres Risikostatus.

Der Fall wirft interessante Fragen im Hinblick auf etablierte Definitionen genetischer Diskriminierung und vorliegender Schutzbestimmungen auf. In Deutschland soll das Gendiagnostikgesetz (GenDG) verhindern, dass Versicherungen genetische Daten missbräuchlich und zum Nachteil der Betroffenen verwenden. Im vorliegenden Fall aber reichte die Versicherte das Ergebnis ihres Gentests selbst ein, um eine medizinische Behandlung zu bekommen, die sie sonst nicht erhalten hätte. Abgesehen davon, dass das GenDG es Versicherungen nicht nur verbietet, genetische Untersuchungen oder Analysen zu verlangen, sondern auch genetische Informationen entgegenzunehmen oder zu verwenden (§ 18 Abs. 1-2 GenDG), wirft der Bericht von Frau Schmitz die Frage auf, worin hier eigentlich der Schutz vor welcher Art von Diskriminierung besteht. Indem Frau Schmitz den vom GenDG etablierten Schutz genetischer Information nicht in Anspruch nimmt und das Ergebnis des Gentests unaufgefordert und selbst (nicht durch eine Ärztin vermittelt) bei der Versicherung einreicht, verkehrt sie das gesetzliche Ansinnen, informationellen Schutz zu gewähren. Stattdessen verwendet sie das Ergebnis des Gentests als einen Beleg, eine Art Nachweis ihrer Gefährdung und verlangt (erfolgreich) die sachliche Berücksichtigung des Tests bei der Entscheidung um Kostenübernahme für eine operative Maßnahme. Die von Frau Schmitz hier eingeforderte ‚positive Diskriminierung' zeigt sich noch deutlicher in den Konflikten um eine versorgungsrechtliche Anerkennung des genetischen Risikos als ‚Behinderung'.

Institutionelle Diskriminierung durch Versorgungsämter?

Einige Befragte, die an Brust- oder Eierstockkrebs erkrankt waren und bei denen eine BRCA-Mutation nachgewiesen wurde, fordern die Anerkennung ihres Risikostatus als ‚Schwerbehinderung' im Versorgungsrecht. Dass im Versorgungsrecht einer genetischen Diagnose keine Bedeutung beigemessen wird, erachten diese Befragte als sachlich unangemessen und argumentierten in den Auseinandersetzungen mit den Versorgungsämtern für eine besondere Berücksichtigung genetischer Information in deren Entscheidungsprozessen. Die von ihnen vorgebrachten Beweggründe dafür sollen im Folgenden dargelegt werden. Darüber hinaus werden die derzeit geltenden Regelungen zum Erhalt versorgungsrechtlicher Ansprüche sowie die Entscheidungskriterien dargestellt, die wir im Rahmen einer Befragung von Mitarbeiter_innen von Versorgungsämtern erhoben haben.

Versorgungsrechtliche Regelung des ‚Schwerbehindertenstatus'

Das Versorgungsrecht erkennt gegenwärtig eine diagnostizierte genetische Disposition für eine Krankheit nicht als Anspruchsgrundlage an. Ob eine Person aufgrund einer genetischen Veränderung erkrankte, ist in dem Verfahren ohne Bedeutung. Alle an Brust- oder Eierstockkrebs Erkrankten – sowohl diejenigen, bei denen eine BRCA-Mutation diagnostiziert wurde als auch die Personen, bei denen dies nicht der Fall ist – werden insofern gleich behandelt, als dass bei allen dasselbe Verfahren zur Anwendung kommt. Ist eine Person an Krebs erkrankt, ist die Beantragung des Schwerbehindertenstatus möglich. Wird der Antrag bewilligt, erhält die Betroffene einen besonderen gesetzlichen Schutzstatus, der nur für Personen mit einer körperlichen, seelischen oder psychischen Behinderung vorgesehen ist. Damit soll erreicht werden, dass „Behinderte oder von Behinderung bedrohte Menschen [...] Leistungen nach diesem Buch und den für die Rehabilitationsträger geltenden Leistungsgesetzen [erhalten], um ihre Selbstbestimmung und gleichberechtigte Teilhabe am Leben in der Gesellschaft zu fördern, Benachteiligungen zu vermeiden oder ihnen entgegenzuwirken" (SGB IX §1). Wenn einer Person der Schwerbehindertenstatus zugesprochen wird, erhält diese den sogenannten Schwerbehindertenausweis, in dem die Eigenschaften als schwerbehinderter Mensch, der Grad der Behinderung (GdB)[41] sowie weitere gesundheitsbezogene Merkmale festgehalten sind. Der Grad der Behinderung rangiert zwischen 20 bis 100 und benennt die Auswirkung einer Funktionsbeeinträchtigung; erst ein Grad der Behinderung von 50 gilt als Schwerbehinderung.[42] In diesem Fall erhält die betroffene Person vom Versorgungsamt bzw. der nach Landesrecht zuständigen Behörde den Schwerbehindertenausweis, der die Grundlage für bestimmte Rechte und Nachteilsausgleiche darstellt. Einer Brustkrebs-Patientin mit einer anerkannten Schwerbehinderung stehen beispielsweise ein besonderer arbeitsrechtlicher Kündigungsschutz, Zusatzurlaub, Steuervorteile und ergänzende Reha-Maßnahmen zu.[43]

Zentral im Zusammenhang mit einer Brustkrebserkrankung ist die Regelung der sogenannten Heilungsbewährung. Sie benennt einen Zeitraum von in der Regel fünf Jahren, in denen den Betroffenen die Rechte und Nachteilsausgleiche zugestanden werden. Die Heilungsbewährung beginnt zu dem Zeitpunkt, an dem ein maligner Tumor durch Operation, Bestrahlung oder Chemotherapie als beseitigt angesehen wird. Nach Ablauf der fünf Jahre kann ein Antrag auf Neufeststellung der Schwerbehinderung gestellt werden. Im Falle einer Ablehnung wird der Grad der Behinderung reduziert und die betroffene Person verliert gegebenenfalls den Status schwerbehindert (BIH 2011; Dolata 2012).

Dieses für alle von Brustkrebs- oder Eierstockkrebs betroffenen Personen geltende Verfahren stellen einige der von uns befragten Frauen in Frage und fordern eine besondere Berücksichtigung genetischer Informationen im Versorgungsrecht. Welche Gründe Betroffene für diesen Vorschlag vorbringen, ist Gegenstand des nächsten Abschnitts.

---

41 Entgegen der umgangssprachlich üblichen Formulierung von „50 Prozent" Schwerbehinderung, wird offiziell die Höhe der Schwerbehinderung als Grad der Behinderung bezeichnet.
42 Die Feststellung des Grades der Schwerbehinderung richtet sich seit dem 1.1.2009 nach der Versorgungsmedizin-Verordnung (VersMedV), die Kriterien für die Bestimmung des Grads der Behinderung definiert.
43 Bei einem Grad der Behinderung ab 30 besteht die Möglichkeit, diesen als Schwerbehinderung anerkennen zu lassen bzw. eine Gleichstellung mit schwerbehinderten Menschen zu beantragen (BIH 2011).

„Den Schwerbehindertenausweis mein langes, ganzes Leben behalten"

Einige der von uns befragten erkrankten Frauen äußern ihr Unverständnis und ihre Empörung hinsichtlich der geltenden versorgungsrechtlichen Praxis. Dass die genetische Diagnose nicht bei der Bemessung des Grads der Behinderung berücksichtigt wird und sie den Schutzstatus gegebenenfalls wieder verlieren können, läuft ihrer Bewertung der BRCA-Mutation zuwider. Beispielhaft ist hier etwa die Einschätzung von Frau Jahn (38 Jahre, verheiratet, eine Tochter, BRCA-Mutation, erkrankte zwei Mal an Brustkrebs):

> „Das fand ich zum Beispiel erstaunlich, weil ich persönlich dachte, es wäre ein Risiko für mein ganzes Leben, also würd ich auch dementsprechend mein Schwerbehindertenausweis mein langes, ganzes Leben haben. Das normalerweise, dass man dann wieder runter gestuft wird [nach Ablauf der Heilungsbewährung], [...] ich hatte dann erwartet, dass es in dem Falle [einer BRCA-Mutation] dann nicht so da ist. Aber so wie ich es beim letzten Mal miterlebt hab, ist es da nicht eingeflossen. Das fand ich eigentlich ziemlich spannend. Vielleicht sind die da auch im Umbruch, also das die das auch erst Mal, dass die das zu dem Zeitpunkt noch gar nicht so richtig realisiert haben, was das ist und das, dass das doch das Risiko für das ganze Leben ist." (Frau Jahn/K1: 481ff.)

Für die Befragte ist die BRCA-Mutation ein Risiko, das sie „ihr ganzes Leben" behalten wird, und entsprechend erwartet sie, der Grad der Behinderung werde in ihrem Fall nach Ablauf der Heilungsbewährung nicht herunter gestuft, so dass sie auch den Schwerbehindertenausweis „das ganze Leben" behält.

Auch Frau Schwarz (50 Jahre alt, verheiratet, ein Sohn, BRCA-Mutation, erkrankte an Brust- und Eierstockkrebs) deutet die BRCA-Mutation als „lebenslang" (Frau Schwarz/K6: 30) bestehendes Risiko, und leitet daraus ein spezifisch begründetes Anrecht auf den Schwerbehindertenstatus ab. Frau Schwarz berichtet, nach Ablauf der Heilungsbewährung sei ihr postalisch mitgeteilt worden, der Grad der Behinderung sei auf 30 zurückgestuft worden, wodurch sie den Status ‚schwerbehindert' verlor. Den Grad der Behinderung von 30 kommentiert sie mit den Worten: „Und dreißig Prozent das ist nichts. Unter fünfzig Prozent ist vollkommen sinnlos, weil da nützt einem das gar nichts, ne" (ebd.: 434f.). Mit dieser Aussage bezieht sich die Interviewte darauf, dass sie mit einem Grad der Behinderung von 30 viele Rechte und Nachteilsausgleiche nicht mehr in Anspruch nehmen kann. Dass ihr nach fünfjähriger Heilungsbewährung der Schwerbehindertenstatus aberkannt wurde, empört die Betroffene und empfindet sie als unangemessene Behandlung:

> „[...] dass das Risiko mitnichten nach fünf Jahren äh sozusagen wie in andern normalen Fällen sag ich jetzt mal in Anführungsstrichen, dass das nicht minimiert ist, sondern dass das lebenslang besteht und in gleicher Höhe." (ebd.: 27ff.)

Die Unterscheidung zwischen Personen, die aufgrund einer BRCA-Mutation an Krebs erkrankten, und denen, bei denen keine Gendiagnose vorliegt, wird hier über die Heraushebung des Risikostatus von BRCA-Trägern vollzogen. Für Frau Schwarz wie auch für Frau Jahn unterscheiden sich diese von den „normalen Fällen" durch das genetisch bedingte Risiko erneut zu erkranken – ein Risiko, das „lebenslang in gleicher Höhe" erhalten bleibe. Diese mit der Gendiagnose verbundene Risiko-Kalkulation begründet die Erwartung der Interviewten auf Berücksichtigung der genetischen Mutation auch im Versorgungsrecht. Warum, so fragen sie, soll diese Unterscheidung, die in der Brustkrebs-Prävention Realität geworden ist, nicht gleichermaßen im Versorgungsrecht gelten? Und daran anschließend: Stellt demzufolge die Nicht-Berücksichtigung dieses Unterschieds eine Diskriminierung von Personen mit einer BRCA-Mutation dar? Oder stellt vielmehr umgekehrt die Forderung nach Anerkennung eines genetischen Risikos im Versorgungsrecht eine Diskriminierung all derjenigen dar, die keine Genmutation haben? Denn schließlich sind alle Frauen, die ihren Schwerbehindertenstatus nach Ablauf der „Heilungsbewährung" verlieren, nicht mehr krank – die mit einer BRCA-Mutation ebenso wie die ohne BRCA-Mutation.

Diese Fragen werden auch in der einschlägigen Selbsthilfe-Zeitschrift „MammaMia! Das Brustkrebsmagazin" diskutiert. In der Rubrik „Nachgefragt" wird die Frage nach der Berücksichtigung der genetischen Diagnose und ihrer Bewertung als Behinderung aufgeworfen und an das Bundesministerium für Arbeit und Soziales (BMAS) adressiert: „Wie wird der außerordentlichen seelischen Dauerbelastung der Betroffenen, welche mit einer genetischen Belastung beziehungsweise dem Status eines so genannten Hochrisiko-Patienten einhergeht, Rechnung getragen?" (MammaMia! Spezial 2013, S. 71) Die von uns initiierten Gruppengespräche mit Vertreter_innen von Versorgungsämtern[44], die im Auftrag des adressierten Ministeriums tätig sind, geben Einblick in die Begründunglogik und die rechtlichen Grundlagen der Anerkennung des Schwerbehindertenstatus.

„Wir bewerten keine Prognosen, sondern Zustände"

In unseren Gesprächen mit Vertreter_innen von Versorgungsämtern erläuterten diese ausführlich, warum genetische Informationen im Versorgungsrecht nicht berücksichtigt werden. Sie stellten heraus, dass hier ein bundeseinheitliches Verfahren zur Anwendung kommt, bei dem nicht die gesundheitliche Störung, also z.B. eine Krebserkrankung, der Gegenstand der Beurteilung ist. Vielmehr bilde die *Funktionseinschränkung*, die aus der Erkrankung folgt und zu einer

---

[44] An den Gesprächen nahmen jeweils Abteilungsleiter_innen, leitende Versorgungsärzt_innen und Grundsatzsachbearbeiter_innen für das Neunte Sozialgesetzbuch (SGB IX/Rehabilitation und Teilhabe behinderter Menschen) teil.

Beeinträchtigung der Teilhabe am sozialen Leben führt, die Bewertungsgrundlage. Der Zweck des Schwerbehindertenstatus sei es, einen Ausgleich der Beeinträchtigung der Teilhabe am gesellschaftlichen Leben zu erreichen (Gruppengespräch 1: 704f.). Grundsätzlich habe jede Person die Möglichkeit einen Schwerbehindertenstatus zu beantragen, vorausgesetzt ein gesundheitliches Problem besteht länger als sechs Monate. Auf Grundlage von Berichten der behandelnden Ärzt_innen der Antragssteller_innen, in denen medizinische Diagnosen dokumentiert sind, erfolge die Bewertung und Bemessung des Grads der Behinderung; persönliche Untersuchungen seien die Ausnahme (ebd.: 100ff.).

Auf die Frage, weshalb Gendiagnosen in dem gängigen Verfahren nicht berücksichtigt werden, erläuterten die Vertreter_innen die Perspektive des sogenannten Finalzustands als Grundlage der Bewertung. Die Bewertung des Finalzustands bemisst sich ausschließlich daran, welche Funktionseinschränkungen mit einer Krankheit verbunden sind. Zum Beispiel kann eine mit einer Darmkrebserkrankung einhergehende Nahrungsumstellung zur Folge haben, dass die Person nicht mehr in Kantinen und Mensen essen kann und damit ihre Teilhabe am sozialen Leben eingeschränkt ist. Sofern sich diese Einschränkung verstetigt und zu einem dauerhaften ‚Zustand' geworden ist, könne diese Entwicklung als Ausgangspunkt eines versorgungsrechtlichen Verfahrens und als Anspruchsgrundlage für die Beantragung eines Grads der Behinderung verwendet werden. Aus Sicht der Versorgungsämter stellt eine genetische Diagnose hingegen keinen beschreibbaren Zustand der Teilhabebeschränkung dar, sondern vielmehr eine Prognose, eine Prädiktion, die sich erst noch zu einem Zustand entwickeln und verfestigen müsse. Deshalb, so lautete die einhellige Auffassung aller befragten Vertreter_innen von Versorgungsämtern, könne eine Gendiagnose bei der Bewertung nicht berücksichtigt werden und stelle auch keine Anspruchsgrundlage für den Schwerbehindertenstatus dar (ebd.: 867ff.).

Als ein weiteres Argument gegen die Berücksichtigung einer Gendiagnose wurde angeführt, dass der Grund einer Funktionsstörung im Versorgungsrecht durchweg unberücksichtigt bleibt, weil hier die Perspektive der Bewertung des Finalzustands angewendet wird. Anders als beispielsweise im Sozialentschädigungsrecht, in dem die Kausalbegutachtung eine wichtige Rolle spielt, unterscheide das Versorgungsrecht bei der Beurteilung des Grads der Behinderung nicht zwischen einer Nieren-Insuffizienz aufgrund von Alkoholkonsum oder aufgrund einer Krebserkrankung (ebd.: 462ff.); dementsprechend sei es auch irrelevant, ob eine Erkrankung mit einer Mutation assoziiert sei.

Die Teilnehmer_innen des Gesprächs räumten jedoch ein, dass das Verfahren der „Heilungsbewährung", das für die an Brustkrebs Erkrankten regelt, für welchen Zeitraum sie den Schwerbehindertenstatus erhalten, auf statistisch kumulierten Häufigkeitsberechnungen einer möglichen Wiedererkrankung basiert und damit einer auf Wahrscheinlichkeitsaussagen basierenden Kausalbegründung folgt (ebd.: 329ff.). In der gleichen Logik ließen sich auch Gendiagnosen und die damit verbundenen Risiko-Profile berücksichtigen, um Zeiten der „Heilungsbewährung" zu verlängern oder gar zu verstetigen. Diese in einem Gedankenexperiment weiterentwickelte Überlegung würde aber mit sich bringen, das Prinzip der Finalbegutachtung in den Fällen auszusetzen, in denen die Erkrankung mit einer Mutation in einem diagnostischen Zusammenhang steht. Sollten Gendiagnosen versorgungsrechtlich berücksichtigt werden, müsste für diese Personengruppe ein anderes Bewertungsverfahren legitimiert und etabliert werden. Dafür müsste einer Begründungslogik Geltung verschafft werden, die den Nachweis einer Genmutation als eine besondere Anspruchsgrundlage für die Gewährung eines Nachteilsausgleichs versteht. Dies, so die einhellige Einschätzung der Befragten, stehe derzeit nicht zur Diskussion.

Worin aber der erlebte Nachteil bei der versorgungsrechtlichen Berücksichtigung einer genetischen Mutation genau besteht, konnte im Rahmen unserer Studie nicht eindeutig bestimmt werden. Das von uns erhobene Material dokumentiert vor allem Schilderungen von Beunruhigung, von Sorge und Angst, dem Wunsch nach Anerkennung eines Risikos sowie nach einem sorgsamen und respektvollen Umgang mit dem Risiko von Krankheit und Beeinträchtigung. Der mit der Gendiagnostik verbundene Nachteil kann, so gesehen, vorrangig in der Beunruhigung vermutet werden, die mit der Konkretisierung möglicher Krankheitsgefahr einhergeht; mithin in einer psychischen Belastung. Dies wirft zum einen Fragen nach dem Zusammenhang von Beunruhigung/Unsicherheit und Diskriminierung auf und fordert zum zweiten dazu auf, erneut die (kontrovers diskutierte) Frage nach einer Sonderstellung genetischer Informationen zu stellen.

Eine BRCA-Mutation als ‚Quasi-Behinderung'?!

Die versorgungsrechtliche Verfahrensweise gründet auf dem Prinzip, alle Erkrankten, die mit und die ohne genetische Diagnose, gleich zu behandeln. Eine besondere Berücksichtigung von Personen mit einer nachgewiesenen Genmutation erfolgt nicht. Damit findet allerdings die mit einer Gendiagnose verbundene Unsicherheit und die von den Betroffenen mit einer BRCA-Mutation artikulierte Forderung nach Anerkennung ihres besonderen Status und einem entsprechenden Schutz vor Benachteiligung keine Berücksichtigung. Vielmehr erleben die Frauen mit einer nachgewiesenen BRCA-Mutation gerade die Gleichstellung aller Formen von Brustkrebs und die fehlende versorgungsrechtliche Würdigung der Gendiagnose als unangemessene und für sie nachteilige Behandlung. Sie sehen sich faktisch als diskriminiert an, insofern dieselbe formelle Vorschrift auf (aus ihrer Sicht) ungleiche Sachverhalte angewendet wird (vgl. Handbuch zum europäischem Antidiskriminierungsrecht 2011, S. 35). Dies lässt sich als die

Erfahrung einer mittelbaren Diskriminierung beschreiben, die dadurch entsteht, „[...] dass Regelungen, die vermeintlich neutral sind, faktisch zu Benachteiligungen führen." (Scherr 2011, S. 36; AGG 2006; §3 (2))

In dem Konstrukt der mittelbaren Diskriminierung „[...] erfolgt eine Abkehr von der Auslegung einer Benachteiligung wegen bestimmter Merkmale hin zu einer bloßen Korrelation im Sinne der Benachteiligung von Personen mit bestimmten Merkmalen, Eigenschaften, Zugehörigkeiten." (Schlotböller 2008, S. 37) Betroffene begründen die Unangemessenheit der Verfahrensregelung mit dem Merkmal einer Genmutation, durch die sie sich erstens als von anderen Personen verschieden definieren, sich zweitens durch die fehlende Berücksichtigung des Merkmals als benachteiligt erleben und drittens das Merkmal als Grund und Rechtfertigung für eine Andersbehandlung anführen. Das Einfordern der Anerkennung dieses Unterschieds, also die Affirmation der Gendiagnose als bedeutsamen Unterschied und die daraus resultierende Forderung nach Andersbehandlung, können als Forderung nach positiver Diskriminierung verstanden werden. Positive Diskriminierung im Sinne von Affirmative Action bzw. einer Bevorzugung einer benachteiligten Gruppe mit bestimmtem Merkmal (bspw. Quotenregelungen für Frauen und Menschen mit Behinderung) hat den Nachteilsausgleich und die Vermeidung von negativer Diskriminierung zum Ziel (§ 5 AGG; siehe auch Bell 2007 zum Begriff ‚Positive Maßnahmen').

Insgesamt ist festzustellen, dass viele der von uns Befragten, die von einer genetischen Veranlagung für Brust- und Eierstockkrebs betroffen sind, sich nicht nur mit Blick auf das Versorgungsrecht, sondern auch im Hinblick auf die beschriebenen Konflikte, Verletzungen und Auseinandersetzungen mit Krankenversicherungen und medizinischem Personal als benachteiligt und unangemessen behandelt empfinden. Sie fühlen sich in ihrer subjektiv erlebten Ernsthaftigkeit und Eindeutigkeit der Gendiagnose nicht anerkannt und fordern einen institutionell verankerten Schutz vor Missachtung ihrer Besonderheit – eine positive Andersbehandlung, um negative Diskriminierung zu verhindern.

Die Forderung nach ‚positiver Diskriminierung' von Personen mit einer genetischen Mutation aber ist mit der Frage verbunden, ob genetische Informationen sich von nicht-genetischen medizinischen Informationen signifikant unterscheiden und daher eines besonderen Schutzes bedürfen. Ob eine solche Sonderstellung genetischer Daten vorliegt, wird kontrovers diskutiert (Murray 1997; Paslack/Simon 2005; Kollek/Lemke 2008). Trotzdem wurden auf supra- und nationaler Ebene Gesetze verabschiedet, die eine derartige Sonderstellung markieren.[45] Die einschlägigen gesetzlichen Regelungen lassen genetische Informa-

---

45 Beispiel Art. 6 der Deklaration über das menschliche Genom der UNESCO (1997), Art. 11 des Übereinkommens zum Schutz der Menschenrechte und der Menschenwürde im Hinblick auf die Anwendung von Biologie und Medizin: Übereinkommen über Menschenrechte und Biomedizin.

tionen als solche erscheinen, die eines gesonderten rechtlichen Schutzes bedürfen. Auch ließe sich die Sonderstellung genetischer Information damit begründen, dass sie die klassischen Kategorien ‚gesund' und ‚krank' aufgeweicht und Krankheit entzeitlicht hat (Viehöver/Wehling 2011) sowie die neue Personenkategorie der „asymptomatisch Kranken" (Billings et al. 1992, S. 479), der „gesunden Kranken" (Scholz 1995, S. 48) begründet und dazu geführt hat, dass das medizinische System diese Personengruppe aufgrund ihres besonderen Risikostatus als „Quasi-Patienten" (Feuerstein 2011, S. 224) versteht und ihnen besonderen Zugang beispielsweise zu präventiven Maßnahmen gewährt. Greift man diese Überlegung auf und forderte eine entsprechende Anerkennung der Gendiagnose im Versorgungsrecht, dann führte dies zur Etablierung des Status eines ‚Quasi-Behinderten' – eine Person, die zur Vorkehrung und zum Schutz vor Diskriminierung in Kauf nimmt, rechtlich als ‚schwerbehindert' klassifiziert zu werden, weil für sie ein erhöhtes Risiko zu erkranken errechnet wurde. Damit erhielte der „genetische Exzeptionalismus"– neben dem Gendiagnostikgesetz – eine weitere rechtliche Manifestation, die eine Hierarchisierung von Risiken zur Folge haben könnte (Lemke 2005). So wäre beispielsweise denkbar, genetische Risiken gegenüber Umweltrisiken als höherrangig zu bewerten oder auch, dass in der medizinischen Versorgung ein entscheidender Unterschied darin gesehen wird, ob eine Erkrankung als genetisch bedingt gilt oder ob dies nicht der Fall ist. Zudem kann ein solcher Sonderstatus auch Irritationen und Konflikte mit sich bringen, die das folgende Unterkapitel beschreibt.

5 Konflikte in Partnerschaft und Familie

Über die berichteten Erfahrungen von Benachteiligung und Kränkung in institutionellen Kontexten hinaus finden sich im Interviewmaterial auch zahlreiche Schilderungen von Konflikten und Problemen in Partnerschaften und in der Familie. Ausgangspunkt dieser Erfahrungen ist regelmäßig der Umstand, dass eine BRCA-Mutation mit einer Wahrscheinlichkeit von 50% an sowohl weibliche als auch an männliche Nachkommen vererbt wird. Diese Möglichkeit löst bei Betroffenen Ängste und Sorgen um ihre (zukünftigen) Kinder aus, wie die folgenden Äußerungen exemplarisch veranschaulichen: „[…] wenn meine Tochter tatsächlich Krebs kriegte also. Das ist schon etwas, was mich sorgt" (Frau Schilling/A7: 665f.; 64 Jahre alt, allein stehend, eine Tochter, BRCA-Mutation, nicht erkrankt). Auch Frau Wolf äußert die „Angst, [die] Tochter durch Krebs zu verlieren" (Frau Wolf/A3: 1060f.; 59 Jahre alt, geschieden, eine Tochter, BRCA-Mutation, nicht erkrankt). Die Ungewissheit, ob das genetische Risiko vererbt

---

Europa-Rat (1997), Art. 21 der Grundrechte der EU sowie das deutsche Gendiagnostikgesetz (GenDG 2009).

wurde bzw. die Möglichkeit, dass die Kinder daran erkranken könnten, wird aber auch zum Anlass von Partnerschaftskonflikten. Das empirische Material illustriert, wie die Betroffenen mit der Frage nach einem verantwortlichen Umgang mit dem Risikowissen in Hinblick auf die nächste Generation ringen und mit Erwartungen an eine „genetische Reproduktionsverantwortung" (Kollek/Lemke 2008, S. 228) konfrontiert werden: der „Sorge um gesunde Nachkommen und die Verhinderung der Weitergabe ‚kranker' Gene" (ebd., S. 227).

Konfliktbereich Reproduktionsverantwortung

Frau Neumann (52 Jahre alt, verheiratet, ein Sohn, eine Tochter, nicht erkrankt) wurde positiv auf eine BRCA-Mutation getestet. Sie erzählt, dass ihr Partner während des genetischen Beratungsprozesses an ihrer Seite gewesen sei und sie unterstützt habe. Als der Nachweis einer BRCA-Mutation vorlag, habe ihr Ehemann sie gefragt: „Sag mal, wenn du das vorher gewusst hättest, hättest du dich dann für Kinder entschieden?" (Frau Neumann/A1: 79f.) Diese Frage habe sie „bewegt, ein Stück verärgert und sitzt immer noch tief." (ebd.: 78) Frau Neumann erlebt die Frage ihres Mannes als Verunsicherung und als In-Frage-Stellen der gemeinsamen Elternschaft. Sie selbst, so meint sie, sei sich

„[…] ziemlich sicher, [dass sie] auch wenn [sie] dieses Wissen gehabt hätte, dann hätte [sie] trotzdem Kinder gewollt ja. Aber ich weiß nicht wie er reagiert hätte, wenn er das Wissen gehabt hätte. Da konnte er auch keine klare Antwort drauf geben. Und das ist schon was schon ein Stück nachhängt auch." (ebd.: 89f.)

Die mit dem neuen Wissen um das genetische Risiko verbundene Unsicherheit lässt, das zeigt das Zitat, bereits getroffene Entscheidungen in einem anderen Licht erscheinen. Auch wenn sich diese nicht wieder rückgängig machen lassen, so können sie doch – angesichts neuer Informationen – einer anderen Bewertung unterzogen werden. Das diagnostizierte genetische Risiko hat aber vor allem Bedeutung für zukünftige Reproduktionsentscheidungen. Frau Kurz (24 Jahre alt, geschieden, kinderlos, errechnetes genetisches Erkrankungsrisiko von 90%, erkrankte an Brustkrebs) erzählt von der Reaktion ihres damaligen Partners auf die medizinische Auskunft, dass ihre Brustkrebserkrankung in Zusammenhang mit einer genetischen Veränderung steht, die an die Kinder vererbt werden kann. Ihr Partner nahm die Gendiagnose zum Anlass, die gemeinsame Familienplanung aufzukündigen; eine Verhaltensweise, die, wie sie berichtete, schließlich zur Trennung des Paares führte:

„Und dann sagt er, ja Du also das mit Kinder kriegen das müssen wir uns dann noch mal überlegen. […] Aber er hatte, also er hat da furchtbar negativ drauf reagiert. Er hat da so ein bisschen auch so von wegen ‚Ja er möchte eigentlich schon gesunde Kinder bekommen'. Aber die will er jetzt nicht mehr mit mir bekommen." (Frau Kurz/K5: 205ff.)

Die beiden Beispiele illustrieren das Potenzial von Verletzung, Zurückweisung und Stigmatisierung im Umgang mit der Ungewissheit einer möglichen Weitergabe der genetischen Veränderung an die nächste Generation. Sie machen darüber hinaus deutlich, dass reproduktive Entscheidungen durch neue Verantwortungserwartungen geprägt sind.

Konfliktbereich Informationsverantwortung

Im Zuge der Gendiagnostik stellt sich auch die Frage, ob Menschen mit einem nachgewiesenen genetischen Erkrankungsrisiko Angehörige über mögliche genetische Risiken aufklären und über Präventions- und Behandlungsoptionen informieren sollten (Beck-Gernsheim 1994; Hallowell 1999a; Foster et al. 2004; Hallowell et al. 2003; Kollek/Lemke 2008). Diese Thematik taucht auch im Interviewmaterial auf. So erzählen einige der Interviewten, dass sie ihre Angehörigen von dem genetischen Risiko in Kenntnis gesetzt haben, da sie sich für deren Gesundheit verantwortlich fühlten. Frau Zeller (58 Jahre alt, ledig, ein Kind, BRCA-Mutation, erkrankte an Brustkrebs) erzählt etwa, sie habe ihre Angehörigen über die BRCA-Mutation in Kenntnis gesetzt, damit „die jegliche Vorsorge in Anspruch nehmen und dass sie das Risiko kennen." (Frau Zeller/K3: 61ff.; vgl. auch Frau Schmitz/A4: 87ff.) Auch Frau Becker (44 Jahre alt, eine Tochter, BRCA-Mutation, erkrankte an Eierstockkrebs) begründet die Weitergabe der genetischen Information an ihre Angehörigen damit, dass diese „in dieses Programm da eingetaktet" werden, damit sie sich „die Gebärmutter entfernen lassen, die Eierstöcke entfernen lassen und dass euch das [eine Krebserkrankung] nicht trifft." (Frau Becker/K4: 181f.) Die Befragten artikulieren eine Art Pflicht, eine Notwendigkeit, die genetische Information zu kommunizieren, der sie nachkommen, wenn sie ihre Verwandten über das genetische Risiko und die präventiven Handlungsoptionen in Kenntnis setzen.

Jedoch stoßen sie bei ihren Angehörigen nicht nur auf Offenheit für die Durchführung eines Gentests und die empfohlenen Maßnahmen zur Vorsorge. Einige Frauen berichten, dass ihre Angehörigen die Information weit von sich gewiesen und einen Gentest nicht für sich in Erwägung gezogen hätten. Für derartige Reaktionen von Angehörigen, insbesondere wenn diese selbst Kinder haben, zeigen die Befragten in der Regel wenig Verständnis. Sie empören sich und äußern ihr Unverständnis für diese Haltung. Die Cousine von Frau Scharfenberg (31 Jahre alt, verheiratet, kinderlos, BRCA-Mutation, nicht erkrankt) lehnte einen Gentest ab, was diese als „leichtsinnig" (411ff.) bezeichnet. Sie sei „ziemlich geschockt [gewesen], weil ich so gedacht hab: Mensch es geht nicht nur um dich, sondern auch um deine beiden Mädchen." (Frau Scharfenberg/A11: 411ff.) Ähnlich formuliert es Frau Becker: „Da dachte ich mir: Mein Gott, begreift ihr es denn nicht?! Es geht um die Kinder." (Frau Becker/K4: 164ff.; 44

Jahre alt, eine Tochter, BRCA-Mutation, erkrankte an Eierstockkrebs) Hier zeigt sich eine (subjektiv erlebte) Pflicht zur Aufklärung der nachfolgenden Generation – egal, ob diese informiert werden möchten oder nicht (vgl. Foster et al. 2004; d'Agincourt-Canning 2006; Douglas et al. 2009; Raz/Schicktanz 2009; Dancyger et al. 2010).

Eine solche „genetische Informationsverantwortung" wurde auch in anderen Untersuchungen festgestellt und als „moral duty" (Raz/Schicktanz 2009) oder „moral obligation" (Hallowell 1999a, S. 607) bezeichnet (siehe auch Foster et al. 2002; d'Agincourt-Canning 2006). Im Unterschied zu der Untersuchung von Raz/Schicktanz (2009), in der Befragte die Frage der Weitergabe der genetischen Information als „moral conflict" thematisieren, der sich aus der Unsicherheit ergibt, ob Angehörige überhaupt von der Gendiagnose wissen wollen und so die moralische Frage nach dem „right not to know" der Verwandten aufwerfen (Recht auf Nicht-Wissen, § 9 Abs. 2 Nr. 5 GenDG), stellten die von uns interviewten Frauen die Frage nicht, ob Angehörige überhaupt etwas von der Gendiagnose wissen *wollen*. Vielmehr gingen sie ganz selbstverständlich davon aus, dass ihre Verwandten sowohl über das Risiko Bescheid wissen *sollten* und Prävention betreiben *müssten* – sodass die Orientierung an den (mutmaßlichen) Wünschen der Familienmitglieder in den Hintergrund trat. Darüber hinaus wurde es sogar als Affront erlebt, wenn Verwandte nicht informiert werden wollen, davon zeugen Berichte von Betroffenen, die diese Reaktion als „Zurückweisung" ihrer Person oder als „schockierend" oder auch „leichtsinnig" und unverantwortlich empfanden, insbesondere dann, wenn die Angehörigen Kinder haben.

6 Fazit: Vereindeutigung genetischen Wissens und die Gefahr von Diskriminierung

In dem empirischen Material der Fallstudie Familiärer Brust- und Eierstockkrebs finden sich keine Berichte einer genetischen Diskriminierung, wie sie durch das GenDG verhindert werden soll. Vielmehr illustriert das Material Ambivalenzen und Unsicherheiten des genetischen Wissens als Ausgangspunkt und Anlass für vielfältige Erfahrungen von Verunsicherung und Kränkung, die einige Betroffene zum Anlass nehmen zu fordern, den Nachweis einer BRCA-Mutation als ‚Quasi-Behinderung' zu behandeln. Die Etablierung eines Sonderstatus soll eine ‚positive Diskriminierung' ermöglichen und dazu beitragen, (psychische) Belastungen der Genmutation zu kompensieren und Schutz vor rechtlicher Benachteiligung zu gewähren.

Insgesamt zeigt sich, dass der Umgang mit den mit einer BRCA-Mutation verbundenen Unsicherheiten, den die Frauen unseres Samples beschreiben, von *vier* Handlungstypen bestimmt sind, die im Vorfeld von genetischer Diskriminerung anzusiedeln sind und die gewissermaßen den ‚Graubereich' des Begriffs schraffieren.

Erstens dokumentiert das Material, dass die Befragten die genetische Diagnose als eindeutiges und handlungsbefähigendes Wissen begreifen, das ihnen Zugang zu präventiven Maßnahmen verschafft sowie Gefühle von Sicherheit und Kontrolle vermittelt. Mit dieser Sicht verbunden ist, dass gegenläufige Ansichten, die z.b. genetisches Wissens als unsicheres und unzureichendes Handlungswissen verstehen, zurückgewiesen, abgewehrt oder als bedrohlich empfunden werden, wie die von einigen Frauen beschriebenen Gefühle von Unverständnis, fehlender Unterstützung und Bagatellisierung deutlich machen.

Zweitens illustrieren die Interviews die normative Kraft prädiktiver Diagnosen, die Betroffene zu „genetischen Risikopersonen" (Kollek/Lemke 2008, S. 17) macht und ihnen Handlungserwartungen auferlegt, z.B., dass sie ‚kranke Gene' nicht weitergeben und gegebenenfalls auf Kinder verzichten sollten. Dies beeinflusst die Familienplanung von Betroffenen; sie beschreiben, wie eine „genetischen Reproduktionsverantwortung" (ebd., S. 228) in ihr Denken einzieht, die ihre moralischen Urteile und Praktiken wie auch die von Verwandten zu Fragen von Information und Reproduktion prägt. Umgekehrt wird auch berichtet, dass Abbruch von sozialen Kontakten und soziale Sanktionierung die Folge sein können, wenn das Handeln Betroffener nicht den normativen Erwartungen entspricht. Eine solche normierende und moralisierende Wirkung des genetischen Wissens birgt das Potenzial für Stigmatisierung, die von der Gefahr einer Diskriminierung zu unterscheiden ist. Auf diese analytische Unterscheidung, aber auch auf den sachlichen Zusammenhang zwischen Diskriminierung und Stigmatisierung aufgrund genetischer Informationen verweist auch der Deutsche Ethikrat, indem er deutlich macht, dass das rechtliche Verbot von Diskriminierung aufgrund genetischer Eigenschaften nicht die „[...] Risiken sozialer Praxis bewältigt [...] [und] sich unterschwellig aus diesem neuen Wissen [...] ablehnende Werturteile über Menschen ergeben [können]" (Deutscher Ethikrat 2013, S. 132).

Zum *dritten* zeigt das Material die Dominanz eines Verständnisses der BRCA-Mutation als verstecktes Krankheitssymptom, das nicht erst in Zukunft – beim Auftreten einer Erkrankung – Handlungen erforderlich macht, sondern bereits heute und morgen Entscheidungen für vorbeugende Maßnahmen verlangt. Als Zustand zwischen ‚gesund' und ‚krank', wird das, was sein könnte – eine Brust- und Eierstockkrebserkrankung, die Vererbung der genetischen Veranlagung an die Kinder und die Betroffenheit von Angehörigen – bereits im Hier und Heute, und nicht erst in einer ungewissen Zukunft, bedeutsam: „Das Risiko inkorporiert die Krankheit ohne Erkrankung" (Palfner 2010, S. 186). Hier zeigt sich ein Gen-Verständnis, das Gene nicht (länger) als Schicksal betrachtet, sondern als Etwas, das stetig kontrolliert werden kann und muss (vgl. auch zur Nieden 2013). Die durch das genetische Wissen intensivierte Risikowahrnehmung erzeugt ein Diktat der Vorsorge und die Idee des „präventiven Selbst" (Niewöhner 2010) – verstanden als das ideale, an seiner Gesundheit arbeitende Individuum. Damit wird der Vorstellung einer Regier- und Steuerbarkeit von Genen selbst Geltung verschafft. Dies schafft normative Erwartungen hinsichtlich eines ‚verantwortungsvollen' Verhaltens, dessen Nicht-Einhaltung gegebenenfalls Stigmatisierung und Diskriminierung nach sich ziehen könnte.

Dieser Impetus der ‚Regierbarkeit der Gene' ist *viertens* Anlass, Motor und Begründung für die Forderungen betroffener Frauen nach Anerkennung ihrer belastenden genetischen Risikoprognose sowie nach Unterstützung ihrer spezifischen Handlungs- und Verhaltenserfordernisse. Die oben beschriebene und diskutierte ‚positive Diskriminierung' ist die logische Konsequenz der Denkform „präventives Selbst". Der Bezug auf die Gendiagnose zur Begründung besonderer Anrechte auf medizinische oder versorgungsrechtliche Ressourcen macht die genetische Mutation zum bedeutenden Unterschied, der Anderssein affirmiert und die ‚Mutationsträger' von solchen Personen differenziert, die nicht auf Grund einer genetischen Veranlagung erkranken. Eine solche Andersbehandlung von Unterschieden transportiert jedoch das Potenzial für negative Diskriminierung derer, die das entsprechende Merkmal nicht aufweisen. Hinsichtlich eines genetischen Risikos für Brust- und Eierstockkrebs hat sich die Anerkennung des genetischen Unterschieds bereits „als selektive Unterscheidungspraktik" (Hormel 2008, S. 22) manifestiert, da die genetische Diagnose als Zugangsregulierung fungiert und Leistungsansprüche auf medizinische Ressourcen ermöglicht. Personen, bei denen kein erhöhtes genetisches Erkrankungsrisiko nachgewiesen wurde, erhalten hingegen zu speziellen präventiven Maßnahmen keinen Zugang. Eine solche Anerkennung genetischer Differenz und die auf ein individuelles genetisches Merkmal gründende privilegierte Behandlung zieht – das bringt die Logik der Unterscheidungs- und Kategorisierungspraxis mit sich – die Herstellung weiterer ordnungsbildender Klassifikationen und normativer Typisierungen nach sich (Hormel 2008; Baer 2010). Darüber hinaus schafft dieser Klassifizierungsmechanismus die Grundlage für die Forderung nach besonderen Anrechten (Aarden et al. 2011). Diskriminierung – im ursprünglichen, Sinne des Wortes: als (neutrale) Unterscheidung – findet, so gesehen bereits statt, wenn die Kategorie der „genetischen Risikoperson" (Kollek/Lemke 2008, S. 17) diskursiv, normativ, rechtlich und institutionell Anerkennung erhält. Die Frage, ob damit eine ‚positive Diskriminierung' durch die Gewährung von Sonderrechten verbunden sein sollte, und welche Formen des Schutzes vor negativer Diskriminierung gesellschaftlich erforderlich sind, ist deshalb unumgänglich und muss zukünftig weiter verfolgt und diskutiert werden.

Ängste und Befürchtungen.
Wirkungen genetischen Wissens bei Personen mit Hereditärer Hämochromatose

Ulrike Manz

Schon die ersten Studien zur Frage genetischer Diskriminierung machten deutlich, dass genetisches Wissen für die Betroffenen nicht nur mit Ausschluss- und Stigmatisierungserfahrungen einhergeht, sondern ebenso Befürchtungen und Ängste auslöst (Billings et al. 1992; Geller et al. 1996; Lapham et al. 1996). In der Folgezeit dokumentierten zahlreiche Untersuchungen Ängste vor genetischer Diskriminierung, insbesondere im Hinblick auf Nachteile bei Versicherungen und in Arbeitsverhältnissen (exemplarisch Klitzmann 2010). Das Ausmaß der genannten Befürchtungen übersteigt dabei deutlich die Zahl der tatsächlich berichteten Diskriminierungserfahrungen.[46] Dennoch widmen sich bislang nur wenige Studien gezielt der Frage nach den Hintergründen für diese Befürchtungen, nach den Ursachen für Ängste vor genetischer Diskriminierung (z. B. Hall et al. 2005; Oster et al. 2008). Vielmehr trägt die Überzahl an dokumentierten Befürchtungen gegenüber Diskriminierungserfahrungen dazu bei, dass der Forschung zu genetischer Diskriminierung ein eher an Einzelfällen orientiertes Vorgehen vorgeworfen wird, da letztlich nur wenige Fälle von tatsächlich erlebter Diskriminierung beschrieben werden könnten (vgl. Otlowski et al. 2012). Oder aber es wird unterstellt, dass die Ängste vor genetischer Diskriminierung auf einem Unwissen der Betroffenen über rechtliche Regulierungen beruhen, so dass mit Kenntnis des Rechtsschutzes die Befürchtungen vor Diskriminierung obsolet würden (kritisch hierzu Geelen et al. 2012).

Der folgende Beitrag nimmt demgegenüber Ängste und Befürchtungen als wesentlichen Bestandteil der Debatte um genetische Diskriminierung in den Blick. Am Beispiel der Erkrankung Hereditäre Hämochromatose wird der Frage nachgegangen, welche Befürchtungen die Betroffenen mit der genetischen Diagnose ihrer Erkrankung verbinden und wie diese in die Analyse genetischer Diskriminierung einbezogen werden können. Ziel ist es, die Hintergründe und Relevanzen von Befürchtungen in der Auseinandersetzung mit genetischem Wissen

---

46 Otlowski et al. schätzen in ihrem Literaturüberblick über Studien zu genetischer Diskriminierung das Zahlenverhältnis zwischen genannten Diskriminierungserfahrungen und geschilderten Befürchtungen vor genetischer Diskriminierung auf ein Verhältnis von zwei zu eins (Otlowski et al. 2012, S. 618).

besser zu verstehen. Hierzu werden einleitend zunächst die wenigen Studien vorgestellt, die explizit Ängste vor genetischer Diskriminierung in den Blick genommen haben. Anschließend präsentiert der Beitrag Ergebnisse einer Befragung von Hämochromatose-Betroffenen. Vorgestellt werden das Krankheitsbild, methodologische Überlegungen zur empirischen Erhebung sowie die verschiedenen Facetten der von den Betroffenen geäußerten Ängste und Befürchtungen vor Diskriminierung. Abschließend reflektiert der Beitrag die Bedeutung dieser Ängste für die Analyse genetischer Diskriminierung und deren konzeptionelles Verständnis.

1 Genetische Diskriminierung und Befürchtungen: Ergebnisse bisheriger Studien

Ängste und Befürchtungen, aufgrund genetischer Eigenschaften diskriminiert zu werden, wurden bereits in den explorativen Studien zur Frage genetischer Diskriminierung Anfang der 1990er Jahre dokumentiert. Im Mittelpunkt dieser Studien standen allerdings nicht explizit Befürchtungen und Ängste, vielmehr wurden diese implizit im Zusammenhang mit Strategien der Betroffenen deutlich, die darauf zielten, möglichen Benachteiligungen und Stigmatisierungen zu entgehen (Billings et al. 1992, S. 478; Geller et al. 1996, S. 79-81). Lapham et al. (1996) beispielsweise kamen in ihrer Befragung von 332 Mitgliedern von Selbsthilfegruppen aus den USA zu dem Ergebnis, dass 9% der Befragten aus Angst vor genetischer Diskriminierung keinen Gentests in Anspruch nehmen wollten. 18% äußerten, die genetische Information aus demselben Grund nicht an Versicherungen, 17% nicht an den Arbeitgeber, weitergegeben zu haben, (ebd., S. 621). Nachfolgende Untersuchungen bestätigten diese Ergebnisse: die meisten Befürchtungen betrafen den Bereich der Versicherungen und des Arbeitsfeldes und wurden über die Vermeidungsstrategien der Befragten ermittelt (z.B. Geller 2002; Morrison 2005; Klitzmann 2010). Dabei berichteten Betroffene sehr unterschiedlicher Krankheitsbilder von ihren Ängsten, aufgrund genetischer Merkmale diskriminiert zu werden. So untersuchten etwa Shostak et al. (2011) die Bedeutung der genetischen Information für Epilepsie-Erkrankte und kamen zu dem Schluss:

> „The possibility that genetic information might serve as a basis for discrimination in employment, health and life insurance is a prominent concern for the people who we interviewed." (ebd., S. 652)

Ähnliches gilt für Betroffene der Huntington-Krankheit (Klitzmann 2010, S. 74) ebenso wie für Menschen mit Essstörungen (Easter 2012, S. 1412/1413), für Betroffene von erblichem Brustkrebs (Morrison 2005, S. 878) ebenso wie für

Menschen, bei denen eine vererbbare Form von Darmkrebs diagnostiziert wurde (Lynch et al. 1999), um nur einige Beispiele zu nennen. Hier zeigt sich, dass von sehr unterschiedlichen Krankheiten Betroffene Ängste artikulieren, aufgrund ihrer genetischen Disposition von Versicherungen ausgeschlossen zu werden und/oder Nachteile in ihren Beschäftigungsverhältnissen zu erfahren. Gleichzeitig werden je nach Art der Erkrankung auch Unterschiede in den Befürchtungen deutlich. Eine Studie zu Betroffenen der Huntington-Krankheit aus Kanada beispielsweise offenbart Ängste der Befragten nicht nur in den Bereichen Versicherung und Arbeit, sondern auch Befürchtungen vor Stigmatisierungen im familiären Kontext (Bombard et al. 2008; Oster et al. 2008; vgl. auch Lemke 2006b, S. 95 ff.).

Trotz dieser Ergebnisse gehen nur wenige Studien diesen Ängsten und Befürchtungen explizit nach. Die bislang umfassendste Erhebung zu Ängsten vor genetischer Diskriminierung wurde in den USA und Kanada durchgeführt. Befragt wurden 86.000 Menschen, die an einem Screening-Programm zur Diagnose der Hereditären Hämochromatose teilnahmen. 40% der Teilnehmer_innen gaben an, Diskriminierungen aufgrund einer genetischen Diagnose zu befürchten. Allerdings zeigten sich Unterschiede zwischen den beiden Ländern, die Befragten aus Kanada äußerten seltener Befürchtungen als die Teilnehmer_innen aus den USA. Nach Ansicht der Autor_innen beruhen diese Unterschiede vor allem auf dem zum Zeitpunkt der Untersuchung fehlenden nationalen Krankenversicherungssystem in den USA. Aufgrund der schlechteren sozialen Absicherung im Krankheitsfall riefen genetische Diagnosen bei den Betroffenen hier häufiger Befürchtungen hervor (Hall et al. 2005, S. 315). Darüber hinaus zeigte sich, dass das Ausmaß an Ängsten und Befürchtungen auch hinsichtlich des Alters der Befragten unterschiedlich war; Teilnehmende, die älter als 64 Jahre waren, nannten weniger Befürchtungen als jüngere Befragte. Insofern liefert diese Studie Ansätze für ein differenziertes Bild: Die genetische Diagnose für ein und dieselbe Erkrankung kann unterschiedlich starke Ängste hervorrufen, je nach Umfang des Versicherungsschutzes der Betroffenen und je nach Zeitpunkt der Diagnose im Lebenslauf.

Wenngleich auch die bisherige Forschung eine Bandbreite an Befürchtungen sowie länder- und krankheitsspezifische Unterschiede verdeutlichte, bleibt festzuhalten:„[L]ittle is known about the origins and backgrounds of fears of discrimination […]." (Geelen et al. 2012, S. 1018) Dieser Frage geht eine Untersuchung aus den Niederlanden nach (ebd.). Sechs Familien, die von einer angeborenen Erkrankung der Herzmuskulatur (HCM) betroffen sind, wurden über einen Zeitraum von dreieinhalb Jahren begleitet und 57 Personen dieser Familien in halboffenen Interviews befragt. Dabei wurde deutlich, dass sich auch hier die Befürchtungen vor allem auf mögliche Diskriminierungen durch Versicherungen oder Arbeitgeber beziehen. Eine vertiefende Analyse des Materials verweist auf die sozialen Mechanismen, die diese Ängste hervorbringen. Genannt wird hier an erster Stelle die Familiengeschichte. Als Teil einer „affected family" sind den Betroffenen Diskriminierungen aufgrund genetischer Merkmale bekannt, auch wenn sie diesen nicht direkt ausgesetzt sind. Genannt werden insbesondere Probleme einzelner Familienmitglieder mit höheren Versicherungsbeiträgen und dem drohenden Verlust ihres Arbeitsplatzes. Diese negativen Erfahrungen werden von den Befragten als familiäre Erfahrungen zu eigen gemacht. Demnach sind die Befürchtungen im Zuge der genetischen Diagnose in besonderer Art und Weise erfahrungsbasiert: nicht als individuelle Erfahrung, wohl aber als familiäre Erfahrung, auf die sich die einzelnen Mitglieder der Familie beziehen. Zweitens zeigt sich bei den Betroffenen ein Verständnis von genetischen Daten als „private" Informationen, so dass Befürchtungen die Weitergabe genetischer Informationen betreffend auch als Befürchtungen eines übergreifenden, drohenden Verlusts von Privatheit insgesamt verstanden werden können (vgl. auch Geller 2002). Drittens schließlich gründet ein Teil der Befürchtungen auf der Sorge um die nachfolgende Generation, bestimmt sich also aus dem Motiv elterlicher Fürsorge. Mit dieser Kontextualisierung der erhobenen Ängste und Befürchtungen vor genetischer Diskriminierung liefert die Studie aus den Niederlanden „a detailed description of the social mechanisms of fears of genetic discrimination" (Geelen et al 2012, S. 1021).

Der kurze Überblick über bisher vorhandene Literatur zu Ängsten und Befürchtungen im Kontext genetischer Diagnosen verdeutlicht sowohl die Notwendigkeit von krankheits- und länderspezifischen Studien als auch die Notwendigkeit, den Hintergründen dieser Ängste näher nachzugehen. Hieran anschließend werden im Folgenden Ergebnisse einer Befragung von Betroffenen der Hereditären Hämochromatose im Hinblick auf deren Befürchtungen, aufgrund ihrer genetischen Merkmale diskriminiert zu werden, präsentiert und diskutiert.

2 Die Studie „Genetische Diskriminierung in Deutschland: das Beispiel Hereditäre Hämochromatose"

Krankheitsbild

Die Hereditäre Hämochchromatose zählt zu den häufigsten erblichen Stoffwechselstörungen in Europa, Nordamerika und Australien, die Prävalenz des Gendefekts liegt bei 2-5:1000 (Stuhrmann et al. 2005b). Die Erkrankung resultiert aus einer erhöhten Aufnahme von Eisen im oberen Dünndarm, welches vom Körper nicht wieder ausgeschieden werden kann und sich infolgedessen in verschiedenen Organen ablagert. Betroffen ist hiervon vor allem die Leber, bei zunehmender Eisenablagerung kann es zu Leberschädigungen bis hin zur Leberzirrhose kommen. Typische Symptome einer Hämochromatose sind infolgedessen erhöhte Leberwerte, aber auch anhaltende Müdigkeit und Gelenkschmerzen sowie im Spätstadium eine bronzene Färbung der Haut. Da die Symptome der Erkrankung zunächst unspezifisch sind, kommt es häufig erst verspätet zu der Diagnose „Hämochromatose" (Allen/Williamson 1999, S. 210). Die ersten Symptome treten bei Männern in der Regel zwischen dem zwanzigsten und dem vierzigsten Lebensjahr auf, bei Frauen meist erst nach der Menopause, da durch den Blutverlust während der Menstruation regelmäßig Eisen im Körper abgebaut wird. Bei frühzeitiger Diagnose einer Hämochromatose ist ihre Behandlung relativ unproblematisch. Mit Hilfe regelmäßiger Aderlässe kann der Eisengehalt im Blut gesenkt werden, sodass sich keine Symptome entwickeln. Eine Ausnahme bilden allerdings die Gelenkschmerzen, diese treten trotz der Aderlässe auf. Generell aber gilt die Hämochromatose bei rechtzeitiger Diagnose als eine behandelbare Erkrankung.

Für die Entstehung und Entwicklung der Hereditären Hämochromatose werden heute mehrere Genvarianten verantwortlich gemacht, bekannt sind mindestens vier Punktmutationen des HFE-Gens auf dem Chromosom Nr. 6.[47] Andere Erklärungsansätze wie beispielsweise Eisenüberladung aufgrund von Fehlernährung oder als Folge einer Bluttransfusion gelten als überholt (Allen/-Williamson 1999, S. 209/210; Watkins et al. 2008). Bei ca. 80% aller Hämochromatosepatient_innen findet sich in beiden Ausführungen[48] des HFE-Gens die Punktmutation C282Y (homozygote Mutation), ca. 5% tragen auf dem einen Chromosom Nr. 6 die Mutation C282Y, auf dem anderen die Mutation H63D (sogenannte „compound" Variante) (Beutler et al. 2002; HvD 2009, S. 6).

Der Vererbungsweg der genannten Genvarianten verläuft autosomal-rezessiv, d.h. nur wenn beide Ausführungen des veränderten Gens vorliegen, kann es zur Entwicklung von Krankheitssymptomen kommen. Konkret bedeutet dies, dass die Erkrankung von beiden Eltern vererbt wird, die beide Träger der Genvariante sein müssen. Allerdings führt das Vorliegen dieser Variante nicht automatisch zu der Herausbildung von Krankheitssymptomen. Verlässliche Zahlen lassen sich hierzu schwer finden, da in verschiedenen Studien sehr unterschiedliche Angaben gemacht werden. Während beispielsweise Powell/Bassett (1998) bei 90% der männlichen und 50-70% der weiblichen Homozygoten die Entwicklung einer klinisch manifesten Hämochromatose konstatieren, kommt eine Studie

---

47 1996 wurde eigens zu diesem Zweck in den USA das Unternehmen Mercator Genetics gegründet. Dort wurde in einer aufwendigen Suchaktion das sogenannte „Hämochromatose Gen" (HFE) lokalisiert und es wurden die für die Krankheit ursächlichen Punktmutationen identifiziert (vgl. Feder et al. 1996; 1997; 1998).
48 Die Gesamtheit der Gene verteilt sich auf 23 Chromosomen, die zweimal vorhanden sind (jeweils einmal vom Vater und einmal von der Mutter).

aus Wales zu dem Ergebnis, dass nur 1% der Homozygoten Symptome der Erkrankung aufweist (McCune et al. 2002). Diese Unterschiede resultieren unter anderem aus den unterschiedlichen Kriterien zur Bestimmung eines „Symptoms": während einige Untersuchungen erhöhte Eisen-Indikatoren bereits als Symptom werten, sprechen andere erst bei Organveränderungen von Symptomen der Erkrankung. Die prädiktive Aussagekraft des Gentests ist somit derzeit wenig einschätzbar. Die Deutsche Gesellschaft für Humangenetik e.V. empfiehlt die Testung von Familienmitgliedern der Erkrankten nach dem 18. Lebensjahr und im Falle eines positiven Befundes die regelmäßige Kontrolle des Eisens im Blut sowie vorbeugende Maßnahmen wie regelmäßige Aderlässe (Gabriel/ Stuhrmann-Spangenberg 2006). Unumstritten ist dagegen die diagnostische Bedeutung des Gentests bei einer manifesten Hämochromatose. Da der typische Krankheitsverlauf einer Hämochromatose zumeist geprägt ist durch eine Reihe unspezifischer Symptome wie Gelenkschmerzen und anhaltende Müdigkeit, kommt dem Gentest eine wichtige diagnostische Funktion für die Abklärung und Interpretation bereits vorhandener Symptome zu.

Untersuchungsdesign

Um möglichen diskriminierenden Effekten genetischen Wissens bei der Erkrankung Hämochromatose nachzugehen, wurde von März bis Dezember 2011 zunächst eine Fragebogenerhebung unter Personen durchgeführt, die von Hereditärer Hämochromatose betroffen sind. Dieser Erhebungsschritt hatte vor allem explorativen Charakter, es sollten mögliche Diskriminierungsfelder identifiziert und ein Zugang zu Personen geschaffen werden, die nachfolgend per Leitfadeninterview befragt werden können. Die Verteilung des Fragebogens erfolgte über die Selbsthilfegruppe der Hämochromatose-Vereinigung Deutschland e.V.[49], über humangenetische Beratungsstellen sowie über die Internetseite des Forschungsprojektes. 68 ausgefüllte Fragebögen gingen bis Dezember 2011 ein, wovon 18 aus der Online-Befragung stammen. (vgl. Lemke et al. 2013). Trotz der für eine Fragebogenerhebung geringen Fallzahlen brachte die Auswertung der Fragebögen zwei wichtige Ergebnisse. Zum einen konnte neben Versicherungen und Beschäftigungsverhältnissen ein weiteres Diskriminierungsfeld ermittelt werden: der Bereich der Blutspende. Zum zweiten bestätigte die Fragebogenerhebung die Überzahl an Befürchtungen vor Diskriminierung im Vergleich zu tatsächlich erfahrener Diskriminierung. Wenngleich keiner der Befragten über

---

49 Die Selbsthilfegruppe für Hämochromatose-Betroffene hat ihren Sitz in Köln und besteht derzeit aus ca. 440 Mitgliedern. Ziel ist sowohl die Beratung der Mitglieder und gegenseitiger Erfahrungsaustausch als auch eine verbesserte öffentliche Aufklärung über die Erkrankung in Zusammenarbeit mit relevanten Institutionen wie Krankenkassen etc. (vgl. www.haemochromatose.org, Zugriff 20.05.2014)

Ängste und Befürchtungen

Erfahrungen genetischer Diskriminierung berichtete, gaben immerhin 42% der Teilnehmenden an, diese zu befürchten. Insofern lieferte die Fragebogenerhebung inhaltliche Hinweise für die nachfolgende Vertiefung der Befragung durch Interviews. Darüber hinaus enthielten die Fragebögen auch die Möglichkeit, Bereitschaft und Kontaktdaten für ein Interview anzugeben. So konnten wir Interviewpartner_innen gewinnen, die wir in der zweiten Projektphase von März bis Oktober 2012 interviewten.[50] Mittels leitfadengestützter Interviews wurden insgesamt 15 Personen befragt, neun Frauen und sechs Männer im Alter zwischen 40 und 75 Jahren, die sich im Hinblick auf Krankheitsverlauf, Familienstatus, Diagnosewege etc. unterschieden. Alle Befragten wurden positiv auf eine genetische Varianz für Hämochromatose getestet und alle Betroffenen wiesen bereits Symptome der Erkrankung auf.

Dieses Sample unterscheidet sich von bisherigen Studien zu genetischer Diskriminierung insofern, als diese vor allem auf die sogenannten „asymptomatischen Kranken" abzielen, d.h. Personen mit einer Genvarianz, aber ohne Krankheitssymptome (vgl. Billings et al. 1992, S. 477). Demgegenüber stießen wir auf der Suche nach Personen, bei denen eine für Hämochromatose typische Genvariante festgestellt wurde, ausschließlich auf Personen, die bereits an Symptomen der Erkrankung leiden. Dieses Ergebnis steht im Zusammenhang mit der oben erwähnten medizinischen Praxis im Umgang mit der Erkrankung. So wurde in den Interviews deutlich, dass Ärzt_innen den Betroffenen eine genetische Diagnose erst bei unklaren Symptomen empfahlen und Familienangehörige aufgrund anderweitiger, weniger komplexer Diagnosemöglichkeiten (insbesondere regelmäßige Kontrolle des Ferritinwertes im Blut) häufig auf eine prädiktive Diagnostik der Hämochromatose verzichten. Das hier vorliegende Sample bereits Erkrankter entspricht somit der in Deutschland verbreiteten medizinischen Praxis eines vorwiegend diagnostischen Einsatzes von Gentests bei symptomatischer Hereditärer Hämochromatose. Darüber hinaus werden in Deutschland, im Unterschied zu beispielsweise den USA oder Australien, keine genetischen Screenings auf Hämochromatose durchgeführt.[51] Aufgrund einfacherer laborchemischer Diagnosemöglichkeiten sowie des letztlich noch ungesicherten Zusammenhangs zwischen Genveränderungen und manifesten Krankheitssymptomen erscheinen flächendeckende Screenings den Entscheidungsträgern im deutschen Gesundheitssystem gegenwärtig (noch) wenig sinnvoll (vgl. Steindor 2002; Steindor 2005).[52]

---

50 Mein herzlicher Dank gilt allen Personen, die sich an der Fragebogenerhebung beteiligten und/oder sich zu einem Interview bereit erklärten.
51 In Deutschland gab es bisher nur einen Modellversuch zum Hämochromatose-Screening im Jahre 2001, durchgeführt durch die Medizinische Hochschule Hannover in Kooperation mit der Kaufmännischen Krankenkasse (vgl. Stuhrmann et al. 2005a; Stuhrmann et al. 2005b).
52 Allerdings gilt die Hämochromatose aufgrund ihrer Behandlungsmöglichkeiten weiterhin als prominentes Beispiel für ein medizinisch sinnvolles genetisches Screening. Veränderte Voraus-

Die Durchführung der Interviews fand in Cafés am Wohnort der Befragten oder bei den Interviewten zu Hause statt. Die Interviews umfassten einen Zeitraum von ein bis zwei Stunden und wurden entlang eines Leitfadens geführt. Im Zentrum des Interesses standen alle Erfahrungen, die für die Betroffenen mit der Klassifizierung ihrer Erkrankung als einer genetisch bedingten Erkrankung einhergehen. Gefragt wurde beispielsweise nach dem Erleben der genetischen Diagnose, der Weitergabe genetischer Informationen, nach Ängsten und Befürchtungen und der innerfamiliären Kommunikation über Krankheitsrisiken, Diagnosewege und die Familiengeschichte der Erkrankung. Dabei ging es vor allem darum, Erzählimpulse zu liefern, die den Betroffenen eine eigenständige Relevanzsetzung ermöglichen (Morse 2012). Mit diesem offen angelegten Interviewverfahren sollte der Komplexität und der unterschiedlichen Bedeutung genetischen Wissens Rechnung getragen werden. Widersprüchliches Wissen sowie inkonsistente Einschätzungen und Schlussfolgerungen konnten so in der Interviewsituation Raum erhalten.

Anschließend wurden die Interviews transkribiert, anonymisiert und in einer Mehrpersonenperspektive von der Forschungsgruppe gemeinsam vertikal und horizontal interpretiert (Haubl/Liebsch 2010, S. 12). Die Auswertung der vorliegenden Daten erfolgte im Sinne der Datenschutzrichtlinien für gesundheitsbezogene Daten und gemäß dem Ethikkodex der Deutschen Gesellschaft für Soziologie.

3 Befürchtungen und Ängste

Im Mittelpunkt der folgenden Ausführungen stehen die Ängste und Befürchtungen der Befragten im Hinblick auf die genetische Dimension ihrer Erkrankung. Die Analyse derselben machte schnell deutlich, dass das genetische Wissen von den Betroffenen ambivalent erlebt wird. Einerseits setzt es Ängsten und Befürchtungen ein Ende, andererseits werden Ängste und Befürchtungen hierdurch hervorgerufen. Im Folgenden wird deshalb einleitend zunächst das für die Betroffenen entlastende Moment der genetischen Diagnose vorgestellt und verdeutlicht, welche Befürchtungen dadurch für die Betroffenen an Bedeutung verlieren, ehe in einem zweiten Schritt dann die Ängste und Befürchtungen analysiert werden, die aus Sicht der Befragten durch die genetische Dimension ihrer Erkrankung induziert sind.

Befragt nach ihren Erfahrungen im Zuge der genetischen Diagnostik ihrer Erkrankung berichten die Betroffenen durchgängig von Empfindungen der Er-

---

setzungen wie beispielsweise einfachere und kostengünstigere Gentests könnten die Debatte um ein flächendeckendes Screening durchaus wieder entfachen, sodass es umso notwendiger erscheint, Diskriminierungspotenziale dieser genetischen Daten auszuloten.

Ängste und Befürchtungen

leichterung und Entlastung. Sie bezeichnen die genetische Diagnose als „Glück" und sind den Ärzt_innen „dankbar", die die Erkrankung diagnostizieren (z.b. Interview Wolff: 17; Interview Niemeyer: 7; Interview Messinger: 546). Erzählungen rund um die genetische Diagnose klingen typischerweise wie folgt:

> „Die Diagnose hat mir endlich eine Erklärung dafür gegeben, weshalb es mit mir über Jahre bergab gegangen ist. Und diese Unwissenheit, die war natürlich auch in mir sehr quälend. Und das wurde immer unerträglicher und ich war schon irgendwo an einem Punkt, wo ich sagte, Mensch – wenn doch jetzt irgendetwas heraus käme, wenn irgendetwas entdeckt würde, diese oder jene Krankheit oder was auch immer, aber dass man mal sagen könnte: das ist es, ja. Und das war dann 1999 tatsächlich der Fall und darüber war ich [...] sehr froh." (Interview Schneider: 1178ff.)

Deutlich wird hier, dass das entlastende Moment für die Betroffenen in erster Linie durch die Diagnose bewirkt wird, die genetische Dimension der Erkrankung spielt zunächst einmal keine Rolle. Die Diagnose beendet für die Betroffenen eine lange Phase der Verunsicherung bezüglich der Ursachen für ihre Krankheitssymptome. Mit der Diagnostik können nun die zum Teil über Jahre bestehenden unklaren Symptome einer spezifischen Erkrankung zugeordnet werden, der Test ermöglicht die Diagnose und entlastet die Betroffenen von Ungewissheiten.[53] In diesem Sinne unterscheidet sich die genetische Diagnose der Hämochromatose im Erleben der Betroffen nicht von anderen Methoden der Labordiagnostik. Gleichzeitig aber sind im Falle der Hereditären Hämochromatose Diagnose und Genetik der Erkrankung direkt miteinander verflochten, so dass sich die Betroffenen parallel zu der Krankheitsdiagnose auch mit dem genetischen Aspekt der Erkrankung konfrontiert sehen. Hier zeigen sich ebenfalls entlastende Effekte, insbesondere durch die Art der Genmutation. Im Hinblick auf die *genetische* Ursache der Erkrankung heißt es:

> „Aber ich muss sagen, was das Genetische betrifft, erst mal eine große Erleichterung. Das empfinde ich letztendlich im Nachhinein weiterhin, weil ich sage, also es gibt sicher noch viel schlimmere genetische Krankheiten oder Prozesse, die einem ja gar keine Chance geben, auch am weiteren Leben teilzunehmen." (Interview Schneider: 1187ff.)

Im Gegensatz zu anderen genetisch bedingten Erkrankungen ist die Hereditäre Hämochromatose medizinisch behandelbar, mit ihr ist es möglich, auch „am weiteren Leben teilzunehmen" (s.o.). Die Diagnostik eröffnet den Betroffenen Wege der Therapie, die ihre Erkrankung zwar nicht heilen, aber die Symptome mildern und/oder verhindern können.[54] Insofern werden mit der genetischen

---

53 Die Berichte über die entlastenden Momente der Gendiagnose decken sich auch mit den Ergebnissen einer australischen Untersuchung zu Hämochromatose: „In other words, respondents recounted a period of uncertainty preceding diagnosis." (Petersen 2006, S. 35)
54 Die Möglichkeit der medizinischen Behandlung der Erkrankung führt bei einer der Befragten auch zu einem verstärkten Engagement in der Selbsthilfegruppe: „Ich glaube, wenn man gesagt

Diagnose nicht nur Sorgen im Hinblick auf die Art der Erkrankung, sondern auch Befürchtungen im Hinblick auf die Schwere der Erkrankung beruhigt.[55] Dementsprechend steht ein Großteil der Befragten der genetischen Diagnostik positiv gegenüber und befürwortet diese auch für nahestehende Verwandte. Ähnlich wie in einer Studie aus den USA beschrieben, so zeigt sich auch in dem vorliegenden Material eine hohe Akzeptanz der Hämochromatose-Betroffenen gegenüber einer genetischen Testung (vgl. Hicken et al. 2003).

Die genetische Dimension der Erkrankung Hämochromatose, darauf verweist das empirische Material, wirkt allerdings nicht nur problemlösend, sondern auch problemgenerierend. Sie beruhigt nicht nur die Betroffenen, sondern löst in verschiedenen Bereichen auch Ängste und Befürchtungen aus, die im Folgenden beschrieben werden.

Versicherungen

Ein relevanter Teil der geäußerten Befürchtungen, sowohl in den Fragebögen als auch in den Interviews, bezieht sich auf den Versicherungsbereich. Von den 31 Angaben zu Ängsten in der Fragebogenerhebung betreffen 19 Versicherungen und in 9 der 15 Interviews äußern die Betroffenen Befürchtungen in dieser Hinsicht. Konkret genannt werden im gesamten Untersuchungssample dabei zwei Versicherungsbereiche: die Kranken- und die Lebensversicherung. Befürchtungen hinsichtlich der Krankenversicherung drehen sich zumeist um die Frage nach einer angemessenen medizinischen Versorgung im weiteren Krankheitsverlauf. Die Betroffenen sind besorgt, inwieweit ihre jeweilige Krankenkasse die für sie notwendigen Behandlungen auch weiter übernehmen wird. Angesichts der Perspektive, in Zukunft vermehrt auf medizinische bzw. pflegerische Hilfe angewiesen zu sein, befürchten die Betroffenen von den für sie wichtigen Versorgungsleistungen ausgeschlossen zu werden, z.B. Kuren, schonende Aderlässe oder auch Physiotherapie zur Behandlung der Gelenkschmerzen. Nach Auskunft der Befragten gründen diese Befürchtungen auf ihren bisherigen Erfahrungen mit den Krankenkassen. Insbesondere in den Interviews schildern die Betroffenen ausführlich ihre Konflikte um die Übernahme bestimmter Kosten, um die Aner-

---

hätte, na, da kannst Du sowieso nichts dran machen, dann hätte ich mich – glaube ich – nicht engagiert oder nicht so sehr. Also, das ist schon eine starke Motivation." (Interview Trenkle: 385)

55 Die Diagnose beruhigt nicht nur vorhergehende Ängste, sondern entlastete auch von vorangegangen Erfahrungen der Stigmatisierung. Bei fehlender Diagnose werden die für Hämochromatose typischen Symptome erhöhter Leberwerte sowie anhaltende Müdigkeit von den Ärzt_innen fälschlicherweise häufig als Ausdruck einer Alkoholsucht und von den Familienangehörigen als Ausdruck mangelnder Eigeninitiative bewertet. Die Betroffenen berichten, wie sie von ihrem sozialen Umfeld als Alkoholiker_innen oder aber als unmotiviert und faul bezeichnet werden. Die genetische Diagnose entlastet dementsprechend vom Vorwurf fehlerhaften Verhaltens, mit der genetischen Diagnose wird die Erkrankung als unvermeidbares Schicksal begriffen.

kennung bestimmter Maßnahmen und wie kräfteraubend sie diese Auseinandersetzungen empfanden. So berichtet beispielsweise eine der Befragten, dass sie Medikamente, auf die sie angewiesen sei, zunehmend selbst bezahlen müsse, da deren Kosten nicht mehr von der Krankenkasse übernommen würden (Interview Erhardt: 405ff.). Im Falle eines Mittels gegen Gelenkschmerzen ging sie vor Gericht, um die Übernahme der Kosten einzuklagen, allerdings ohne Erfolg (Interview Erhardt: 410ff.). Während der Bearbeitung ihres Antrages auf einen Schwerbehindertenstatus empfand sie, dass sie von offizieller Seite keine Unterstützung erfährt. „Also man wird nicht ernst genommen, sind auch alles keine Krankheiten – katastrophal" (Interview Erhardt: 379/380).

Derart negative Erfahrungen mit den Krankenkassen, der Eindruck „da merkt man es geht nicht um den Menschen, sondern nur um Kostenersparnis" (FB 18), lässt die Befragten eine unzureichende medizinische Versorgung in der Zukunft befürchten. Verstärkt wird dies noch durch die Erfahrung, dass sich der Abschluss einer medizinischen Zusatzversicherung für Hämochromatose-Betroffene schwierig gestaltet oder medizinische Leistungen im Zusammenhang mit Hämochromatose gezielt aus dem Leistungskatalog der Versicherung gestrichen werden (vgl. FB 54). Dementsprechend sehen die Befragten auch wenige Möglichkeiten, ihre medizinische Versorgung für die Zukunft abzusichern und damit ihren Befürchtungen entgegenzuwirken. Im Anschluss an Geelen et al. (2012) könnte man somit sagen, dass die Befürchtungen der Befragten im Bereich der Krankenversicherungen aus einer Art „disease histories" resultieren, d.h. sie basieren auf vorangegangenen Diskriminierungserfahrungen der Betroffenen im Zuge ihrer Krankheitsgeschichte (ebd., S. 1021). Diese Erfahrungen stehen allerdings nicht direkt im Zusammenhang mit der genetischen Verursachung der Krankheit, sie beziehen sich vielmehr auf die medizinische Versorgung einer chronischen Erkrankung, unabhängig von deren Verursachung. Die dennoch relativ hohe Anzahl an Nennungen in diese Richtung verweist darauf, dass im Erleben der Betroffenen eine derartige Trennung wenig bedeutsam erscheint. Die oben erwähnte enge Verknüpfung von Krankheitsdiagnose und Genetik lässt die Befragten den genetischen Aspekt nicht immer isoliert wahrnehmen, so dass, wie im vorliegenden Fall der Befürchtungen im Hinblick auf die Krankenkassen, die genetische Dimension der Erkrankung in den Hintergrund geraten kann.

Befürchtungen im Hinblick auf Lebensversicherungen treten insbesondere dann zu Tage, wenn die Betroffenen gefragt werden, wem sie von ihrer genetischen Erkrankung berichtet haben und wem nicht. Die meisten der Befragten geben an, ihre Versicherungsträger nicht unterrichtet zu haben.

„Wenn sie es heute bei der Versicherung angeben, werden Sie ja schon eine Etage tiefer gedrückt, ne. So, und sollte dann wirklich irgendwann mal etwas sein, dann heißt es ja schon von Anfang an, da ist schon was gewesen. Also würde ich es einer Versicherung gar nicht sagen." (Interview Henzel: 554ff.)

Diese Zurückhaltung bei der Informationsweitergabe bezieht sich dabei nicht nur auf die Betroffenen selbst, sondern auch auf die nachfolgende Generation. Die Befragten empfehlen ihren Kindern sowie auch weiter entfernten Verwandten ein Hinauszögern des Gentests.

„Meinen Nichten und Neffen, die heterozygot sein müssen, haben wir nicht zu einer genetischen Untersuchung geraten wegen Lebensversicherungen etc." (FB 39)

Viele der Interviewten teilen die Einschätzung, dass es sinnvoll sei, vor dem Gentest zunächst alle notwendigen Versicherungen abzuschließen, um möglichen Benachteiligungen im Versicherungsbereich entgegenzuwirken. Diese Auffassung wird offensichtlich auch von einigen Ärzt_innen vertreten. Die Befragten erwähnen Hausärzt_innen, die eine Testung von Verwandten 1. Grades empfehlen, allerdings mit dem Hinweis, zuvor alle notwendigen Versicherungen abzuschließen, da ein positives Testergebnis möglicherweise Ausschlüsse von bestimmten Versicherungen mit sich bringen könnte (z.B. FB 3, Interview Bosch).

Daneben befürchten die Befragten auch die ungeschützte Weitergabe genetischer Daten an Dritte, den potenziellen Missbrauch ihrer genetischen Daten durch Dritte im Versicherungsbereich. Die Sorge der Betroffenen richtet sich auf eine unkontrollierbare Weitergabe ihrer genetischen Daten an Lebensversicherungen und hieraus resultierende Benachteiligungen wie beispielsweise erhöhte Beitragszahlungen. So äußert beispielsweise eine der Befragten die Befürchtung, die Krankenkassen könnten genetische Informationen an andere Versicherungen weiterleiten:

„[D]ie Krankenkasse weiß es doch. Also ich gehe mal davon aus, dass die es weiß. [...] Und dann gehe ich auch davon aus, dass vielleicht die eine oder andere Versicherung das dann eventuell doch mitbekommt." (Interview Bussegger: 637ff.)

Derartige Befürchtungen basieren, im Gegensatz zu Befürchtungen gegenüber den Krankenkassen, nicht auf Erfahrungen der Betroffenen, niemand der Befragten berichtet über eine tatsächlich erlebte ungerechte Behandlung durch Lebensversicherungen. Die Befragten äußern vielmehr eine eher diffuse Skepsis gegenüber Versicherungen. Als mögliche Ursache für dieses Unbehagen können zwei Gründe ausgemacht werden. Zum einen wird von den Betroffenen mehrfach auf die Präsenz des Themas in den Medien hingewiesen. Einige der Befragten machen deutlich, dass ihre Sensibilität für Diskriminierungen im Versicherungsbereich aus der medialen Präsenz resultiere, wenn es z.B. heißt „Diskussion im Fernsehen zu diesem Thema betrifft Versicherungen" (FB 24). Zum zweiten zeigt sich ein besonderes Schutzbedürfnis der Betroffenen gegenüber ihren genetischen Daten, welches von Geller (2002) als Bedürfnis nach einem Schutz der Privatsphäre interpretiert wird. Demnach werden genetische Informationen von den Betroffenen als intime Informationen über ihre Person betrachtet und bedürfen deshalb einer besonderen Absicherung (Geller 2002, S. 282/283). Die unkontrollierte mögliche Weitergabe dieser Informationen löst demzufolge Ängste vor einem Verlust an Privatheit aus.

Beschäftigungsverhältnisse

Ängste in Bezug auf Beschäftigungsverhältnisse werden ebenfalls durch das Informationsmanagement der Befragten deutlich. 19 der 31 Aussagen zu Befürchtungen, die in den Fragebögen gemacht werden, geben an, die Arbeitgeber nicht über die Erkrankung informiert zu haben. Und in den Interviews äußern sich 6 der 15 Interviewten in eine ähnliche Richtung. Diese Befragten sprechen sich dezidiert dagegen aus, ihre Erkrankung sowie deren genetische Dimension am Arbeitsplatz offen zu kommunizieren. Dabei treten unterschiedliche Befürchtungen zu tage. Deutlich werden zunächst Ängste vor einem drohenden Verlust des Arbeitsplatzes. So heißt es beispielsweise:

> „Sie hätten auch, sagen wir mal, aus irgendwelchen Gründen entlassen werden können, Leistungsmangel oder sonst etwas. Es waren auch genügend Nachfolger da, was sich jetzt in den letzten Jahren deutlich geändert hat. Und deshalb hatte ich da jetzt auch kein Interesse, das erst mal groß publik zu machen." (Interview Pieper: 101ff.)

Ähnlich äußern sich Befragte, die vom „rauen Klima in Unternehmen" sprechen und die „drohende Kündigung" bei nachlassender Leistungsfähigkeit thematisieren (Fb24). Hier zeigen sich Befürchtungen, dass mit der Erkrankung der Ausschluss aus der Erwerbstätigkeit einhergehen könnte. Fragt man nach den Ursachen für diese Ängste, so finden sich auch hier keine Erfahrungen der Betroffenen, d.h. keine_r der Befragten gibt an, tatsächlich aufgrund der Erkrankung mit dem Verlust des Arbeitsplatzes konfrontiert worden zu sein.[56] Deutlich wird hier vielmehr ein Wissen der Betroffenen über institutionelle Verfahrenslogiken, die diskriminierend wirken (Gomolla 2010). Wenn die Vergabe und Sicherung eines Arbeitsplatzes sich an dem Prinzip von Angebot und Nachfrage orientiert (nicht beispielsweise an der Berufserfahrung), so steigt in Zeiten eines großen Angebots an Arbeitskräften der Druck auf die Betroffenen, ihre genetische Diagnose dem Arbeitgeber aus Angst vor Entlassung zu verschweigen. Konkurrenzdruck

---

56 Eine der Interviewten gibt allerdings an, von bisherigen Aufstiegsmöglichkeiten in ihrer Firma ausgeschlossen worden zu sein, seitdem ihrem Arbeitgeber die Diagnose bekannt sei. An ihrem Arbeitsplatz fühle sie sich zunehmend isoliert, Projekte würden ohne sie stattfinden und eine Gehaltserhöhung habe sie seit der Diagnosestellung nicht mehr erhalten: „Was ich gemerkt habe, ich wurde nicht mehr ganz so in die Firma integriert." (Interview Busseger: 354f.)

gehört zum Erfahrungswissen der Befragten und lässt sie aus diesem Wissen heraus eine Benachteiligung am Arbeitsplatz fürchten. In eine ähnliche Richtung gehen Äußerungen der Befragten, die sich auf mögliche Probleme ihrer Kinder bei der Verbeamtung beziehen. Auch hier sind den Betroffene institutionelle Verfahrenslogiken bekannt, die diskriminierend wirken können. Im Falle der Verbeamtung bestehen diese darin, dass sich alle Anwärter_innen vor der Einstellung einer umfassenden amtsärztlichen Untersuchung unterziehen müssen. Damit birgt der Prozess der Verbeamtung die Gefahr eines möglichen Ausschlusses aufgrund gesundheitlicher Risiken. Diese „strenge gesundheitliche Untersuchung vor der Beamtung" (FB 53) lässt die Befragten deshalb Probleme für ihre Kinder befürchten. Die Feststellung der genetischen Disposition für Hämochromatose könne, so die Befürchtung, zur Verweigerung der Verbeamtung führen.[57] Daher empfehlen Eltern ihren Kindern, den Test aufzuschieben. So schildert beispielsweise Frau Geist:

> „Wegen meiner Tochter habe ich mir Gedanken gemacht, ob sie es auch hat oder Träger ist oder so. Aber mittlerweile, sie hat sich also testen lassen, sie hat Gott sei Dank gar nichts. Sie hat es an sich erst gemacht, als sie dann Kinder hatte, also aus dem Grund. Vorher, bevor sie ihre Berufsausbildung nicht hatte und so, sollte man es ja auch nicht machen. Sie ist Beamtin, sie hätte es dann ja angeben müssen. Wäre wahrscheinlich nicht auf Lebenszeit geworden, wenn sie es rechtzeitig gemacht hätte, ne." (Interview Geist: 245ff.)

Deutlich wird hier die Annahme, dass ein positives Testergebnis zur Ablehnung der (dauerhaften) Verbeamtung führt („wäre wahrscheinlich nicht auf Lebenszeit geworden"). Inwieweit diese Befürchtung gerechtfertigt ist, ist schwer zu sagen, bisher jedenfalls ist kein Fall bekannt, bei dem die positive genetische Testung auf Hereditäre Hämochromatose zum Ausschluss von der Verbeamtung führte. Deutlich wird aber, ähnlich wie bei den oben beschriebenen Ängsten im Versicherungsbereich, eine handlungsleitende Wirkungsweise dieser Art von Befürchtung: Genetische Tests, die möglicherweise medizinisch sinnvoll oder für die Lebensplanung hilfreich sind, werden den Kindern der Betroffenen vor ihrer angestrebten Verbeamtung nicht empfohlen, sondern in die Zukunft verscho-

---

57 Im August 2003 wurde einer Lehrerin die Einstellung in den Staatsdienst verweigert, da ihr Vater an Morbus Huntington litt – einer spätmanifestierenden, neurodegenerativen erblichen Erkrankung. Zwar kam das amtsärztliche Gutachten zu dem Ergebnis, dass zum Zeitpunkt der Untersuchung keine gesundheitliche Beeinträchtigung der Bewerberin vorlag, die Verbeamtung wurde aber dennoch abgelehnt mit der Begründung, dass eine erhöhte Wahrscheinlichkeit bestehe, dass sie in absehbarer Zukunft erkranken werde (Lemke 2006b, S. 17). Dieser Fall erregte in der bundesdeutschen Öffentlichkeit große Aufmerksamkeit und macht deutlich, dass die Befürchtungen der Betroffenen keineswegs einer realistischen Grundlage entbehren. Bei Lemke 2006 finden sich noch weitere Fälle, in denen die Verbeamtung eine Rolle spielt.

ben.[58] Mit anderen Worten: Es sind nicht nur medizinische Kriterien, sondern auch soziale Gründe (Bedürfnisse nach Versorgung/Absicherung), die die Wahl des Zeitpunkts genetischer Testung bestimmen.

Neben Ängsten, die sich auf die institutionellen Voraussetzungen und Rahmenbedingungen von Beschäftigungsverhältnissen beziehen, finden sich auch Befürchtungen in diesem Bereich, die das kollegiale Verhältnis thematisieren. Benannt wird hier die Angst vor „dummen Sprüchen" (FB 15), vor „Konflikten im Team" (FB 33) oder davor, „schief angeguckt" zu werden (Interview Geist: 138), um nur einige Beispiele zu nennen. Im Zentrum stehen somit interaktionelle Formen von Diskriminierung, die von den Befragten in der Arbeitswelt befürchtet werden. Als Begründung für derartige Befürchtungen wird der Leistungsdruck angeführt, der in dem jeweiligen Arbeitsfeld herrsche. So schreibt beispielsweise eine Erzieherin:

> „Wenn die Eisenüberladung meine Gesundheit beeinträchtigt (Müdigkeit, Gelenkschmerzen usw.) und ich nicht mehr voll belastbar bin, dann müssen Kolleginnen dies auffangen. In einer Kindertagesstätte sind die Arbeitsanforderungen sehr hoch, fällt eine Kollegin immer wieder aus wegen gesundheitlichen Problemen, ist dies für das gesamte Team sehr anstrengend." (FB 33)

Hier wird deutlich, dass die Befürchtungen vor negativen Reaktionen seitens der Kolleg_innen ebenfalls in einem engen Verhältnis zu den institutionellen Voraussetzungen der jeweiligen Beschäftigungsverhältnisse stehen. Aufgrund der institutionellen Gegebenheiten, wie beispielsweise hohe Arbeitsbelastung, sehen die Befragten die Gefahr, mit ihrer Erkrankung Konflikte hervorzurufen. Die Konflikte mit Kolleg_innen resultieren demnach nicht aus individuellen Dissonanzen, sondern basieren auf den institutionellen Voraussetzungen der Arbeitsverhältnisse. Insofern kann man sagen, dass auch Befürchtungen vor interaktionellen Formen der Diskriminierung auf institutionelle Logiken zurückzuführen sind. Im Gegensatz zu den Befürchtungen vor Entlassung oder Verweigerung der Verbeamtung beziehen sich diese Ängste allerdings nicht direkt auf institutionelle Gegebenheiten, sondern vielmehr auf deren indirekten Auswirkungen im Bereich von kollegialen Begegnungen.

---

58 Dieser Aspekt, dass Ängste vor möglichen Benachteiligungen zu einer Verschiebung des Gentests oder gar einer Ablehnung genetischer Testung führen können, wird auch in vorangegangenen Studien beschrieben (vgl. Lapham et al. 1996; Oster et al. 2008; Klitzman 2010). Klitzman verweist darauf, dass die geäußerten Ängste zwar unrealistisch erscheinen mögen, aber handlungsleitend, insbesondere im Hinblick auf die Frage genetischer Testung, seien (Klitzman 2010, S. 79).

Blutspende

Weitere Befürchtungen beziehen sich auf das Feld der Blutspende. Nach der Diagnose einer Hämochromatose gilt der regelmäßige Aderlass zum Abbau des überschüssigen Eisens im Blut als die angemessene Therapieform. Je nach der Höhe des Ferritinwertes im Blut finden die Aderlässe zu Beginn der Behandlung in der Regel ca. einmal die Woche statt und später in größeren Abständen (ca. 2x jährlich), um die Werte zu stabilisieren. Die Durchführung der Aderlässe obliegt in Deutschland den Hausärzt_innen. Für die Betroffenen stellt sich allerdings die Frage, ob der regelmäßig notwendige Abbau des Eisens nicht auch über eine Blutspende erreicht werden könnte. Im Gegensatz zum Aderlass in der Arztpraxis, wo das Blut entsorgt wird, könnte so ihr Blut medizinisch sinnvoll verwendet werden. Allerdings ist die rechtliche Lage zu Blutspende bei Hämochromatosepatient_innen in Deutschland eher unübersichtlich, so dass Personen mit einer genetischen Varianz für Hämochromatose bei einigen Einrichtungen spenden dürfen, in anderen hingegen prinzipiell ausgeschlossen werden.[59]

Von den Betroffenen, so zeigt das empirische Material, äußert ein Großteil den Wunsch, ihr Blut den Blutspendediensten zur Verfügung zu stellen.[60] Sie betrachten ihr Blut als ein potenziell nützliches Gut. Die in den Arztpraxen gängige Entsorgung des Blutes nach einem Aderlass wird von ihnen deshalb als herabwürdigende Prozedur beschrieben, als sinnlose Verschwendung wertvoller Ressourcen. So heißt es beispielsweise

> „Ein anderer Punkt ist, das werden sie wahrscheinlich auch wissen, das ist, ja, man kann das so nennen, Diskriminierung beim Blut spenden. [...] Ich möchte auch zum Ausdruck bringen, mein Blut ist nicht für die Toilette gemacht, sondern das ist jetzt wirklich nutzbar und ich kann anderen damit helfen." (Interview Sennheiser: 507ff.)

Trotz dieses deutlichen Interesses an einer Blutspende bleibt es zumeist bei dem Wunsch, lediglich eine der Betroffenen äußert, dass sie tatsächlich regelmäßig zur Blutspende gehe.[61] Alle anderen befürchten, dass die Blutspendedienste ihr Blut nicht annehmen und unternehmen deshalb auch nicht den Versuch einer Spende. Dies ist umso erstaunlicher, als vor allem in den Interviews deutlich wird, dass die Befragten durchaus auch über Informationen zu Möglichkeiten der

---

59 Zu weiteren Aspekten der Blutspende bei Hämochromatose vgl. Manz/Rüppel in diesem Band.
60 Lediglich eine der Befragten gibt dezidiert an, die Verwendung des Blutes sei für sie bedeutungslos (Interview Schindler: 460).
61 Hierbei handelt es sich um eine junge Frau, die sich entschieden hat, ihre Erkrankung beim Blutspendedienst nicht anzugeben. „Ich habe mich belesen, in der Fachliteratur steht ja, dass man zum Blutspenden nicht geeignet ist. Ich bin aber aufgrund der Diagnose zur Reha gefahren. Und da war auch ein Spezialprofessor, der die ganzen Patienten betreut hat. Und der hat gesagt, man kann trotzdem zur Blutspende gehen. Und dementsprechend gehe ich regelmäßig zur Blutspende – und sage das aber nicht." (Interview Weber: 178 ff.)

Blutspende verfügen, beispielsweise über Kontakte zu einer Ärztin an einer Uniklinik, die Hämochromatosepatient_innen zur Blutspende annimmt oder durch Informationen der Selbsthilfegruppe, die auf die gängige Blutspendepraxis in anderen Ländern hinweisen. Es ist den Betroffenen somit zwar bewusst, dass die Ablehnung der Blutspende bei Hämochromatosepatient_innen keineswegs unumstritten ist, letztlich gibt aber keiner der Befragten an, mit der Diagnose Hämochromatose zu einem Blutspendedienst gegangen zu sein.

Die Gründe für dieses Vermeidungsverhalten bleiben dabei diffus. Befürchtet wird eine Zurückweisung, der man sich nicht aussetzen möchte. So heißt es beispielsweise bei einer Befragten, die jahrelang Blut gespendet hat, aber seit der Diagnose nicht mehr zur Blutspende geht:

> „Ich mag die Ablehnung nicht. Also, ich weiß ja, dass ich abgelehnt werde." (Interview Bussegger: 587f.)

Woraus dieses Wissen resultiert, bleibt allerdings unklar. Auf Nachfrage erklärt die Befragte, „also, ich weiß, ich darf nicht" (Interview Bussegger: 594). In eine ähnliche Richtung gehen Äußerungen wie „es hieß ja immer, es darf nicht sein" (Interview Schindler: 452), „das Blut wird nicht genommen" (FB 8) oder „die nehmen es ja nicht, das Blut" (Interview Wolff: 277). Die Befragten antizipieren demnach eine Zurückweisung durch die Blutspendedienste, sie gehen mit der widersprüchlichen Situation der Blutspende für Hämochromatose-Betroffene in Deutschland derart um, dass sie das Risiko einer Zurückweisung umgehen. An dieser Stelle zeigt sich, ähnlich wie bei der Frage nach genetischer Testung vor einer angestrebten Verbeamtung, die handlungsleitende Wirkungsweise von Befürchtungen. Auch wenn es nach den eigenen Wertvorstellungen sinnvoller erscheint Blut zu spenden statt in den Artpraxen einen Aderlass durchzuführen, meiden die Betroffenen diesen Weg aus Angst vor möglicher Zurückweisung. Das Wissen um Spendepraktiken in anderen Ländern wird zwar als Information zur Kenntnis genommen, handlungsleitend aber sind die Befürchtungen.

Erkrankung/Behinderung

In fünf der 15 Interviews äußern die Befragten Befürchtungen im Hinblick auf die gesellschaftlichen Konsequenzen der Genetik. Mit der wachsenden Bedeutung genetischen Wissens in der Medizin verändere sich, so die Interviewten, auch die gesellschaftspolitische Situation im Umgang mit Krankheiten und/oder Behinderungen. Sie befürchten eine zunehmende Stigmatisierung Erkrankter und deren Familien. So äußert beispielsweise Frau Messinger, eine Frührentnerin Mitte Fünfzig, ihre Ängste wie folgt:

> „Na ja, also Gendefekt oder so etwas, da denkt man ja schon auch an andere Krankheiten, die mit Gendefekten in Verbindung gebracht werden. Da kommt die Frage:

Was ist denn mit der noch? Da stimmt irgendwas nicht, das kann man weitervererben und oh, was ist da?" (Interview Messinger: 376ff.)

In dem Zitat wird eine Stigmatisierung der eigenen Person/Familie befürchtet („Was ist denn mit der noch"), die aber durch die unpersönliche Begriffswahl eingebettet wird in eine breitere Problematik („da denkt man schon", „das kann man weitervererben" etc.). Indem die Befragte nicht von ihren persönlichen Ängsten spricht, sondern diese auf eine allgemeine Ebene hebt, distanziert sie sich einerseits und verweist andererseits auf ein Problem, das über den individuellen Fall hinausweist. Denn mit der Rede vom „Gendefekt", der sich zunächst nur auf die einzelne Erkrankung einer Person bezieht, wird eine Logik des Verdachts in Gang gesetzt, die sich gegen weitere Familienmitglieder richtet und sich auch auf andere Erkrankungen ausweitet. Dieser Mechanismus wird von der Betroffenen befürchtet und durch ihre distanzierte Beschreibung als überindividuelles Problem markiert.

Neben der Stigmatisierung befürchten die Befragten auch neuen Formen der Selektion von Erkrankten infolge der wachsenden technologischen Möglichkeiten. Hier heißt es:

„Ich sehe es aber auch als Gefahr, gerade im Hinblick auf die Richtung Kinder kriegen. Und dann eben so ein super gesundes Kind zusammen basteln, jetzt mal so in Anführungsstrichen. Also, das denke ich, ist schon die Gefahr." (Interview Weber: 364-367)

Worauf diese Befürchtung gründet, bleibt hier allerdings offen, es erscheint eine „Gefahr" am Horizont, deren bedrohliche Existenz vorausgesetzt wird und die keiner näheren Erläuterung, trotz Nachfragen im Interview, bedarf. Konkreter dagegen äußert sich ein anderer Interviewter mit Bezug auf mediale Debatten

„Und in dieser Diskussion sind öffentlich, [...] in öffentlichen Medien frei zugänglich, haben Experten diskutiert, dass behinderte Menschen, um ihrem Leben überhaupt noch einen Sinn für die Gesellschaft zu geben, dazu gezwungen werden dürften, dass man medizinische Versuche mit ihnen macht [...] Das ist Nazi-Politik, ja! Und dass das diskutiert werden darf, ohne dass die Jungs in den Knast gehen, da habe ich halt immer wieder auch Angst. Insofern hat das auch mit dieser genetischen Geschichte zu tun. Wenn so etwas passieren würde, dass es direkt nach der Geburt erlaubt werden würde, so etwas zu machen, das ist ein Schritt zu Orwell 1984." (Interview Niemeyer: 494ff.)

In diesem Zitat werden zwei Bezüge angeführt, die als Begründung für die Ängste und Befürchtungen herangezogen werden: „Nazi-Politik" und „Orwell 1984". Die nationalsozialistische Vernichtungspolitik dient hier als Hintergrundfolie einer historischen Erfahrung, mit deren Hilfe die gegenwärtige Situation skandalisiert wird. Die öffentliche Diskussion über medizinische Versuche an Menschen mit Behinderungen erinnert den Befragten an die Euthanasie-Politik während der NS-Zeit und lässt ihn eine ähnliche Entwicklung für die Gegenwart befürchten („da hab ich halt immer wieder auch Angst"). Derartige Bezüge auf die NS- Zeit finden sich im dem hier vorgestellten Material nur an dieser Stelle, bei anderen Krankheitsbildern dagegen sind sie häufiger vorhanden. So zeigt beispielsweise die Studie von Lemke (2006) zur Huntington-Krankheit, dass hier „Hitlers lange Schatten" weitaus deutlicher präsent sind (ebd., S. 92-95). Diese Unterschiede verweisen auf die unterschiedliche Historie der beiden Erkrankungen. Während Betroffene der Hereditären Hämochromatose keiner spezifischen Verfolgung während der NS-Zeit ausgesetzt waren, fiel die Huntington-Krankheit unter das „Gesetz zur Verhütung erbkranken Nachwuchses". Insofern ist für Betroffene der Huntington-Krankheit die Erfahrung von Selektion und Vernichtung eine konkrete, in die jeweilige Familiengeschichte eingebettete Erfahrung, so dass der Bezug zur NS-Zeit hier näher liegt. Diese Bezugnahme ist zu verstehen als Ausdruck eine „kollektiven Gedächtnisses" (Halbwachs 1991), wobei das „kommunikative Gedächtnis" (Assmann 1992), das heißt die mündlich weitergegebene, gruppengebundene (hier: familiäre) Erfahrung, die Betroffenen offensichtlich stärker für das Diskriminierungspotenzial genetischer Diagnostik sensibilisiert als es das „kulturelle Gedächtnis" (ebd.) vermag.

Neben dem Verweis auf den Nationalsozialismus findet sich in dem vorliegenden Zitat auch ein Bezug auf Orwells Dystopie „1984". Damit wird gleichzeitig auch ein zukünftiges Schreckensszenario entworfen, es wird verdeutlicht, in welche gesellschaftspolitische Situation derzeitige Debatten um gentechnologische Entwicklungen führen könnten („das ist ein Schritt zu Orwell 1984"). Die Auflösung individueller Handlungsmöglichkeiten, andauernde staatliche Kontrolle, die Ausrichtung an der Verwertung des Menschen etc. – all diese Elemente sind in Orwells 1984 enthalten und werden mit dem Verweis auf diesen Roman als Ängste für die Zukunft deutlich. Auch dieser Bezug auf den mittlerweile 65 Jahre alten Roman von Georg Orwell kann als Ausdruck eines „kulturellen Gedächtnisses" gelesen werden, welches sich unter anderem in Form ausgewählter Texte konstituiert (Assmann 1988, S. 12ff.). Als Teil des kulturellen Gedächtnisses gerät der Roman zum Fixpunkt für den Entwurf eines totalitären Staates und damit zum Angebot, Ängste in diese Richtung zu artikulieren.

4 Befürchtungen vor Diskriminierung im Kontext genetischen Wissens

Die Zunahme genetischen Wissens geht mit Ängsten der Betroffenen vor Benachteiligung und Andersbehandlung einher. Wie auch in anderen Studien dokumentiert, zeigt die vorliegende Untersuchung zu Hereditärer Hämochromatose ein breites Spektrum an Ängsten und Befürchtungen, die für die Betroffenen mit der genetischen Diagnose ihrer Erkrankung verknüpft sind. In den Feldern Versicherungen, Arbeitsverhältnisse, Blutspendedienste und Umgang mit Erkrankung/Behinderung fürchten die Betroffenen Benachteiligungen und Formen der Anders- und Schlechterbehandlung ausgesetzt zu sein.

Die Bedeutung dieser Ängste liegt zum ersten in ihrer Handlungsrelevanz. Ängste und Befürchtungen konfigurieren die Rahmenbedingungen und Voraussetzungen des Handelns. Aufgrund befürchteter Diskriminierung raten die Befragten ihren Kindern und Nichten/Neffen von einem Gentest ab, solange diese noch nicht alle für sie als notwendig erachteten Versicherungen abgeschlossen haben oder aber eine Verbeamtung anstreben. Auch nutzen die Betroffenen keine Blutspendedienste, obwohl dies die allermeisten von ihnen gerne täten. Aus Angst vor Zurückweisung durch die Spendeorganisationen wählen sie lieber den für sie belastenderen Weg des Aderlasses bei Hausärzt_innen. In beiden Fällen sind Ängste und Befürchtungen handlungsleitend für Entscheidungen. Zum zweiten liegt die Bedeutung von Ängsten und Befürchtungen in den Folgewirkungen derselben auf das psychische und soziale Wohlbefinden der Betroffenen. Die Betroffen schildern nicht nur, dass sie die Blutspende zu vermeiden suchen, sie berichten darüber hinaus auch, dass sie die antizipierte Zurückweisung ihrer Blutspende als diskriminierend wahrnehmen. Sie empfehlen ihren leiblichen Kindern keinen Gentest zu machen, sind darüber hinaus aber auch in Sorge um die soziale Absicherung ihrer Kinder. Die Befragten kommunizieren ihre Erkrankung nicht an ihrem Arbeitsplatz oder gegenüber Versicherungen, sorgen sich darüber hinaus aber auch um den Verlust ihres Arbeitsplatzes, höhere Versicherungsbeiträge und die Verweigerung von Versicherungsleistungen. Die genetische Dimension ihrer Erkrankung fügt den Betroffenen demnach zusätzliche psychische und soziale Belastungen hinzu, die bearbeitet und bewältigt werden müssen. Ängste und Befürchtungen vor Diskriminierung im Kontext genetischen Wissens müssen somit sowohl im Hinblick auf ihre handlungsleitende Funktion als auch im Hinblick auf psychische Belastungsmomente in den Blick genommen werden.

Doch worauf basieren die genannten Befürchtungen, was sind die Hintergründe dieser Ängste, wie lassen sich diese verstehen? Deutlich wird hier ein *Wissen der Betroffenen über institutionelle Diskriminierungen*. Im Falle institutioneller Diskriminierung sind Benachteiligungen in die Alltagskultur von Organisationen und in die Berufskultur der in ihnen tätigen Professionellen eingebettet (Gomolla 2010, S. 77). Für das empirische Material heißt das beispielsweise im Falle der Blutspende, dass die Blutspendedienste je nach Interpretation der Richtlinien die Spende von Hämochromatose-Betroffenen aus medizinischen Gründen ausschließen (organisationale Einbettung) und die dort tätigen Ärzt_innen die Spendewilligen entsprechend medizinischer Kriterien klassifizieren (professionelles Handeln der Ärzte), so dass es zur Ablehnung der Spendewilligen kommt. Die Furcht vor einem derartigen Ausschluss verweist darauf, dass die Befragten die Funktionsweise institutioneller Diskriminierung kennen und zu vermeiden suchen. Dieses Wissen speist sich dabei aus unterschiedlichen Quellen. Im Falle der Krankenversicherung beruht es auf konkreten negativen Erfahrungen, im Falle der Lebensversicherung wird eher die mediale Berichterstattung herangezogen. In Bezug auf Arbeitsverhältnisse wiederum ist es die langjährige Teilhabe an diesem institutionellen Kontext, die den Betroffenen dessen spezifische Diskriminierungsmöglichkeiten vermittelt. Vorangegangene Diskriminierungserfahrungen, mediale Informationen oder auch die Teilhabe an spezifischen institutionellen Kontexten bringen somit ein Wissen über institutionelle Diskriminierung hervor, das die Betroffenen Diskriminierungen im Kontext genetischen Wissens befürchten lässt.

Darüber hinaus ist es aber auch *das genetische Wissen selbst, das ein Diskriminierungspotenzial birgt* und somit Ängste auslöst. In dem Material manifestiert sich dies zum einen in der Unsicherheit genetischen Wissen. Diese zeigt sich beispielsweise bei Fragen der Blutspende (gilt eine genetische Veränderung als chronische Krankheit?), aber auch bei Fragen der Lebensversicherung oder Verbeamtung, da die gesundheitlichen Folgen der Genvariation nicht verlässlich prognostiziert werden können. Zum zweiten gelten genetische Daten den Betroffenen als persönliche Daten, die eines besonderen Schutzes der Privatsphäre bedürfen. Die in dem Material offensichtlichen Ängste vor einer ungeschützten Weitergabe von Daten resultieren demnach auf „larger concerns of privacy protection and disclosure of issues that are preferred to be kept as ‚family secrets'." (Geelen et al 2012, S. 1021) Und zum dritten schließlich sind Fragen der Genetik immer auch verbunden mit der im „kulturellen Gedächtnis" verankerten historischen Erfahrung der nationalsozialistischen Selektionspolitik, so dass genetisches Wissen auch Ängste in Richtung Selektion und Vernichtung auslöst. Ängste und Befürchtungen vor Diskriminierungen im Kontext genetischen Wissens resultieren, so lässt sich abschließend festhalten, aus einem komplexen Geflecht aus Wissensbeständen über institutionelle Diskriminierungen, spezifischen Merkmale genetischen Wissens (unsicher, privat) sowie kulturellen Wissensbeständen. Es scheint deshalb wenig verwunderlich, dass gesetzliche Regelungen die Betroffenen nicht zu beruhigen vermögen und Ängste trotz rechtlicher Schutzbestimmungen bestehen bleiben. Vielmehr verdeutlichen die Ergebnisse dieser Studie die Notwendigkeit, die Frage genetischer Diskriminierung von ihrer Reduzierung auf rechtliche Fragen zu lösen und sich den darüber hinausgehenden Bedeutungsebenen genetischen Wissens zuzuwenden.

„Wir kriegen eben halt kein krankes Kind mehr". ‚Reproduktionsverantwortung' im Umgang mit der Vererbung von Cystischer Fibrose

Bettina Hoeltje/Katharina Liebsch

Das 2010 verabschiedete Gendiagnostikgesetz (GenDG) verbietet die Diskriminierung von Personen aufgrund ihrer genetischen Eigenschaften.[62] Trotzdem wird weiterhin vor möglicher Diskriminierung im Zusammenhang mit genetischer Diagnostik gewarnt, beispielsweise durch den Deutschen Ethikrat, der in seiner Stellungnahme *Die Zukunft der genetischen Diagnostik* aus dem Jahr 2013 eine Reihe von „ethischen Herausforderungen" (Deutscher Ethikrat 2013, S. 112-167) auflistet. Er verweist unter anderem auf die Gefahr, dass eine schwangere Frau durch Gendiagnostik „zu einer Art Qualitätskontrolle des Kindes gedrängt" werden könnte und ihr ggf. die Geburt eines kranken Kindes vorgeworfen werde, wenn sie sich keiner Pränataldiagnostik (PND) unterzieht (ebd., S. 159). Ein solches Szenario legt für die in unserem Forschungsprojekt behandelte Frage nach genetischer Diskriminierung in Deutschland zum einen nahe, dass neben faktischen Benachteiligungen von Personen, bei denen eine genetische Mutation nachgewiesen wurde, auch normative Erwartungen, Verantwortungspostulate sowie Ängste und Befürchtungen das ungeborene Leben betreffend zum Problemhorizont von genetischer Diskriminierung gehören. Zum zweiten ist damit auch die Frage aufgeworfen, welche Art von Benachteiligung und Stigmatisierung mit Erbgängen verbunden sein kann, in denen die Eltern als ‚Träger' einer rezessiv vererbbaren Genmutation gesund sind, deren Kinder aber an einer genetisch bedingten Krankheit leiden.

Beide Fragen sind mit dem vorherrschenden Begriffsverständnis von genetischer Diskriminierung, die vor allem die Personenkategorie der „asymptoma-

---

62 „§ 1 Zweck des Gesetzes: Zweck dieses Gesetzes ist es, die Voraussetzungen für genetische Untersuchungen und im Rahmen genetischer Untersuchungen durchgeführte genetische Analysen sowie die Verwendung genetischer Proben und Daten zu bestimmen und eine Benachteiligung auf Grund genetischer Eigenschaften zu verhindern, um insbesondere die staatliche Verpflichtung zur Achtung und zum Schutz der Würde des Menschen und des Rechts auf informationelle Selbstbestimmung zu wahren." (GenDG 2009, S. 2)

tisch Kranken (Billings et al. 1992, S. 479) in den Blick nimmt – also nach Teilhabebeschränkung von Menschen und deren Verwandten fragt, bei denen eine genetische Mutation nachgewiesen wurde, die aber (noch) nicht erkrankt sind – nicht zu bearbeiten. Da Personen mit einer rezessiv vererbbaren Genmutation (in den allermeisten Fällen) nicht aufgrund dieser Mutation erkranken, trifft die Bezeichnung „asymptomatisch *Kranke*" auf sie nicht zu. Auch auf Ungeborene kann der Begriff nicht angewendet werden, da sie keinen Personen-Status haben. Darüber hinaus ist durchaus vorstellbar, dass auch Kinder, die an einer Krankheit leiden, die auf die von beiden Eltern weitergegebene Mutation zurückgeht, Benachteiligungen im Zusammenhang mit ihren *genetischen* Merkmalen erleben. Diese Aspekte sollen im Folgenden am Beispiel der Teilstudie zu Mukoviszidose (auch Cystische Fibrose, CF) veranschaulicht und darauf hin diskutiert werden, ob und wenn ja welche Differenzierungen sie für den Begriff der genetischen Diskriminierung nahelegen.

Dazu wird zunächst der medizinische Wissensstand zum Krankheitsbild der CF referiert, da Erbgang und Erkrankungsrisiko die „genetischen Eigenschaften" sowie das Diskriminierungspotenzial der von CF betroffenen Personen kennzeichnen. Je nach Spezifik der in Rede stehenden genetischen Mutation entstehen unterschiedliche (Personen-)Gruppen – z.B. ,Genträger, die selbst nicht krank sind', ,ungeborene Kranke', ,ungeborene Genträger' sowie ,erkrankte Genträger', – die in unterschiedlicher Form von genetischer Diskriminierung betroffen sein können. In einem zweiten Schritt beschreiben wir die Stichprobe der Teilstudie, die Methode der Interpretation und präsentieren die Bandbreite und Vielschichtigkeit der Ergebnisse, die insbesondere den Bereich der Familienplanung betreffen. Abschließend diskutieren wir die Frage, inwieweit die berichteten Erfahrungen von Kränkung und Stigmatisierung als genetische Diskriminierung im Sinn der bisher einschlägigen Definition zu fassen sind, und welche Rolle der Kategorisierung von Personen als ,Genträger' dabei zukommt. Dabei gehen wir davon aus, dass die Verhandlung und Aushandlung von normativer Geltung nicht nur durch Recht, sondern gleichermaßen durch Konvention und Moral bestimmt werden und es deshalb erforderlich ist, auch den ,Graubereich', also die ,Vorformen' genetischer Diskriminierung zu erfassen. Dafür geben die von uns erhobenen Erzählungen der Betroffenen eine Reihe von Anhaltspunkten. Sie zeigen, wie das genetische Wissen über die eigene genetische Disposition den Blick auf sich selbst und die Familie verändert, wie sich „der genetische Code als Bio-Grafie in das Leben der Subjekte einschreibt" (Lemke 2000, S. 250) sowie zu Verhaltensnormen und Handlungsweisen im Bereich der Familienplanung führt, in denen sich das Postulat einer „genetischen Verantwortung" (Hallowell 1999b, S. 98) Geltung verschafft. Diese empirischen Facetten werden unter der Fragestellung gelesen, ob und ggf. wie die Aneignung der genetischen Diagnose im Koordinatenkreuz von Selbst- und Fremdwahrnehmung spezifische Technologien der Selbstführung und neue Risiken von Ungleichbehandlung mit sich bringt.

1 Zum medizinischen Wissensstand um Cystische Fibrose (CF)

Cystische Fibrose ist in Europa eine der häufigsten angeborenen Stoffwechselerkrankungen, ungefähr jede_r 25. Bundesbürger_in ist ‚Träger' und die Prävalenz (Krankheitshäufigkeitsrate) liegt in Deutschland bei ca. 1:2.500, d.h. auf ca. 2.500 Neugeborene kommt ein an CF erkranktes Kind (Schöffski 2000, S. 70/71). CF wird verursacht durch Mutationen des CFTR-Gens (Cystic Fibrosis Transmembrance Conductande Regulator) auf dem 7. Chromosom und es sind mehr als 1000 Mutationen des CFTR-Gens bekannt (Deutsche Gesellschaft Pädiatrische Infektiologie 2013, S. 636f.). Die klinische Symptomatik besteht in der Zähflüssigkeit der Sekrete exokriner Drüsen[63], in massiven Störungen vor allem im Bereich der Atemwege, des Verdauungssystems sowie der Fortpflanzungsorgane. Es gibt aber auch – je nach Mutation und Ausprägung der Symptome – Menschen mit minimalen Einschränkungen, normaler Lebenserwartung und Fortpflanzungsfähigkeit. Die Krankheit wird autosomal-rezessiv vererbt und die Wahrscheinlichkeit, ein an CF erkranktes Kind zu bekommen, liegt bei heterozygoten Eltern bei 25%. Ist ein Elternteil homozygot liegt sie bei 50% und wenn beide Eltern homozygot sind bei 100%. Dies kommt allerdings selten vor, da die Erkrankten häufig unfruchtbar sind.

Die Krankheit wird entweder mit Hilfe eines „Schweißtests", der einen erhöhten Chlorid-Ionengehalt feststellt, oder durch einen Gentest nachgewiesen. Bislang ist das von vielen Selbsthilfegruppen geforderte Neugeborenen-Screening in Deutschland nicht etabliert. Nur Mecklenburg-Vorpommern bietet ein Neugeborenen-Screening an, in dem auch der Nachweis auf Mukoviszidose möglich ist. Dieses Screening beinhaltet eine Kombination aus genetischer und nicht-genetischer Diagnostik (Stopsack/Hammermann 2009). Neben der dadurch möglichen frühzeitigen Diagnose von CF-homozygoten Neugeborenen entsteht im Zuge der genetischen Testung auch ein Datenpool mit CF-heterozygoten Personeninformationen, dessen Verwaltung und Verwahrung rechtliche Fragen aufwirft.

Bei Cystischer Fibrose können lediglich die Symptome behandelt werden und die Penetranz wird mit 100% angegeben (Ratjen 2009, S. 595). Allerdings wird diese Angabe durch CF-Diagnosen bei Personen in höherem Lebensalter

---

63 Anders als endokrine Drüsen, die ihre Sekrete in den Blutkreislauf abgeben, geben exokrine Drüsen ihr Sekret in einen Hohlraum, z.B. in den Darm, oder über die Haut, z.B. als Schweißdrüse, ab.

relativiert, z.B. bei Prüfung der Gründe für Infertilität bei Männern, die ansonsten keine CF-typische Symptomatik gezeigt haben (Ahmad et al. 2013).[64] Diese Fälle lassen erahnen, dass auch die medizinischen ‚Fakten' der Cystischen Fibrose Ausdruck eines relativen medizinischen Kenntnisstandes und einer jeweils revidierbaren Interpretation der Konzepte über Ursachen, Wirkungsweisen etc. sind. Zudem hat sich durch die Möglichkeit der Bestimmung der individuellen Mutation sowie durch neue Medikamente die Lebenserwartung der Erkrankten verbessert: Vor ca. 20 Jahren starben CF-Patient_innen mit manifester Symptomatik meist im Kindesalter, heute liegt die Lebenserwartung bei etwa 37 Jahren und ca. 50% der Erkrankten sind erwachsen. Auch durch Lungentransplantationen können Patient_innen eine deutlich längere Lebenserwartung erreichen, sofern das fremde Gewebe nicht abgestoßen wird (Gee et al. 2003; Britto et al. 2002; Szyndler et al. 2005). Somit entsteht hier eine Personengruppe von Erkrankten, für die ein Kinderwunsch thematisch werden kann, die es vor etwa 20 Jahren noch gar nicht gab. Parallel zu diesem Fortschritt in der Behandlung von CF entwickelten sich auch die Methoden der Pränataldiagnostik (PND) und der Präimplantationsdiagnostik (PID), mit deren Hilfe der CF-Genstatus eines Fötus' bestimmt werden kann. Wird ein Paar auf natürlichem Wege schwanger, kann ab der 11. Schwangerschaftswoche mittels Chorionzottenbiopsie oder Amniozentese festgestellt werden, ob das Ungeborene erkrankt sein wird (ob je eine Mutation von beiden Eltern vererbt wurde) oder gesund sein wird (Träger nur einer elterlichen Mutation oder keiner Mutation). Darüber hinaus gibt es für Paare, bei denen aufgrund ihrer genetischen Anlage eine schwerwiegende Erbkrankheit beim Kind wahrscheinlich ist, seit Juli 2011 auch die Möglichkeit, eine Präimplantationsdiagnostik (PID) in Anspruch zu nehmen. Diese kommt bei einer künstlichen Befruchtung zum Einsatz, indem fünf bis sechs Tage nach Befruchtung Zellen untersucht werden, die väterliches und mütterliches Erbgut enthalten. Im Falle, dass die befruchtete Eizelle beide elterlichen Mutationen enthält, kann von einer Einpflanzung und Austragung dieser Eizelle abgesehen werden.

---

64 Diese Einschätzung vertrat auch der Biologe und Humangenetiker Dr. Winfried Schmidt, der in einem zertifizierten Labor für CF-Diagnostik tätig ist und mit dem wir im Februar 2013 ein exploratives Interview geführt haben. Er wies darauf hin, dass zumeist nur das Vorliegen der identischen Mutation auf beiden elterlichen Allelen beschrieben wird, zum Beispiel Delta F508 homozygot.
Die Patient_innen mit einer milden, atypischen Mukoviszidose zeigen häufig Kombinationen von:
– zwei unterschiedlichen milden Mutationen (compound heterozygot),
– zwei identischen, milden Mutationen auf beiden elterlichen Allelen (homozygot),
– oder eine schwere und eine milde Mutation (compound heterozygot).
Siehe auch Ärzteblatt 10/2014 (http://www.aerzteblatt.de/nachrichten/59150/Mukoviszidose-CFTR-Korrektor-plus-Potentiator-bessert-Lungenfunktion).

2 Gewinnung und Auswertung der Daten in der Teilstudie zur Cystischen Fibrose

Das empirische Material der Fallstudie wurde in drei Erhebungsschritten generiert. Die erste Datensammlung fand mittels einer Fragebogenerhebung im Zeitraum von März bis Dezember 2011 statt. Der Fragebogen enthielt geschlossene und offene Fragen nach den Erfahrungen mit der genetischen Diagnose. Entsprechend der Forschungsfrage war es Ziel, negative oder auch positive Erfahrungen mit der Diagnose in verschiedenen Kontexten zu erheben (Berufsfeld, Versicherungen, Gesundheitssystem, soziales Umfeld etc.) sowie in offenen Fragen die Möglichkeit zu geben, die eigenen Erfahrungen frei zu formulieren. Der Fragebogen wurde über Selbsthilfegruppen und Mukoviszidose-Ambulanzen verteilt (465 verschickte/verteilte Fragebögen; Rücklaufquote 16%). 39 Personen nutzten die Möglichkeit, den Fragebogen online auf der Internetseite des Projekts zu beantworten (www.genetischediskriminierung.de). Insgesamt lagen 113 ausgefüllte Fragebogen vor (66% Frauen, 34% Männer). 63 dieser Personen waren an CF erkrankt, 50 waren Eltern erkrankter Kinder.[65]

In der Fragebogenerhebung konnten Personen ihre Kontaktdaten für persönliche Interviews angeben. Hieraus rekrutierten wir die Gesprächspartner_innen für die zweite Erhebungsphase, in der wir zwischen April und Oktober 2012 18 Leitfaden gestützte Interviews führten; 14 mit Eltern von an CF erkrankten Kindern (13 Frauen, ein Mann) sowie vier mit erkrankten Personen (eine Frau, drei Männer). Der Interviewleitfaden – gleich für Erkrankte und sog. Genträger – wurde auf der Grundlage der Auswertung vor allem auch der offenen Antworten der Fragebogenerhebung entwickelt und fokussierte das persönliche Erleben der Betroffenen mit der genetischen Diagnose. Gefragt wurde danach, wie die Person von ihrer genetischen Disposition erfahren hat, was die genetische Diagnose für sie bedeutet und mit welchen Gefühlen sie verbunden war/ist, an wen sie diese Information weitergab und an wen nicht, warum sie hiervon ggfs. nichts erzählte und wie ihr soziales Umfeld auf die Information über die genetische Disposition reagierte. Ziel war hierbei, die Erfahrung mit der genetischen Diagnose narrativ deutlich werden zu lassen, also zu erheben, wie und in welcher Form die Betroffenen dem genetischen Wissen in ihren Erzählungen Bedeutung und Sinn geben. Die interviewten Eltern waren zwischen 32 und 59 Jahre alt; nur zwei Personen waren jünger als 40 Jahre. Die Altersspanne ihrer erkrankten Kinder reichte von 2 bis 36 Jahren. Alle befragten Eltern wurden von der Erkrankung ihres Kindes überrascht, es gab vorher keine bekannten CF-Erkrankungen in der Familie. Die vier erkrankten Befragten sind zwischen 19 und 41 Jahre alt, kinderlos, drei haben eine abgeschlossene Ausbildung und sind

---

65 Zu den Ergebnissen der Fragebogenerhebung siehe Lemke et al. 2013.

berufstätig, eine absolviert nach dem Abitur ein Freiwilliges Soziales Jahr. Drei Personen sind vergleichsweise schwer erkrankt (Lungentransplantation, Diabetes, Infektion mit multi-resistenten Erregern).

Der dritte Erhebungsschritt diente der Fokussierung von Fragen nach der Bandbreite der klinischen und genetischen Variationen von CF und deren Bedeutung für die medizinische und gendiagnostische Beratung im Kontext von Pränataldiagnostik, Reproduktionsmedizin und Präimplantationsdiagnostik bei einer Disposition für genetisch bedingte Erkrankungen. Hier wurden zur Vorbereitung der empirischen Erhebung im Sommer 2011 Interviews mit zwei Kinderärzten einer CF-Ambulanz geführt; im August und September 2013 führten wir Interviews mit einer Ärztin einer Schwangerschaftskonfliktberatungsstelle, einem Humangenetiker einer privaten Praxis für Reproduktionsmedizin, einer Humangenetikerin eines Pränatalzentrums, einer Humangenetikerin einer Beratungsstelle an einem Krankenhaus sowie mit Vertreter_innen von Nicht-Regierungsorganisationen. Die Einblicke und Überlegungen der befragten Expert_innen wurden im Rahmen eines Gruppengesprächs mit Mitgliedern einer CF-Selbsthilfegruppe diskutiert.

Zur Methode der Interpretation der Interviews

Die Gespräche dauerten in der Regel eine Stunde, wurden transkribiert und in einer Mehrpersonenperspektive durch die Forschungsgruppe vertikal und horizontal ausgewertet (Haubl/Liebsch 2010, S. 12). In der vertikalen Interpretation wurde die jeweilige individuelle Geschichte der Interviewten Sinn verstehend rekonstruiert, die für die relevanten thematischen Felder signifikanten Erzählfacetten identifiziert, Brüche und Widersprüche in den Erzählungen konstatiert, Ko-Produktionen hinsichtlich der Interaktion zwischen Interviewten und Interviewerin methodisch reflektiert sowie eine Erweiterung der thematischen Felder dort vorgenommen, wo sich jenseits des definierten Rasters des Forschungsinteresses relevante Gesichtspunkte der Erzählungen zeigten, die über bisher berücksichtigte Aspekte hinaus gingen. Unser Umgang mit dem Material und die damit verknüpfte Suchstrategie waren zweifach ausgerichtet: Deduktiv, indem geprüft wurde, ob Fälle genetischer Diskriminierung im Sinne der bisher gängigen Definition im Material zu finden sind; induktiv, als dass die Berichte der Interviewten über ihr Erleben der genetischen Diagnose, über Reaktionen ihres Umfeldes oder über diesbezügliche negative Erfahrungen expliziert, gesammelt und thematisch gruppiert wurden. Dieses Vorgehen erwies sich angesichts des bisher wenig bearbeiteten Forschungsfeldes als produktiv.[66]

---

[66] Für einen Überblick die Bedeutung von Genträgerschaft von CF betreffend siehe z.B. Lewis et al. 2011.

Zugleich aber, und dies macht eine methodologische Vorbemerkung erforderlich, verneinten fast alle an der Fallstudie teilnehmenden Personen zunächst – überrascht oder auch irritiert – die Frage danach, ob sie negative Erfahrungen aufgrund ihrer genetischen Veranlagung gemacht hätten. Die befragten Eltern verwiesen auf ihren Genstatus, der bei CF in der Regel bedeute, kein Erkrankungsrisiko zu haben.[67] Damit sagten sie implizit, dass man ohne Erkrankungsrisiko und ohne Krankheitssymptome eine genetische Diskriminierung nicht erleiden könne. So reagierte auch die Mehrheit von Eltern auf den Fragebogen: Sie formulierten teilweise explizit ihr Unverständnis gegenüber der Vermutung, sie könnten von einer Benachteiligung aufgrund ihres Genstatus betroffen sein. Einige erklärten ausdrücklich, der Fragebogen richte sich ja eigentlich an ihr erkranktes Kind, an dessen Stelle sie nun antworteten. Bis auf drei Ausnahmen nannten Eltern wie Erkrankte in der Fragebogenerhebung ausschließlich Benachteiligungen im Zusammenhang mit den CF-Krankheitssymptomen. Im Fokus der Berichte der Eltern standen die Belastung mit der Versorgung des erkrankten Kindes sowie mangelnde Unterstützung durch Krankenkassen, Versicherungen und im Berufsfeld; im Fragebogen gaben dazu 40% der Eltern negative Erfahrungen an. Auch die Erkrankten verneinten eine Benachteiligung aufgrund der genetischen Ursache ihrer Erkrankung und beschrieben Erfahrungen von mangelnder Unterstützung im Zusammenhang mit ihrer Erkrankung.[68] Dabei berichteten 67% der Erkrankten über negative Erfahrungen.

Die erstaunte Reaktion auf unsere Fragen nach negativen Erfahrungen, die sich nicht auf die Erkrankung, sondern „nur", wie eine Teilnehmerin formulierte (Fb 66), auf die genetische Veranlagung beziehen, muss als empirisches Datum gewertet werden. Offenbar liegt eine sich an der genetischen Veranlagung festmachende Benachteiligung oder Diskriminierung für diese Personengruppe nicht per se auf der Hand. Erst die Befragung selbst stellte eine solche Möglichkeit in den Raum, forderte die Befragten auf, sich dazu zu verhalten, und provozierte damit die geschilderte Distanzierung von einem möglichen Betroffen-Sein durch Erstaunen und In-Frage-Stellen der Angemessenheit der Frage.

Dies legt nahe, bei Sichtung, Zusammenfassung und Theoretisierung der Ergebnisse auch darüber zu reflektieren, ob wir den Begriff einer „Diskriminierung aufgrund genetischer Veranlagung" durch unsere Fragen im Feld unserer Forschung erst eingeführt haben und inwieweit die Narrationen der Befragten

---

67 So sagt z.B. Elisa Brenzke (40 Jahre, alleinerziehend, eine zehnjährige erkrankte Tochter): „In keiner Situation meines Lebens hat es eine Konsequenz, dass ich Träger bin. Man sieht es nicht, ich habe dadurch nichts. Da ist jetzt die Problematik bei den Betroffenen viel, viel größer." (Interview Elisa Brenzke: 837)
Alle Namen wurden anonymisiert.

68 Offensiv formuliert eine an CF erkrankte Teilnehmerin der Fragebogenerhebung: „Was sind das für dumme Fragen? Wie soll man als Patient darauf antworten? So wird das nichts... Von wegen Veranlagung! Patienten sind wir und wir leben und das ist auch gut so!" (Fb 37)

auch als Reaktionen auf diesen Input zu verstehen sind. Versteht man den Interview-Text, das Feld-Protokoll, die fallspezifischen Merkmale als Koproduktionen zwischen Forschenden und Befragten in der Reflexion der Frage, ob eine in den Raum gestellte Benachteiligung aufgrund der eigenen genetischen Anlage erlebt wurde, muss das von uns und den von uns Erforschten gemeinsam Hergestellte auch immer daraufhin betrachtet werden, wie Eigenlogiken der Beteiligten sich in den Prozess der Forschung eingeschrieben haben (Bourdieu 1996). Das im Folgenden vorgestellte Material ist in diesem Sinne durchgearbeitet worden.

3 Die Spur der Gene. Re-Signifikationen familialer Sozialität

Im Folgenden sollen ausgewählte Ergebnisse der Fallstudie vorgestellt werden, die zum einen den Umgang der Beteiligten mit der genetischen Diagnose illustrieren und zeigen, wie die genetische Information im Leben der Betroffenen produktiv im Sinne einer Veränderung von Beziehungen zu Anderen und zu sich selbst wirkt. Erfahrungen von Benachteiligung, Stigmatisierung und Diskriminierung sind darin gleichermaßen eingebunden wie auch Erlebnisse von Erleichterung, Entlastung und neuer Sicherheit. Zum zweiten veranschaulicht das empirische Material die Ambivalenzen, die das genetische Wissen für den Kinderwunsch und die Familienplanung mit sich bringt. Dies umfasst auch die Auseinandersetzung der Paare um die Option einer Vermeidung von möglicherweise kranken Kindern.

Stigmatisierung und Responsibilisierung als Effekte des genetischen Wissens über CF

In den Schilderungen der Befragten spielt die Frage nach der Bedeutung des genetischen Wissens im Feld ihrer familialen Beziehungen eine wichtige Rolle. So löst die genetische Diagnose bei allen Personen eine Suche nach der Spur der Gene in der Familie aus. Sie ist Anlass, bisher ungeklärte Todesfälle in der Familiengeschichte zu diskutieren und Krankheiten von Familienmitgliedern neu zu deuten. Exemplarisch sei Hans Herding zitiert:

> „Klar geht man dann irgendwo so ein bisschen die Ahnenreihen durch und denkt, ist da irgendeiner schon sehr zeitig gestorben. [...] Man weiß ja nicht, woher kommt der Defekt." (Interview Hans Herding, 48 Jahre, zwei Söhne, der jüngere erkrankt: 650f.)

Diese Suche nach „dem Defekt" motiviert durch die Frage der Erbfolge kann auch den Anlass für Kontaktaufnahmen zu Verwandten darstellen, die bislang nicht zum engen Familienkreis zählten. So sucht beispielsweise Elisa Brenzke nach der CF-Diagnose ihrer Tochter wieder den Kontakt zu ihrem Vater und dessen weiteren Töchtern, die sie bisher nicht kannte, und begründet die Kontaktaufnahme mit einer für sie bedeutsamen Informationsverantwortung den Halbschwestern und deren Kindern gegenüber:

> „Weil ich es halt für wichtig halte, dass er darüber informiert ist. Weil er hat selber noch zwei Töchter, die auch wieder Kinder kriegen. Die eine hat sogar schon zwei. [...] Und wir haben jetzt auch gesagt, dass wir uns mal treffen. Und dann werde ich so was aber auch zum Thema machen, weil das ist mir wichtig." (Interview Elisa Brenzke, 40 Jahre, eine zehnjährige erkrankte Tochter: 324ff.)

Die Verursachung von CF durch Weitergabe der genetischen Mutation ist für alle befragten Eltern Anlass, sich Fragen nach ihrer Verantwortung und ihrer Schuld zu stellen. Dabei ist die Bandbreite der geschilderten Gefühle groß und reicht vom Bedauern und schlichten „Unglücklichsein" über die eigene Verwicklung als Eltern bis hin zu Schuldzuschreibungen an die eigene Person und in genealogischer Perspektive. Die Interviewte Helga Kahr sei für diejenigen exemplarisch zitiert, die ohne explizite Bezugnahme auf ethische Kategorien wie Verantwortung, Schuld oder Verzicht schlicht ihrem Bedauern über die Erkrankung ihres Kindes Ausdruck verleihen und von den negativen Gefühle erzählen, die mit der Information über den Erbgang verbunden waren. Sie sei, so sagt Frau Kahr, „unglücklich" gewesen, als ihr gesagt worden sei: „Das haben Sie übertragen". Sie habe sich „ganz mies" gefühlt und

> „war auf jeden Fall unglücklich, dass ich, ja dass ich so was an mein Kind weitergegeben habe. Also man fühlt sich schon auch so hilflos irgendwie. Ja und jetzt, wenn ich darüber spreche, ist es so wieder da." (Interview Helga Kahr, 59 Jahre, ein erkrankter 36-jähriger Sohn, eine gesunde Tochter, die 29 Jahre alt ist: 113; 117; 124ff.)

Andere Eltern finden für die Tatsache der Vererbung Formulierungen, mit deren Hilfe sie die Frage nach Verantwortung und Schuld zurückweisen. Sie sprechen von „Pech" und von „Schicksal". So erscheint Anja Reh die Cystische Fibrose ihres Sohnes wie Pech beim Spiel. Trotz ihrer genetischen Vorsorge – sie hatte wegen der Hämophilie ihres Onkels sich hierauf pränatal untersuchen lassen – landet sie mit der CF ihres Sohns einen Treffer, ein „Glücksfall in Gänsefüßchen", wie sie sagt (Interview Anja Reh, 35 Jahre, ein fünfjähriger erkrankter Sohn: 159f.). Gabi Posselt verwendet für das Zusammentreffen ihrer Gene mit denen ihres Mannes eine Glücksspielmetapher, die sie ironisierend gebraucht, um sowohl die Unwahrscheinlichkeit dieser Konstellation auszudrücken als auch die Unmöglichkeit einer persönlichen Einflussnahme:

> „Und in dem Moment wussten wir, also mein Mann und ich, dass wir beide Träger dieses Muko-Gens sind. Wobei da gibt es ja ganz viele und wir haben genau auch

noch dieselbe Mutation von den über 800 verschiedenen. Also wie der Sechser im Lotto mit Zusatzzahl." (Interview Gabi Posselt, 42 Jahre alt, zwei Söhne, der ältere ist zehn Jahre alt und gesund, der zweite ist sieben Jahre alt und an CF erkrankt: 8ff.)

Die Unmöglichkeit von Berechen- und Kalkulierbarkeit der genetischen Ausstattung findet zudem in Erzählungen von Eltern Eingang, die die Nicht-Kenntnis ihrer genetischen Trägerschaft zum Schutz vor Schuld(zuschreibungen) anführen. Beispielsweise erzählt Beate Wolf, wie entlastend es für sie gewesen sei, auch von ärztlicher Seite erläutert zu bekommen, dass sie von ihrer CF-Trägerschaft nichts habe wissen können. Die ärztliche Information, dass man CF bislang „nicht hätte sehen können", hilft ihr, Selbstvorwürfe in Grenzen zu halten. Sie sagt:

> „Ja also es gibt den Arztbereich, der ganz ganz wichtig ist. Auch gerade die Erstgespräche, die dann eben sehr positiv verlaufen sind. Die schilderten dann halt auch, dass in der Mukoviszidose jeder 20. Erbträger ist. Also es ist eine sehr weit verbreitete Erbkrankheit, die man hätte vorher nicht sehen können. Weil sie eben nicht gescreent wird, wurde. Jetzt inzwischen wird die gescreent. Das heißt, Vorwürfe an sich selber wurden auch seitens der Ärzte relativ gut bearbeitet. Obwohl man sich die natürlich macht." (Interview Beate Wolf, 46 Jahre alt, ein zwölfjähriger erkrankter Sohn: 79ff.)

Allgemeiner wird die Schuld entlastende Wirkung des Nicht-Wissens von Frau Reh formuliert: „Ich denke nicht, dass man da jemandem einen Vorwurf machen kann, dass man, dass einer der Überträger ist, wenn man es nicht weiß." (Interview Anja Reh: 259f.) In dieser Begründung für die Entschuldung – man habe es ja nicht wissen können – liegt zugleich aber auch die Unmöglichkeit, unschuldig hinter das genetische Wissen wieder zurückzugehen. Beim nächsten Kind funktioniert dieses Argument nicht mehr. Explizit formulieren fünf von 14 interviewten Eltern Selbst-Vorwürfe, obwohl sie das Fehlen eines zurechenbaren intentionalen Fehlverhaltens konstatieren. Sie verstehen ihre genetische Beteiligung an der Krankheit ihres Kindes ausdrücklich als „Schuld" und ringen damit, sich als „Verursacher der Krankheit" zu verstehen.

Selbst bei Müttern, die das Wissen um die CF-Diagnose ihres Kindes und die damit verbundene Information über den Erbgang überwiegend als Erleichterung beschreiben, weil die Diagnose die Handlungs- und Verhaltensunsicherheiten deutlich reduzierte, findet die Schuldthematik Erwähnung. Exemplarisch sei hier Gitta Bergdorf zitiert, die den Leidensweg ihres Sohnes, der erst mit 10 Jahren korrekt diagnostiziert wurde, plastisch schildert:

> „Weil dem Kind hätte sehr viel eher geholfen werden können durch Verdauungsenzyme. [...] Ich selber wär entlastet gewesen. Ich hab immer gedacht, ich mach was falsch. Und die Kinderärztin ist aber nicht drauf gekommen. [...] Ich hab ihn gestillt und konnt' die Uhr danach stellen. Spätestens 20 Minuten nach'm Stillen

ging das Geschrei los und der hat Stunden geschrieen. Es gibt Folgeschäden durch dieses, durch diese ganzen Schmerzen, die er hatte. Weil er's nicht verdauen konnte. Und durch den Schlafmangel entwickelt sich das Gehirn nicht richtig. Also er hat wirklich die volle Suppe auslöffeln müssen." (Interview Gitta Bergdorf, 50 Jahre, drei Söhne, der jüngste ist erkrankt: 318f.)

Hier wird zum einen geschildert, dass das Leiden des Sohnes durch die Diagnose verringert werden konnte. Zum zweiten macht Frau Bergdorf deutlich, dass auch sie selbst in ihrer Verantwortung als Mutter für das Wohlergehen ihres Kindes durch die Diagnose entlastet wurde. Durch die Diagnose weiß sie nun, dass sie nichts falsch gemacht hat und dass sie keine Schuld trifft am Leiden ihres Kindes und den möglichen „Folgeschäden".

Die explizite und implizite Verhandlung der genetischen Ursache als Frage von Schuld, die sich in unserem Interviewmaterial findet, entspricht einer Reihe von Befunden und Berichten über Angst- und Schuldgefühle bei Eltern von an CF erkrankten Kindern, die auch andere Studien dokumentierten. So wird zum Beispiel die höhere Depressionsrate von CF-Eltern im Vergleich zu Eltern, deren Kinder nicht an Mukoviszidose erkrankt sind, zum einen mit der Belastung erklärt, ein krankes Kind zu haben, und zum zweiten als Ausdruck und Ergebnis von Schuldgefühlen verstanden.[69] Auch die von uns interviewten Kinderärzt_innen einer Mukoviszidose-Ambulanz vertraten die Ansicht, dass das Thema Schuld unter Eltern von mukoviszidosekranken Kindern weit verbreitet sei. Zwar lege der spezifische Erbgang von CF eine „Erleichterung durch die Halbierung der Schuldempfindung" nahe, das Thema könne aber stetig aktualisiert werden, z.B. durch die Verschlechterung des Gesundheitszustands des Kindes: „Aber wenn Komplikationen auftreten, dann fühlen sie sich doch verantwortlich und denken, ‚Ja, wir haben ja Schuld, dass es so ist'." (Interview Dr. Breugel, Arzt in einer Hamburger Mukoviszidose-Ambulanz: 312, Name anonymisiert)

Der häufige Rekurs auf Schuld mag mit der schicksalhaften Ungleichheit und mit der Ohnmacht zusammenhängen, die das Wissen um die genetische Ursache der kindlichen Erkrankung mit sich bringt. Die Spezifik des rezessiven Erbgangs wie auch die Schwere der Erkrankung schaffen eine drastische Differenz zwischen den gesunden elterlichen Genträgern und den kranken Kindern. Die Information über den Erbgang und damit über die Tatsache einer persönlich zurechenbaren Verursachung der Krankheit beim Kind durch Mutter und Vater konterkariert das Postulat der elterlichen Fürsorge, der Aufgabe von Eltern, Schaden vom Kind abzuhalten und das Gebot, ihm keinen Schaden zuzufügen.

---

69 Siehe den Überblick bei Mohlmann Berge/Patterson 2004, S. 85f. oder auch Marteau/Dundas 1997; Freitag 2009, S. 101;.Lewis et al. 2011.
Newman et al. 2002, S. 155 zeigen, dass insbesondere Frauen mit der Frage von Schuld kämpfen. Wieser 2010, S. 155 hingegen berichtet, dass in den von ihm geführten Interviews mit Eltern von an CF erkrankten Kindern nicht explizit zur Sprache kam, „dass sie selbst unter Schuldgefühlen leiden".

Wo über die Vererbung einer ggfs. unerwünschten Eigenschaft beim Kind in der Vergangenheit gemutmaßt wurde (‚Das aufbrausende Temperament hat sie wohl von Oma'), ist jetzt im Falle von CF die Verursachung der Erkrankung durch Mutationen auf ‚Mamas' und ‚Papas' Chromosom 7 am Locus 7q31.2 materiell festzumachen. Durch die genetische Information ist hier ein neues Terrain für ambivalente Gefühle und Konflikte im Eltern-Kind-Verhältnis entstanden, in dem es offenbar für viele schwer ist, den Fakt der Verursachung der CF durch Vererbung nicht mit Schuld und Verantwortung aufzuladen. Die Sorge um das Kind und der hohe Betreuungsaufwand stellen Belastungen dar, die, wie das Interviewmaterial zeigt, im Modus Schuld einerseits abgewehrt und andererseits handhabbar gemacht werden. Die Anerkennung wie auch die Zurückweisung von Schuld im Prozess der Suche nach der Spur der Gene ist eine Form des Sinn-Verstehens der Gendiagnose, bei der die Krankheit in die familiale Genealogie eingebettet wird. Sie stellt eine Entlastung für die betroffenen Eltern bereit, da sie ihrerseits das Gen auch vererbt bekommen haben. Zugleich aber kann dieses Deutungsmuster auch verkürzt und einseitig still gestellt werden und zu einer Intensivierung innerfamilialer Dynamiken und Konflikte beitragen. So berichteten fünf der 14 interviewten Mütter, dass die Schwiegereltern entgegen allen medizinischen Informationen die Herkunft des krankmachenden Gens bei der Schwiegertochter verorteten. Beispielsweise erzählt Helga Kahr:

> „Oma wohnte hier ja nebenan. Und dann bin ich rüber und hab ihr das gesagt, dass Dieter halt eine Erbkrankheit hat und dass das nun von beiden. Und da hat meine Schwiegermutter sofort gesagt, ‚Von uns kommt das nicht'." (Interview Helga Kahr, 59 Jahre, ein erkrankter 36-jähriger Sohn, eine gesunde 29-jährige Tochter: 668ff.)

Diese Erfahrung hat auch Elisabeth Stein mit ihren Schwiegereltern gemacht: „Da kamen dann Schuldzuweisungen, trotz Arztfamilie im Haushalt, ‚Dein Kind ist krank, das hat sie von dir!'." (Interview Elisabeth Stein, 44 Jahre, zwei erkrankte Töchter: 72ff.)

Wie kränkend diese einseitigen Schuldzuschreibungen sein können, schildert Frau Wolf. Sie erzählt, dass der Vorwurf ihrer Schwiegermutter, „das wäre nur aus meiner Linie", noch immer ein „wunder Punkt" sei. Das Gefühl von Verletzung wird während des Interviews so stark, dass sie das Thema verlassen möchte:

> „Das tut mir heute noch weh. Wir müssen hier aufhören von dem Thema. Völlig unmöglich. Völlig. Das finde ich wirklich eine Frechheit." (Interview Beate Wolf, 46 Jahre, ein erkrankter Sohn: 305f.)

Hier klingt nicht nur Schmerz an, sondern auch Wut und Empörung und von derartigen Gefühlen berichten nicht nur die Eltern erkrankter Kinder, sondern auch die Erkrankten, die durch die Gendiagnose neu bezeichnet und zum Objekt von konfliktreichen Auseinandersetzungen in der Familie darüber werden, wer von den Eltern verantwortlich zeichne und welche Generationenfolge die Krankheit verursacht habe. Beispielsweise erzählt der 29-jährige Ben Klüver, der mit schweren Lungenproblemen und einer durch CF ausgelösten Diabetes zu kämpfen hat, dass es von Seiten der Familie seines Vaters geheißen habe: „Das kann nur von meiner Mutter kommen" (Interview Ben Klüver, 29 Jahre alt: 133). Umgekehrt habe es ähnliche Meinungen in der Familie seiner Mutter gegeben. Deshalb sei er „sehr froh", dass beide Elternteile „Überträger" seien. Seine Erleichterung wirft ein Licht auf die Belastung solcher innerfamilialer Auseinandersetzungen für das betroffene Kind. Von belastenden Zuschreibungen berichtet auch Silvio Schmidt (38 Jahre alt, erkrankt) als er von seiner Großmutter erzählt, für die das Thema „Erbgesundheit" (2. Interview Silvio Schmidt: 73) während ihrer Kindheit im „Dritten Reich" eine große Rolle gespielt habe.

Gleichermaßen kann, wie das Beispiel von Bernd Kant zeigt, das Nachdenken über die Vererbung auch eine Vorwurfshaltung an die Eltern erzeugen (siehe auch: Szyndler et al. 2005). Herr Kant ist 40 Jahre alt, das Älteste von insgesamt vier Kindern, von denen drei an CF erkrankt sind und eines gesund ist. Er kann trotz CF einer regelmäßigen Berufstätigkeit nachgehen. Eine seiner Schwestern hingegen ist mit 20 Jahren an CF gestorben, seine zweite Schwester ist gesund und sein 25-jähriger Bruder ist schwer erkrankt. Er kritisiert seine Eltern, die ihren Kinderwunsch in Kenntnis des genetischen Risikos realisiert haben, und spricht von deren „Egoismus", weil die Eltern das Leiden und den frühen Tod der Kinder nicht abwägend in ihre Familienplanung einbezogen hätten. Er bilanziert:

„Es geht wirklich im Endeffekt darum, ob das ein bisschen Egoismus bei den Eltern war oder ob da ein bisschen Egoismus mitschwingt, wenn man das Risiko kennt, es hinterher noch dreimal einzugehen. Und dann immer wieder Lotterie zu spielen." (Interview Bernd Kant, 40 Jahre, erkrankt, zwei an CF erkrankte Geschwister: 191ff.)

In dem von Herrn Kant erwogenen „Egoismus" seiner Eltern ist auch die Unterstellung eines Mangels an elterlicher Verantwortung den Kindern gegenüber enthalten. Indem er die Angemessenheit des Umgangs seiner Eltern mit ihrem genetischen Merkmal befragt, wird die Suche nach der Genese und den Ursachen der genetisch bedingten Krankheit normativ-moralisch aufgeladen und zu einer Frage von Verantwortung und ggf. auch von Schuld/Verschulden.[70] Dieser Frage, das zeigt auch unser Interviewmaterial, können sich auch die Eltern nicht verschließen. Auch sie beschreiben, dass sie sich aufgrund der Information über den Erbgang der Krankheit ihres Kindes dazu aufgefordert fühlen, selbsttätig,

---

70 Siehe dazu auch die Studie von Kate Weiner, die am Beispiel der erblich bedingten Familiären Hypercholesterinämie, die demselben Erbgang wie CF folgt, die Bedeutung des Verantwortungsnarrativs veranschaulicht (Weiner 2011). Verschiedene Formen von Verantwortung im Umgang mit genetischem Wissen diskutieren Etchegary/Fowler 2008.

sorgfältig und im Sinne einer verantwortlichen Perspektivierung auch mögliche Folgen ihres genetischen Merkmals in den Blick zu nehmen. Zwar ermöglicht das genetische Wissen keine vollständige Kontrolle und Kalkulierbarkeit von Vererbung und Reproduktion, es transportiert jedoch eine Verhaltensaufforderung, einen Verantwortungsimperativ, der als Responsibilisierung[71] nachwirkt. Zugleich hält die schmerzvolle Tatsache, an der Vererbung der Erkrankung des Kindes ursächlich beteiligt zu sein, einen Kreislauf von Schuldgefühlen und Schuldzuschreibungen aufrecht.

Um dieser Logik von Verursachung und Verantwortung etwas entgegen zu setzen, braucht es andere Überzeugungen und „Weltanschauungen", wie beispielsweise Gitta Bergdorf sie beschreibt. Sie ist 50 Jahre alt und hat drei Söhne im Alter von 25, 23 und 20 Jahren. Wie bereits erwähnt, ist der jüngste an CF erkrankt und die Krankheit wurde nach einer langen Leidensgeschichte erst diagnostiziert, als er 10 Jahre alt wurde. Die Diagnose sei eine Erleichterung gewesen, da ab diesem Zeitpunkt gut therapiert werden konnte. Die Schwangerschaft mit ihrem jüngsten Sohn war bereits von Unsicherheit wegen auffälliger Befunde geprägt. Sie habe sich dann gegen eine von der Gynäkologin dringend empfohlene Fruchtwasseruntersuchung und gegen eine von dem untersuchenden Arzt nahegelegte Abtreibungsoption durchsetzen müssen und unterzog sich lediglich einer Ultraschalluntersuchung. Hierbei ergab sich einerseits der Ausschluss einer Trisomie, andererseits erhielt sie einen Befund von Zysten in der Bauchspeicheldrüse des Fötus, der jedoch vom Arzt als unbedeutend eingestuft wurde. Ihre klare Haltung erläutert sie gleich zu Beginn des Gesprächs:

> „Dazu muss ich sagen, von der Weltanschauung her, dass ich daran glaube, dass wir auf die Erde kommen, um, weil wir was zu erledigen haben. Und wenn ein Kind mit Behinderung auf die Erde kommt, dann glaube ich daran, dass das wie 'ne Aufgabe ist für das Kind selbst wie auch für die Eltern, für das Umfeld, für alle und dass es aber nicht sinnlos ist." (Interview Gitta Bergdorf, 50 Jahre alt, drei Söhne, der jüngste ist an CF erkrankt: 79ff.)

Frau Bergdorf stellt hier dem medizinischen Wissen eine ganz eigene Lebensphilosophie entgegen. Die genetische Information sei für sie „nicht relevant, weil ich denke, das Kind, das da kommen will, sucht sich genau die Gene aus, die es braucht, um das zu erledigen, was es hier zu erledigen hat" (Interview Gitta Bergdorf: 514). Frau Bergdorf konzeptualisiert somit die Vererbung des CF-

---

71 Der Begriff findet vorrangig im Kontext der Kritik des aus der Krise und Zerstörung der fordistischen Lohnarbeitsgesellschaft hervorgegangenen Neoliberalismus Verwendung, die zugleich herausstellt, dass der Neoliberalismus auch als ein zentraler Agent dieser Krise zu verstehen ist. In diesem Kontext bezeichnet der Begriff vor allem kompensatorische Maßnahmen zur Förderung der Eigeninitiative bei gleichzeitigem Abbau sozialstaatlicher Maßnahmen (vgl. Oelkers 2013). Da sich das zentrale Prinzip der Appellation, der Aufforderung zur selbstständigen Verhaltensregulation auch in unserem Material findet, übernehmen wir den Begriff hier.

Gens nicht nur ohne jede persönlich zurechenbare Verantwortung der Eltern, sie geht noch weiter, indem sie letztlich auch eine Verursachung der Weitergabe des CF-Gens durch apersonale Vorgänge auf der molekularen Ebene der elterlichen Geschlechtszellen bestreitet und stattdessen die Auswahl der elterlichen Gene zu einer Handlung des Kindes, „das da kommen will", macht. Sie subjektiviert damit die Rekombination und eine mögliche Mutation der Gene im Vererbungsvorgang: da ist eine von den Eltern getrennte, handelnde Entität, die eine Aufgabe zu erfüllen hat und nicht – so könnte man sagen – das passive Ergebnis einer „Lotterie der Gene" ist, und die sich hierzu zielgerichtet das Werkzeug zusammensucht, um dann eine (menschliche) Gestalt anzunehmen, die ihrer Aufgabe entspricht. Mit dieser Deutung ist Frau Begrdorf nicht (mehr) erreichbar für einen Schuld- oder Verantwortungsdiskurs.

Merkmalsklassifikation und Schuldzuschreibungen als Aspekte von Stigmatisierung und Diskriminierung

Die Schilderungen in den Interviews zeigen die Konflikthaftigkeit, die das Wissen um den Erbgang von Mukoviszidose in die Familie trägt. Die genetische Information initiiert eine Suche, die eine von Kränkung, Schmerz, Wut und Trauer begleitete innerfamiliale Auseinandersetzung in Gang setzen kann. Die Erfahrung, von anderen für die Krankheit eines Kindes verantwortlich gemacht zu werden, wird als ungerechtfertigte Ungleichbehandlung erlebt (z.B. wenn die Schwiegermütter ihren Sohn von der Schuldfrage ausnehmen), die, wenn sie sich verfestigt, durchaus Teilhabebeschränkungen nach sich zieht (z.B. Ausschluss aus familiären Aktivitäten aufgrund von Kontaktabbruch) und insofern einer Diskriminierung recht nahe kommt. Da aber die meisten der geschilderten Episoden und Erlebnisse nicht von einer systematischen und anhaltenden Teilhabebeschränkung begleitet sind, sondern hier überwiegend psychosoziale Folgen konfliktreicher Interaktion im familialen Kontext (z.B. Kränkung, Verletzung und Störung der Beziehung) beschrieben werden, ist die Verwendung des Begriffs Diskriminierung nicht präzise; das Beschriebene kann als ungerecht und moralisch ungerechtfertigt angesehen werden, jedoch kaum als Tatbestand eines juristisch einklagbaren Rechts auf Gleichbehandlung. Die Episoden und Eindrücke der Interviewten illustrieren vielmehr den Prozess einer normativen Deutung eines Merkmals und dessen negative Bewertung sowie Diskreditierung der Merkmalsträger; ein Prozess, der in der einschlägigen Literatur zum Thema CF-Genträgerschaft zumeist als Stigma bzw. Stigmatisierung gefasst wird (z.B. Evers-Kibooms et al. 1994; Sankar et al. 2006a).

Da Stigmatisierung eine Voraussetzung und Bedingung von Diskriminierung ist bzw. umgekehrt Diskriminierung eine mögliche Folge von Stigmatisierung sein kann, soll zum Zwecke des weiteren Verständnisses der hier beschriebenen Erfahrungen und Erlebnisse das Thema Stigma/Stigmatisierung etwas genauer betrachtet werden. Stigmatisierung – allgemein verstanden als ein Prozess, bei dem einer Person oder einer Gruppe erfolgreich ein negativ bewertetes Merkmal zugeschrieben und in dessen Folge der Merkmalsträger abgewertet wird (Goffman 1967) – setzt häufig einen sich selbst stabilisierenden Prozess in Gang: Das Stigma ebenso wie die Symbole, welche mit ihm verbunden werden, werden zum Bestandteil impliziter Persönlichkeitstheorien, also laienhaften Annahmen über Verhaltenszusammenhänge und damit verknüpfte Bewertungen. Die Erwartungen, die mit solchen Annahmen verbunden sind, verzerren die Fremdwahrnehmung und Fremdbeurteilung des Stigmatisierten und können seine Benachteiligung zur Folge haben. Die spezifische Behandlung, welche eine stigmatisierte Person erfährt, beeinflusst wiederum ihre eigenen Handlungs- und Verhaltensweisen – sie zeigt mit einer erhöhten Wahrscheinlichkeit das von ihr erwartete Verhalten und integriert das Stigma in ihr Selbstbild. Die auf diese Weise geformten Verhaltensweisen verfestigen in der Folge die zuvor vorgenommene Typisierung bzw. Stigmatisierung (Lösel 1975, S. 24f.).

Die Funktion von Stigmatisierung liegt zunächst einmal darin, ein Phänomen kategorial zu erfassen, es kognitiv einzuordnen und in die Handlungsplanung zu integrieren. Ähnlich wie das Vorurteil und das Stereotyp ist auch das Stigma eine Kategorienbildung der Vereinfachung. Seine Verwendung trägt auf individueller Ebene zur Gewinnung und Aufrechterhaltung eines positiven Selbstbildes bei den Nicht-Stigmatisierten bei. So kann beispielsweise die Begegnung mit Stigmatisierten zunächst eine Bedrohung der eigenen Identität darstellen, wenn sie an eigene Abweichungstendenzen erinnert, um dann für eine Selbstbestätigung im Sinne eines ‚ganz anders Seins' genutzt zu werden: „Das Gleichgewicht wird dann durch betonte Abgrenzung, d.h. durch Herausstellen der eigenen ‚Normalität' und Ablehnung der Abweichung des anderen, zu stabilisieren versucht" (Hohmeier 1975, S. 11). Auf der sozialen und gesellschaftlichen Ebene kommt Stigmatisierungen die Funktion zu, die sozialen Beziehungen zwischen Gruppen, beispielsweise die zwischen Majoritäten und Minoritäten, zu regulieren. Sie können auch eine Form der sozialen Kontrolle darstellen, z.B. wenn sie als Strafe für abweichendes Verhalten geltend gemacht werden.

Aus sozialpsychologischer Perspektive basieren Stigmatisierungen als Mechanismen der sozialen Differenzierung auf der Verschiebung von durch Frustration entstandener Aggression auf Ersatzobjekte, z.B. wenn die tatsächlichen Gründe für die Unzufriedenheit innerhalb einer Gruppe entweder unbekannt oder nicht beeinflussbar sind (Allport 1951). Darüber hinaus aber beinhaltet bereits der bloße Akt der Zuteilung von Personen auf willkürlich herausgehobene Kategorien das Potenzial, die Eigengruppe aufzuwerten und die Fremdgruppe abzuwerten (Tajfel et al. 1971). Die durch Stigmatisierung erfolgte Besonderung setzt die Betroffenen einem erhöhten Druck aus, sich als vollwertige Person und Sozialpartner zu legitimieren. Stigmatisierte Personen sind deshalb darum bemüht, ihrer Stigmatisierung entgegenzuwirken oder sie umzudeuten. Wird die Stigmatisierung hingegen in das Selbstbild übernommen, bestätigt es die Zuschreibung und das Stigma kann zu einem Bestandteil der persönlichen Identität werden. Das Interviewmaterial verdeutlicht das Stigma-Management der Betroffenen, die als Neu Kategorisierte versuchen, einen angemessenen Umgang mit dem zugeschriebenen Merkmal zu finden. Dabei werden im Zuge der Aneignung der mit dem Merkmal korrespondierenden Zuschreibungen auch, wie im Folgenden gezeigt werden soll, Selbstbilder umgearbeitet.

Zwei der befragten Mütter recodieren eigene leibliche Beschwerden („Lungenprobleme") im Lichte der CF-Diagnose ihres Kindes als Symptome für die CF-Mutation in ihren Genen. Entgegen der gegenwärtig gültigen medizinischen Aussage, dass CF-Heterozygote nicht an CF erkranken und damit auch keine CF-Symptomatik entwickeln werden, bringen sie die genetische Information mit den gespürten Beschwerden zusammen. Die Interviewpartnerin Maya Ingold identifiziert sich und ihre Familie über leibliche Symptome mit ihrem an CF erkrankten Sohn. Sie meint, dass sich die heterozygote genetische Veranlagung für CF phänotypisch an bestimmten „körperlichen Schwächen" bei ihr selbst und weiteren Familienmitgliedern zeige, sie könnten alle „halbe Mukos" sein:

> „Und wo ich auch heute noch im Nachhinein behaupte, vermute, dass meine mittlere Schwester Erbträger ist, weil ich immer so sag', wir könnten halbe Mukos sein. Da gibt es so so ja körperliche Schwächen sag ich jetzt mal, die in dieses Bild hineinpassen, sowohl bei meinem Vater als auch bei meiner Schwester, bei meinem Neffen, ja bei uns beiden sowieso. Aber das sind so Sachen, die ich im Laufe der Jahre so herausgefunden habe, wo ich denke, das könnte eventuell auch noch an der Genetik liegen." (Interview Maya Ingold, 53 Jahre alt, zwei Kinder, der jüngere Sohn ist 28 Jahre alt und an CF erkrankt: 211ff.)

Auch Elisa Brenzke versteht die genetische Diagnose bei ihrer heute 9-jährigen Tochter (sie wurde diagnostiziert, als sie ein Jahr alt war) als Antwort auf Fragen, die sie sich immer wieder über sich selbst gestellt habe:

> „Da kommen halt jetzt immer mal so Antworten auf die Fragen für mich jetzt, warum hab ich als Kind immer diese Lungenproblematik gehabt." (Interview Elisa Brenzke, 40 Jahre alt, eine an CF-erkrankte Tochter: 72f.)

Zwar konstatiert sie zunächst: „Weil der Ansatz ja war, dass bei Mukoviszidose man als Erbgutgeber quasi nicht krank ist" (Zeile 73), vermutet dann aber, dass „man" als „Träger trotzdem eine gewisse Symptomatik hat" (Zeile 77). Sie habe als Kind häufig und heftig Bronchitis gehabt und sei „der Ansicht", „dass ich manchmal auch so diese Symptomatik auf der Lunge hab" (Zeile 98f.). Diese „Ansicht", von der sie weiß, dass diese dem medizinischen Verständnis der CF widerspricht (heterozygote Merkmalsträger erkranken nicht), erfährt, so berichtet sie, Unterstützung durch eine medizinische Autorität. Bei einer Reha-Maßnahme ihrer Tochter lernt Frau Brenzke einen Arzt kennen, der sie wissen lässt, „es ist denkbar, dass eine Symptomatik auch bei den Trägern da sein kann" (Zeile 113), dazu gebe es neuere Studien. Unterstützt durch diese ärztliche Information kann die genetische Diagnose der Erkrankung ihrer Tochter für Frau Brenzke eine neue Perspektive auf sich selbst erzeugen.

Beide Mütter – die medizinische Plausibilität der Erklärung und die mögliche psychische oder auch biografische Funktion der Aussagen dahingestellt – integrieren das Wissen über die genetische Grundlage der CF-Erkrankung ihrer Kinder und das Wissen über den CF-Erbgang in ihr Selbstkonzept und ihr leibliches Erleben. Es erscheint ihnen als nichts Fremdes, weil sie die Symptomatik – nicht die Weitergabe einer genetischen Mutation – in genealogischer Linie verhandeln. Damit etablieren sie für sich eine Vorstellung von Vererbung, die deutlich konkreter, somatischer und leiblicher ist als die Information des rezessiven Erbgangs, der sie zur Genträgerin, nicht aber zu CF-Erkrankten macht.[72] Da beide Mütter allerdings den medizinischen Wissensstand der Genetik von CF kennen, ist ihr Vererbungskonzept nicht mit Unkenntnis zu erklären, sondern eher als eigenwillige Aneignung der genetischen Information über das unterschiedliche Betroffen-Sein durch CF: Gegen das genetische Konzept eines homozygoten kranken Kindes und einer Mutter, die – heterozygot – die genetische Mutation an ihr Kind zwar weitergegeben hat, aber selbst an CF nicht erkrankt, machen beide geltend: Alle Familienmitglieder sind irgendwie „Mukos". Die Abstraktheit der Information über die Existenz der CF-Mutation des Gens auf dem einen der beiden Chromosome Nr. 7, das ein Protein steuert, das in der Zellmembran als Chloridkanal fungiert, erhält in der Deutung als leibliches Symptom zum einen etwas Physisch-Konkretes und trägt zum zweiten zur Abschwächung der Besonderung des Kindes bei und kann so tendenziell entstigmatisierend wirken; das Krankheitsmerkmal tritt auch bei anderen Familienmitgliedern auf und stellt eher eine Gemeinsamkeit denn eine Andersartigkeit dar.

Kontrolle des Kinderwunschs und das Abwägen des Einsatzes neuer reproduktionstechnischer Formen der Familienplanung

Die Kenntnis der Vererbungswahrscheinlichkeit verändert auch die Aushandlungen der Paare zum Thema Familienplanung. Zehn der 14 befragten Eltern haben nach der Geburt eines an CF-erkrankten Kindes beschlossen, keine weiteren

---

72 Dies korrespondiert mit dem von Duden/Samerski 2007 beobachteten Verständnis von Genetik als Weitergabe von Eigenschaften als Familienähnlichkeiten über die Generationen hinweg, das bereits vor Kenntnis der genetischen Vorgänge existierte und das heute, so die Autorinnen, zunehmend durch molekularbiologische und genetische Wissensbestände ersetzt werde.

Kinder zu bekommen. Sie haben dies entweder gemeinsam entschieden oder im Konflikt. Aus dieser Gruppe haben zwei Mütter im Rahmen von pränataler Diagnostik abklären lassen, ob der Fötus CF-homozygot sein würde, und für diesen Fall eine Abtreibung geplant; schlussendlich bekamen beide aber Kinder, die nicht von CF betroffen sind. Vier Mütter sprachen sich trotz CF-Risiko für weitere Schwangerschaften aus und eine von ihnen brachte eine weitere erkrankte Tochter zur Welt.

Die genannten Gründe für den Verzicht auf weitere Kinder sind vielfältig; im klassischen Sinn eugenische Argumente finden sich nicht darunter, z.B. die Begründung, keine kranken Gene weiterzugeben, zur Gesundheit der Gesellschaft oder zu einer Verbesserung des Genpools der Bezugsgruppe beizutragen. Vielmehr wird zum einen die Belastung der eigenen Person und der Familie durch die Pflege des erkrankten Kindes und das Leiden eines weiteren kranken Kindes genannt. Zum anderen spielt Sorge vor einem sozialen Umfeld eine Rolle, in dem die Eltern mit der Entscheidung für ein weiteres Kind auffällig werden könnten. Sechs Befragte begründen ihren Verzicht auf ein weiteres Kind explizit mit Befürchtungen vor negativen und ausgrenzenden Reaktionen ihrer Umwelt oder haben gar entsprechende Erfahrungen gemacht. Beispielsweise berichtet die Interviewpartnerin Helga Kahr von ihrer Unsicherheit über das, was „die Leute" angesichts ihrer zweiten Schwangerschaft gedacht haben könnten: „Man hat ja auch schon so den Eindruck, dass man komisch angeguckt wird"; sie habe „Leuten, die man nicht so gut kannte" von der Erkrankung ihres älteren Sohnes „einfach nichts erzählt". Und sie habe sich dafür entschuldigt, ein zweites Kind bekommen zu haben und zu ihrer Entlastung angeführt, dass sie von der genetischen Disposition bei ihrer zweiten Schwangerschaft noch nichts gewusst habe. Sie reflektiert: „Und das ist ja schon irgendwo so ein Zeichen, dass man denkt, ‚Oh was denken die jetzt'." (Interview Helga Kahr, 59 Jahre, ein erkrankter Sohn, eine gesunde Tochter: 160f.)

Das hier geschilderte Gefühl sich entschuldigen zu müssen, beschreibt auch Maya Ingold, die zudem schildert, dass sie, um der Gefahr einer Stigmatisierung zu entgehen, kein weiteres Kind bekommen wollte. Sie thematisiert die verschiedenen sozialen Bereiche, in denen Druck ausgeübt und erfahren werden könne: das Paar, es sind „ja immer zwei: Mann und Frau", dann: „die Familie drum rum, ... wo auch noch jeder mitreden will" sowie „die Gesellschaft". Hier könne jeder sagen, „‚Wie? Du hast das testen lassen. Du hattest ein positives Ergebnis und hast nicht abgetrieben? Das kann doch wohl nicht sein!'." (Interview Maya Ingold: 1221f.) Mit ihrer Entscheidung gegen ein weiteres Kind sieht sie sich vor möglichen Angriffen geschützt:

„Allein dadurch, dass ich von vornherein gesagt habe, [...] wir kriegen eben halt kein krankes Kind mehr. Dann kann mir im Endeffekt ja auch keiner was wollen."

(Interview Maya Ingold, 53 Jahre, zwei erwachsene Söhne, der zweite ist 28 Jahre und erkrankt: 794f.)

Die Befürchtungen von Frau Kahr und Frau Ingold zeigen, wie die Reproduktionsentscheidung eines Paares durch die genetische Information entprivatisiert und von Normativitätsvermutungen und durch mutmaßliche gesellschaftliche Konventionen reguliert wird. In Frau Ingolds Formulierung „Dann kann mir im Endeffekt ja auch keiner was wollen" kommt deutlich zum Ausdruck, dass die Angst vor Stigmatisierung und sozialer Ächtung die Entscheidung für ein Kind beeinflusst. Die individuelle Entscheidung des Paares wird hier einer neuen, zusätzlichen Normalitäts- und Akzeptanzprüfung unterzogen. Im Fall der beiden genannten Frauen führt das Risiko sozialer Abweichung zum Verzicht auf weitere Kinder. Die Erzählung von Elisabeth Stein illustriert den Realitätsbezug derartiger Befürchtungen. Sie berichtet, dass nach der Geburt ihrer zweiten – ebenfalls an CF erkrankten – Tochter eine Krankenschwester auf der Neugeborenen-Station zu „nächtlicher Stunde, als das Baby noch nicht schlafen wollte" zu ihr gesagt habe,

> „wie leichtsinnig es doch ist, noch ein zweites Kind zu bekommen, wenn man weiß, dass man ein Kind kriegen kann, was wieder Mukoviszidose hat." (Interview Elisabeth Stein, 44 Jahre, zwei an CF erkrankte Töchter: 531)

Angesichts der gerade vollbrachten Geburt sowie der Notoperation an ihrer neugeborenen Tochter sei sie nicht in der Lage gewesen, angemessen zu antworten. Auch heute befürchtet Frau Stein, als Genträgerin stigmatisiert zu werden, und beschreibt, dass sie nicht sicher sein kann, was „Leute" über ihre Entscheidung für ein zweites Kind „hinter ihren Fassaden" denken. Die könnten denken,

> „[...] bei uns Menschen mit schlechten Erbgutträgern, theoretisch müsste man uns sterilisieren, sobald man das weiß." (Interview Elisabeth Stein: 592f.)

Die hier artikulierte Annahme eines eugenisch motivierten Denkens spielt auch bei den Abwägungen der von uns befragten Personen zur pränatalen Diagnostik von CF und Abtreibung potenziell erkrankter Föten eine Rolle. Anders aber als in den oben geschilderten Fällen eines vorbeugenden Reproduktionsverzichts, in denen die Befragten die Stigmatisierung und Selektion durch die soziale Umwelt fürchten, findet sich der Selektionsdiskurs beim Thema Pränataldiagnostik von CF auch bei den befragten Eltern selbst.

Elterliche Abwägungen zur pränatalen Diagnostik bei Cystischer Fibrose

In der Gruppe der befragten Eltern sprachen sich vier Elternteile explizit für die Inanspruchnahme einer Pränataldiagnostik wie auch einer Präimplantationsdiagnostik zur Vermeidung eines weiteren Kindes mit CF aus.[73] Vier Mütter lehnen jede Form von pränataler Selektion grundsätzlich ab. Fünf der Befragten befürworteten die Verfahren im Allgemeinen, halten jedoch ihre Anwendung für CF für unberechtigt; davon halten zwei Befragte die Verhinderung von „schweren geistigen Behinderungen und körperlichen Missbildungen" (Interview Elisa Brenzke: 367) für legitim, zwei weitere Personen nannten das Down Syndrom als Beispiel für eine legitime Selektion und stellten dabei das Kriterium der Sichtbarkeit heraus. Die Interviewpartnerin Jasmin Vogel zum Beispiel sieht die Gefahr von Diskriminierung vor allem für Menschen mit einer sichtbaren „geistigen oder körperlichen" Behinderung. Sie betont:

> „Unser Kind wird immer ganz normal behandelt, nie blöd angeguckt. Es wird nie komisch reagiert oder so, weil man ihm das nicht ansieht." (Interview Jasmin Vogel, 32 Jahre, ein an CF erkrankter Sohn: 868f.)

Sie resümiert:

> „Und wir sind oft in Situationen, wo wir sagen, obwohl das total makaber klingt, wir können froh sein, dass der Kleine diese Krankheit hat." (Interview Jasmin Vogel: 853)

Damit deutet sie Erfahrungen einer potenziell behindertenfeindlichen sozialen Umwelt an und formuliert ihre Erleichterung, dass ihr Kind einer solchen Feindseligkeit und Abwertung aufgrund der Nicht-Sichtbarkeit von CF nicht ausgesetzt ist. Ingeborg Hüther hingegen schildert, wie sich eugenisch klassifizierendes Denken anderer auch gegen ihre an CF erkrankte Tochter richtete. Sie berichtet von der Reaktion ihrer Schwägerin, die gesagt habe: „Wenn ich ein Mukoviszidosekind hätte, würde ich mich erschießen" (Interview Ingeborg Hüther, 50 Jahre, verheiratet, eine 14-jährige erkrankte Tochter: 100). Mit einer weiteren Schwester ihres Mannes habe es einen „ziemlichen Zauber" (ebd.: 98) gegeben. Diese habe noch weitere Kinder haben wollen und vertrat nach der Geburt der CF-kranken Nichte die Ansicht, dass wenn sie nun schwanger werde und „die stellen fest, das Kind hat Mukoviszidose, dann muss ich ja abtreiben lassen" (Interview Ingeborg Hüther, 50 Jahre, verheiratet, eine 14-jährige erkrankte Tochter: 109). Ihre damals noch kleine Tochter habe bei der Gelegenheit das Wort Abtreibung „aufgeschnappt" und gefragt, was das eigentlich sei. Frau Hüther fühlt sich auch heute noch von der Aussage der Schwägerin gekränkt. Sie hegt allerdings keine Befürchtungen, dass weitere Personen der Vermeidung der Geburt CF-kranker Kinder das Wort reden und befürwortet selbst Techniken der

---

73 Zwei Frauen haben ihren Fötus pränatal auf CF hin genetisch untersuchen lassen, um im Falle eines positiven Befundes, eine Abtreibung ins Auge zu fassen. Beide bekamen gesunde Kinder. Eine von ihnen hat sich, während sie im Verlauf ihrer vierten Schwangerschaft auf das Ergebnis der pränatalen Diagnostik wartete, dazu entschieden, das Kind in jedem Fall auszutragen (Interview Gisela Kleiner, 46 Jahre, vier Kinder, das dritte, ein Sohn, ist an CF erkrankt: 434).

vorgeburtlichen Selektion, sofern sie nicht im Hinblick auf die CF-Mutation angewendet werden. Deutlich komplizierter erlebt hingegen Anja Reh die Option, als Genträgerin ihren Kinderwunsch mit Hilfe von pränataler Diagnostik oder durch Selektion von Embryonen im Rahmen von Präimplantationsdiagnostik zu realisieren. Aufgrund der schweren CF-Erkrankung ihres Sohnes hat sie sich (bis auf weiteres) dazu entschieden, kein weiteres Kind zu bekommen, obwohl sie sich dieses wünscht. Sie begründet diese Entscheidung damit, dass die pränatale Selektion ihrem Sohn gegenüber aus zwei Gründen „nicht fair" sei. Zum einen, so berichtet sie unter Tränen, könne sie es ihm gegenüber „vom Gefühl" her nicht vertreten, „für das zweite Kind [zu] selektieren" (Interview Anja Reh, 35 Jahre alt, ein erkrankter Sohn: 462f.). Zum anderen würde ein zweites gesundes Kind für den kranken Sohn die Anstrengungen und Nachteile, die mit seiner Erkrankung verbunden sind, noch weiter akzentuieren. Sie sagt:

> „Also ich finde es schwer ihm zu sagen, wenn er denn fragt, ,Warum habt Ihr bei mir nicht geguckt?' Dann hätte ich ja auch sagen können, dann hätte ich, hätte ich dich weggemacht. Geht ja auch nicht. Nur für ein zweites Kind hätte ich es nicht gewollt, also ihm gegenüber, ein gesundes Kind noch zu haben, wäre ihm gegenüber dann nicht fair. Dass er sieht, wie es wie es normal zugehen könnte. Weil er ja schon auf vieles verzichtet oder verzichten muss. Dann ist er halt im Mittelpunkt, das ist für ihn auch nicht leicht, weil die Mutter immer wie eine Glucke ist. Aber so ist es einfach am besten." (Interview Anja Reh: 479ff.)

Hier ist das Ringen mit den Ambivalenzen, die die Optionen der pränatalen Diagnostik mit sich bringen, deutlich herauszulesen. Die Vorstellung, dass ein pränataler Test während der Schwangerschaft mit ihrem Sohn womöglich die Entscheidung für (s)eine Abtreibung bedeutet hätte, ist für Frau Reh angesichts der Existenz ihres kranken Kindes emotional belastend. Zugleich artikuliert sie auch die Belastungen, die mit der Krankheit des Kindes verbunden sind. Daraus resultiert ein Zwiespalt, den sie einerseits mit einer Setzung still zu stellen versucht, „Aber so ist es einfach am besten", und der andererseits durch ihre Tränen zum Ausdruck kommt.

Die Präimplantationsdiagnostik versteht Frau Reh als einen möglichen Ausweg aus diesem Zwiespalt. Sie hält es für „leichter", befruchtete Eizellen vor einer Einpflanzung in die Gebärmutter auf CF zu testen als eine Testung während der Schwangerschaft oder die Testung des geborenen Kindes vorzunehmen (Interview Anja Reh: 877). Dass ein Aussortieren von Eizellen „leichter" für sie wäre, begründet sie damit, dass sie die befruchtete Eizelle „als kein Leben empfinde", sondern sie als eine Vorbedingung für die Entstehung von Leben begreift (Interview Anja Reh: 899f.). Wenn man erst einmal schwanger sei, habe „man das Kind schon" (Interview Anja Reh: 888, 903). Die PID betreffend sagt sie:

> „Also ich finde, das ist ja dann nur die, nur von dem Ei, also von dem Samen vom Mann und nur die Zelle, womit das getestet würde. Das ist ja kein, in dem Sinne

kein, also ich empfinde es als kein Leben, es ist einfach nur notwendig. Und ich finde, da wäre es leichter als wenn man schon schwanger wäre, schon das Embryo hätte oder den Fötus. Den dann wegmachen zu lassen, ist viel schwerer, weil es ja dann, weil man es ja eigentlich dann schon hat, das Kind, finde ich." (Interview Anja Reh: 883ff.)

Frau Reh befürwortet die PID als reproduktionstechnologische Methode, um unerwünschte Embryonen auszusortieren. Im Juli 2011 hat der Bundestag entschieden, auch in Deutschland die Anwendung der Präimplantationsdiagnostik für ausgesuchte Erbkrankheiten zu ermöglichen, CF eingeschlossen. So liefert die Option von PID auch Frau Reh angesichts des Wissens über die Wahrscheinlichkeit der Geburt eines zweiten an CF erkrankten Kindes eine mögliche Kompromissbildung am Schnittpunkt zweier Konflikte: Zum einen dem Konflikt zwischen Kinderwunsch und ihrer Erfahrung, die CF-Erkrankung ihres Kindes nur schwer aushalten zu können. Zum zweiten geht es um den Konflikt zwischen dem Wunsch, durch Selektion ein weiteres CF-Kind zu vermeiden, und einer Bindung, die sie schon in der Schwangerschaft zu dem ungeborenen Kind empfinden würde; sie versteht den Fötus, der den Zustand des Embryos verlassen hat, als ein „Kind", das sie eigentlich „schon hat". Für sie böte die PID die Möglichkeit, ihre Konflikte zu versachlichen. Dazu mag auch die Verlagerung des Ortes der Selektion – weg vom Leib als Ort des Geschehens einer Abtreibung nach PND und hinein ins Labor – beitragen; das Geschehen der Selektion ist bei der PID keine körperliche Erfahrung mehr. So zeigt das Beispiel von Frau Reh, dass das Wissen über den Erbgang von CF gekoppelt mit den Möglichkeiten von PND, Abtreibung und PID ein Bedeutungsfeld erzeugt, in dem die kranken Kinder in der weiteren Familienplanung der Eltern als zu vermeidende Existenz markiert werden: „Wir kriegen eben halt kein krankes Kind mehr".

Diese Implikation bzw. Tendenz ist dann auch der Grund für andere Interviewte, sich eher skeptisch zu den Möglichkeiten von PND und PID zu äußern. Die 40-jährige Gerlind Richter ist Naturwissenschaftlerin und hat zwei Söhne, der Ältere ist 10 Jahre alt, der Jüngere ist 8 Jahre alt und an CF erkrankt. Sie steht der genetischen Forschung wegen des therapeutischen Nutzens bei CF positiv gegenüber und beschreibt den Nutzen einer pränatalen genetischen Diagnostik für die Gesundheit der Mutter und vorkehrende Maßnahmen für die bevorstehende Geburt ausführlich. Zugleich aber formuliert sie das ethische Dilemma einer eugenischen Selektion von Ungeborenen auf der Basis der genetischen Information. Sie sagt:

> „Ich finde halt, dass eigentlich jedes Kind das Recht hätte, zur Welt gebracht zu werden. [...] Ich finde eigentlich, ich sag mal so, eigentlich wäre es nicht schlecht, wenn es die Pränataldiagnostik nicht gäbe (lacht). Dann müsste man sich da nicht entscheiden sozusagen (lacht). Wenn es das gar nicht geben würde, dann würde sich ja auch keiner Gedanken machen, sondern wird man schwanger und würde das Kind

kriegen. Und dann ist das Kind da und dann sieht man okay, es hat, was weiß ich irgendeinen Defekt. Aber es ist schon mal da und dann muss man damit klarkommen und ich glaub, viele würden dann auch damit klarkommen." (Interview Gerlind Richter, 40 Jahre, zwei Kinder, das jüngere erkrankt: 1031ff.)

Die von Frau Richter formulierte Schutzfunktion von Nicht-Wissen und die als erleichternd geschilderte Vorstellung, das Gegebene schlicht anzunehmen, verweist gleichermaßen auf die Anstrengungen und Dilemmata von Abwägung, Bilanzierung und Entscheidungen beim Einsatz von Techniken der Pränataldiagnostik. „Eigentlich", so ihre Annahme, stellten die Diagnostiken und Techniken der Reproduktionsmedizin die Beteiligten vor nicht lösbare ethische Fragen. Das Vorhandensein der Technologie setzt den Prozess der Abwägung von Pro und Kontra-Argumenten zur Begründung von Entscheidungsoptionen in Gang. Einerseits, so führt Frau Richter an, gibt es bezogen auf CF gute Gründe für die genetische PND: Eine frühe Diagnose ist für die Behandlung des erkrankten Kindes definitiv wichtig und nützlich, sofern man es bei positivem Befund dann noch auf die Welt kommen lässt. Zugleich aber wird durch die pränatale Diagnostik die Funktion der Ärzte zu heilen oder zu lindern ausgesetzt und schlägt um in eine Überantwortung der Entscheidung an die Eltern, angesichts eines Befundes auf CF die Schwangerschaft ggfs. abzubrechen. Hier zeigt sich eine doppelte Verschiebung: Zum einen verändert sich der ärztliche Auftrag von der Heilung zur Diagnose; die meisten pränatalen Untersuchungen haben keine therapeutischen Konsequenzen. Zum zweiten wird hier das Risiko, ein krankes Kind zu bekommen, den Paaren zur „Entscheidung" überantwortet und damit individualisiert. Diese Neuerungen werden, wie uns befragte Ärztinnen beschreiben, die in Pränatalzentren mit angeschlossenen Laboren humangenetische und pränataldiagnostische Beratung durchführen, zu einer Art von Automatismus, zu einer neuen unhintergehbaren Realität. Die Ärztinnen schildern ein Hinein-Gerissen-Werden der Frauen und Paare in die Entscheidung, sich und ihr Ungeborenes ggfs. genetisch untersuchen zu lassen. Eine Ärztin spricht von einem „Strudel von Untersuchungen", in den die oftmals unvorbereiteten Paare geraten, die eine humangenetische Beratungsstelle aufsuchen,

„bis sie dann quasi doch plötzlich vor 'ner Entscheidung stehen, ‚Schwangerschaft Ja oder Nein'. Eigentlich 'ne Entscheidung, vor die sie nie gestellt werden wollten." (Interview Dr. Bettina Kind[74], Humangenetikerin: 124f.)

Eine andere Ärztin bezeichnet die Abläufe in der pränatalen Beratung als „Kaskade":

„einfach 'ne Kaskade, die einfach passiert. Wo praktisch der erste Baustein steht und dann setzt sich der nächste da drauf, ohne ein ‚Halt, stopp, ich muss da noch mal

---

[74] Die Namen der interviewten Ärztinnen wurden geändert.

drüber nachdenken, ob ich das eigentlich möchte'." (Interview Dr. Hanne Schlump, Humangenetikerin: 101ff.)

Hier stellt sich die viel diskutierte Frage, inwieweit die Humangenetik und die Pränataldiagnostik die reproduktive Selbstbestimmung von Paaren einschränkt. Der Deutsche Ethikrat fordert angesichts dieser Problematik „eine besonders sensible Aufklärung und Beratung" (Deutscher Ethikrat 2013, S. 159; auch: Propping/Schott 2014), ein Anliegen, dessen Realisierung die Bundeszentrale für gesundheitliche Aufklärung schon seit längerem anmahnt, aber unter den bisherigen Strukturen für kaum realisierbar hält (BfgA 2006, S. 27). Auch von Nicht-Regierungsorganisationen werden diese Entscheidungen als „weder frei noch selbstbestimmt" kritisiert:

> „Für das engmaschige Netz pränataler Diagnostik, das Menschen mit Behinderungen systematisch symbolisch abwertet, tragen Gesundheitspolitik und Biomedizin Verantwortung, und ihre reale Abwertung auf Arbeitsmärkten und in den Versorgungsstrukturen entspringt Unternehmenskulturen und sozialpolitischen Entscheidungen. Diese Bedingungen in ‚individuelle Wahlfreiheitsrechte' umzumünzen, ist weder redlich noch richtig." (GEN-Bioskop-Netzwerk 2014, S. 2)

Die hier illustrierte Auseinandersetzung mit der Frage der Anpassung von Verantwortungserwartungen an das technologisch Machbare bestätigt und ergänzt die in der einschlägigen Literatur konstatierte „genetische Verantwortung" (Feuerstein/Kollek 2001, S. 31) als eine Folge der Ausweitung genetischer Diagnostik insbesondere im Bereich von Pränataldiagnostik und Präimplantationsdiagnostik (vgl. z.B. Beier/Wiesemann 2010; Fischmann/Hildt 2011; Hens et al. 2013; Boardman 2014; Bonte et al. 2014). Das Interviewmaterial zeigt die verhaltenswirksamen Effekte der genetischen pränatalen Diagnostik und macht deutlich, wie schwierig es für die Betroffenen ist, sich der genetischen Information folgenlos zu entziehen. Dort, wo genetisches Wissen potenziell zur Verfügung steht, wirkt die Geburt eines kranken Kindes gerade durch seine ‚Verhinderbarkeit' stigmatisierend. Die Option des Nicht-Wissens über die eigene genetische Konstitution und die des Kindes sowie die Nicht-Inanspruchnahme pränataler Diagnostik und Präimplantationsdiagnostik wird dabei zu einem wichtigen Teil des individuellen Umgangs mit dem genetischen Risiko, der allerdings der Rechtfertigung bedarf; viele der Befragten befürchten, dass ihr Reproduktionsverhalten durch soziale Nachteile sanktioniert wird. Dies deutet an, dass genetische Diskriminierung zumindest als gesellschaftliches Risiko-Szenario bei den Betroffenen präsent ist und – wie im Folgenden noch verdeutlicht werden soll – als „Reproduktionsverantwortung" zum Bezugspunkt ihres Denkens und Verhaltens im Alltag angekommen ist.

4 Schlussüberlegungen: Klassifizierungen und das Risiko genetischer Diskriminierung

Das im Rahmen der Fallstudie „Cystische Fibrose" erhobene Material dokumentiert die Veränderungen, die die genetische Information über die eigene genetische Disposition in Gang setzt. Sie betrifft zum einen den Blick auf das familiale Gefüge und zum zweiten die selbstregulatorischen Handlungsweisen im Bereich der Familienplanung, in denen sich das Postulat einer genetischen Verantwortung faktisch Geltung verschafft. Das Wissen über den rezessiven Erbgang einer Mutation, die für die betroffenen Kinder gravierende gesundheitliche Einschränkungen und eine verkürzte Lebenserwartung bedeuten, setzt die nicht erkrankten Eltern unter Druck, indem es sie zu ‚Genträgern' macht und sie mit der normativen Erwartung nach besonderer Aufmerksamkeit und Verantwortung mit ihrer genetischen Disposition konfrontiert.

Die geschilderten Erfahrungen von Verunsicherungen und Abwertung der Befragten basieren auf der kategorialen und sozialen Besonderung, die Eltern CF-erkrankter Kinder im Zuge ihrer Klassifikation als ‚Träger' einer rezessiv vererbbaren Mutation erleben. Diese Klassifikation bildet die Voraussetzung für Ungleichbehandlung. Abwertung, Stigmatisierung und Diskriminierung zielen deshalb nicht auf reale Gruppen, sondern auf „abstrakte Gruppen" und so gesehen ist das hier Beschriebene weniger als „Erfahrungs- und Kommunikationszusammenhang einer begrenzten Zahl von Menschen" zu verstehen als vielmehr als „Effekt gesellschaftlicher Einteilungen und Zuordnungen zu einer Kategorie" (Scherr 2011, S. 36).

Die Produktivität solcher Personen-Kategorisierungen liegt Ian Hacking zu Folge in der Herstellung neuer Existenzweisen; er spricht von einem „Making up people" (that) „creates new ways for people to be" (Hacking 2006, S. 161). Diese Neu-Klassifikation „changes the space of possibilities for personhood" (ebd., S. 165) und verändert auch die Handlungsspielräume, die durch Bezeichnungen und Beschreibungen geöffnet oder eingeschränkt werden (ebd., S. 166). Dabei versteht Hacking Krankheit und Vererbung als Tatsachen, als harte Fakten, die in ihrer Unabhängigkeit von Bezeichnungen einen vom Menschen grundlegend anderen ontologischen Status haben: „the disease itself is an entity in its own right, independently of how we classify" (ebd., S. 164). An dieser Begebenheit setzt dann der umfassende Prozess der sozialen Konstruktion von Erkrankung und Vererbung an, die ihren Ausgangspunkt in einer Merkmalszuschreibung und einer Neu-Klassifikation hat. Aus dieser Perspektive argumentiert Jan Weisser, dass das Merkmal ‚Behinderung' den betroffenen Personen in essentialisierender Weise zugeschrieben wird und damit den behindernden Charakter der Kategorisierung selbst verdeckt. Die Kategorisierung als vorgängig, naturhaft und gegeben befestigt die Norm des Gesunden und Nichtbehinderten und verdeckt damit

die soziale und gesellschaftliche Behinderung und Beschränkung der als „behindert" kategorisierten Personen (Weisser 2010, S. 312f.).
Ein solcher Normierungsprozess zeigt sich auch in den Ausführungen unserer Interviewpartner_innen, für die die Neu-Kategorisierung ihres Körpers aufgrund seiner genetischen Ausstattung zum Anlass (gemacht) wird, sich selbst in ihren familialen Bezügen neu zu bedenken und in ihrer Familienplanung neue Personenkategorien, die der ‚ungeborenen Genträger' und der ‚potenziell erkrankten Kinder', zu berücksichtigen. Diese Kategorisierungen entfalten als Postulat einer genetischen Reproduktionsverantwortung normative Wirkung. Diese Norm schränkt den Handlungsspielraum betroffener Personen hinsichtlich ihres Kinderwunsches ein und schafft ein Diskriminierungsrisiko für Personen, die sich diesem Postulat nicht unterwerfen (Wolf 1995, S. 350). Es befördert den Topos von Schuld – wo genetisches Wissen besteht, gibt es keine Unschuld mehr – und verschafft Diskursen von der ‚Vermeidung kranken Nachwuchses' Anerkennung.

Der zentrale Unterschied zwischen alter Eugenik und neuem humangenetischen Verantwortungsimperativ liegt dabei darin, dass die Beteiligten aufgefordert sind, die Selektion „selbstbestimmt" und als Akt individueller Wahlhandlung vorzunehmen (Weingart 1993). Entsprechend begründen die in unserer Fallstudie befragten Eltern ihren Verzicht auf ein weiteres Kind vorrangig mit der eigenen Belastung und dem Ansinnen, ihr erkranktes Kind zu schützen. Das Argument einer Verantwortung für den Genpool der Gesellschaft tritt lediglich in der Form einer Befürchtung in Erscheinung, dass Gesellschaft und das soziale Umfeld eugenisch denken könnten. Die Befragten thematisieren die ethische Problematik einer Einteilung in lebenswert-lebensunwert, sind jedoch in der Frage der Bewertung von pränataler selektiver Diagnostik und Abtreibung (potenziell) erkrankter Föten keinesfalls einig. Einige nennen Kriterien und Indikationen für eine Selektion (z.B. Down Syndrom), andere haben präventiv entschieden, keine weitere Kinder zu bekommen, und einige würden das Verfahren der Präimplantationsdiagnostik nutzen, um Embryonen – und nicht: Föten – zu selektieren. Hier zeigt sich, dass eugenische Begründungen auch dann implizit handlungsleitend sein können, wenn sie explizit zurückgewiesen werden. Thomas Lemke folgend kann dies als Ausdruck einer historischen Verschiebung eugenischer Begründungen und eugenischen Verhaltens verstanden werden. Heute, so Lemke, steht nicht mehr das Argument einer Verbesserung der Volksgesundheit im Mittelpunkt von Bevölkerungspolitik, sondern es dominiert eine Reproduktionsmedizin, welche „die Leidensverminderung und Lebensverlängerung von Individuen" (Lemke 2014, S. 28) einschließlich das Vermeiden des Leidens eines kranken Kindes durch Verhinderung seiner Geburt zum Ziel hat. Diese Art der Prävention aber hat faktisch einen eugenischen Effekt. Paare mit Kinderwunsch folgen der gesellschaftlichen Erwartung, die Geburt kranker Kinder zu vermeiden, ohne dabei explizit eugenische Ziele zu benennen. Sie tragen damit zu einer ‚Verbesserung des Genpools' bei und praktizieren, in der Formulierung von Stefan Kühl, eine „Eugenik ohne Eugeniker" (ebd., S. 28).

In derartigen Kopplungen von genetischer Diagnose und genetischem Wissen mit Praktiken und Denkformen sozialer Regulation und individueller Selbstführung liegt auch das Potenzial bzw. Risiko von genetischer Diskriminierung. In der Form normativer Postulate, zum Beispiel als Postulat einer genetischen Reproduktionsverantwortung, werden die Handlungs- und Entscheidungsspielräume betroffener Personen hinsichtlich ihres Kinderwunsches eingeschränkt und ein Diskriminierungsrisiko für all diejenigen Personen geschaffen, die sich diesem Postulat nicht unterwerfen. Ein solches Diskriminierungsrisiko basiert ausschließlich auf der genetischen Disposition, nicht auf Symptomen oder Erkrankung, und betrifft auch Personen, die an einer genetischen Krankheit leiden. Auch die an CF Erkrankten sind unabhängig von ihrer manifesten Erkrankung „Risikopersonen" hinsichtlich der Vererbbarkeit und dies macht die Einbeziehung der Erkrankten in den potenziell von genetischer Diskriminierung betroffenen Personenkreis erforderlich.

Genetisches Wissen und sozialer Ausschluss. Das Beispiel Blutspende

Ulrike Manz/Jonas Rüppel

Blut ist in zahlreichen Gesellschaften von hoher symbolischer Bedeutung. Es gilt nicht nur als „Saft des Lebens", als Quelle von Kraft und Aktivität, sondern auch als ein Medium, welches Zusammengehörigkeit und Verwandtschaft ebenso begründet wie Ungleichheit und Ungleichwertigkeit. Blut fungiert mithin als ein Idiom, das zur Formulierung von biosozialer Verbundenheit und Getrenntheit (Blutsverwandtschaft, Blutsbruderschaft) sowie von Gleichheit und Ungleichheit (rotes und blaues, reines und unreines Blut) genutzt wird (Hauser-Schäublin 2007, S. 171). Betroffene einer Bluterkrankung sind demzufolge immer auch mit Fragen von sozialem Einschluss und Ausschluss, von Ablehnung und Teilhabe konfrontiert, die in konkreten institutionellen und alltäglichen Praktiken ihre Wirkung entfalten. Ein Feld dieser Praktiken bildet der Bereich der Blutspende. Hier wird entschieden, wer sein Blut an andere weitergeben darf, wird reguliert, wie und wo unter welchen Bedingungen es gelagert, verkauft, vermischt, fragmentiert und verworfen wird. In den Praktiken rund um die Blutspende werden somit Vergemeinschaftung und Stigmatisierung, Ausschluss und Zugehörigkeit von Spender_innen und Empfänger_innen wirksam verhandelt (Waldby/Mitchell 2006; Polonsky et al. 2011; Kent/Farrell 2014).

Der folgende Beitrag diskutiert die Bedeutung genetischer Diagnostik in diesem Feld. Am Beispiel der Erkrankung Hereditäre Hämochromatose wird gefragt, inwieweit die genetische Dimension dieser Erkrankung Blutspendepraktiken verändert. Geht mit der genetischen Diagnostik der Erkrankung eine Andersbehandlung und möglicherweise auch Benachteiligung der Betroffenen im Bereich der Blutspende einher? Im Mittelpunkt der folgenden Ausführungen steht die Frage, ob und wenn ja wie genetische Diagnostik, Symbolik des Blutes sowie institutionelle Logiken sich zu Andersbehandlungen und Benachteiligungen der Betroffenen verschränken.

Hierzu wird einleitend zunächst in ein sozialtheoretisches Verständnis der Blutspende eingeführt, ferner die Organisation der Blutspende in Deutschland vorgestellt. Der dritte Abschnitt gibt einen Überblick über die Erkrankung Hereditäre Hämochromatose sowie den Kontext der Erhebung und die Auswertung des empirischen Materials (Studiendesign). Dieses empirische Material steht im

Zentrum des vierten Abschnitts. Vorgestellt werden Ausschnitte einer Befragung von Hämochromatose-Betroffenen, in denen sich die Interviewten auf die Thematik der Blutspende beziehen, sowie im fünften Abschnitt das Material aus einer schriftlichen Umfrage, in der Blutspendedienste nach ihren Umgangsweisen mit spendewilligen Hämochromatose-Betroffenen befragt wurden. Abschließend diskutiert der Beitrag mögliche kränkende Effekte genetischer Diagnosen im Feld der Blutspende und reflektiert den Zusammenhang zwischen genetischem Wissen und sozialem Ausschluss.

1 Blutspende und Zugehörigkeit

Blut ist jene körperliche Substanz, die als erste zu therapeutischen Zwecken von einem Organismus auf den anderen übertragen wurde (Waldby et al. 2004; Wiebecke et al. 2004; Schiefer 2006, S. 12ff.). Bluttransfusionen gehören heute zum medizinischen Alltag und gewinnen im Zuge der Einführung neuer Technologien und Behandlungsmethoden fortwährend an Bedeutung. Während früher jedoch ausschließlich Vollblutspenden durchgeführt, d.h. alle Bestandteile des Blutes entnommen und einem Empfänger übertragen wurden, können heute einzelne Blutbestandteile gespendet werden. So wird etwa im Rahmen einer Plasmapherese das Plasma dem Körper entnommen, während die anderen Blutbestandteile (z.B. rote Blutkörperchen) dem Körper der Spender_in wieder zugeführt werden. Auch nach einer Vollblutspende kann das gespendete Blut heute technisch in seine Bestandteile zerlegt werden. Diese Fraktionierung ermöglicht nicht nur, dass mehrere Personen von einer Spende profitieren können, sondern auch den Transport des Blutes über große Distanzen sowie die längerfristige Einlagerung in Blutbanken (Waldby/Mitchell 2006, S. 41ff.).

Im Unterschied zur Organspende, die nur einmal erfolgen kann, vermag ein Mensch aufgrund der fortwährenden Bildung neuer Blutzellen (Hämatopoese) in regelmäßigen Abständen Blut zu spenden. Darüber hinaus bleibt Blut nach der Transfusion nicht beständig im Körper, vielmehr vermischt sich diese Körpersubstanz auf spezifische Weise mit der der Empfänger_in bis sie nach einiger Zeit wieder abgebaut wird. Diese Charakteristika des Blutes haben zur Folge, dass eine Bluttransfusion von den Empfänger_innen häufig weniger als Übertragung einer fremden Körpersubstanz denn als Verabreichung eines Arzneimittels wahrgenommen wird (Waldby et al. 2004, S. 1469).

In seiner Studie *The Gift Relationship* deutete Richard Titmuss (1970) die freiwillige, unentgeltliche und anonyme Blutspende als eine soziale Praxis, in der Zusammengehörigkeit konstituiert und die sozialen sowie moralischen Potenziale der Bürger_innen aktualisiert werden könnten. Aufgrund seiner symbolischen Bedeutung scheint die Spende des Blutes für Titmuss diese Funktion besser erfüllen zu können als die jeder anderen Ressource.[75] Er versteht die Blutspende dementsprechend als eine gesellschaftliche Praxis, die vor einer Kommerzialisierung – wie seinerzeit durch neoliberale Think Tanks anvisiert – geschützt werden müsse, da eine solche die konstitutive Freiheit der Bürger_innen zur Spende ihres Blutes und mithin eine Basis des Gemeinschaftsgefühls unterminieren würde.

„In a positive sense we believe that policy and processes should enable men to be free to choose to give to unnamed strangers. They should not be coerced or constrained by the market. [...] If it is accepted that man has a social and a biological need to help then to deny him opportunities to express this need is to deny him the freedom to enter into gift relationships." (Titmuss 1970, S. 242f.)

Dieses Verständnis der Blutspende begründet Titmuss im Anschluss an Marcel Mauss' (1990) Theorie der Gabe, wonach diese als eine Praxis zu verstehen ist, welche Sozialität zu konstituieren vermag. Die Gabe hat nach Mauss das Potenzial, eine beständige Beziehung zwischen einander bis dahin fremden Gruppen oder Individuen zu stiften, weil sie mit einer Pflicht der Annahme und einer Pflicht der Erwiderung verknüpft ist (ebd., S. 36ff.).[76] Dabei kann alles als Objekt der Gabe fungieren, was kommunikativ oder materiell übertragen werden kann; im Akt des Gebens wird es zu einer kulturellen Tatsache.

Die einmal in Gang gesetzte Gabenkette ist jedoch nicht gegen einen Abbruch gefeit, ist also ebenso fragil wie die damit konstituierte soziale Bindung. Sozialität ist aus dieser Perspektive nicht notwendigerweise vorhanden, keine stabile Entität, sondern muss mittels Gabepraktiken situativ hergestellt werden (vgl. Därmann 2010, S. 25). Pierre Bourdieu (1998) fokussiert in seiner Interpretation der Gabe das seines Erachtens unerlässliche Zeitintervall zwischen Gabe und Gegengabe, welches den Abbruch der Gabenkette ebenso ermöglicht wie es

---

75 Titmuss idealisiert die besondere Qualität des Blutes, was beispielsweise in folgendem Zitat zum Ausdruck kommt: „There is a bound that links all men and women in the world so closely and intimately that every difference of colour, religious belief and cultural heritage is insignificant beside it. [...] the life stream of blood runs in the veins of every member of the human race proves that the family of man is a reality." (Titmuss 1970, S. 9) Dass Blut keinesfalls immer eine solch bindende Kraft entfalten muss, sondern auch die Einstellung gegenüber Blutspender_innen etwa von Rassismen durchzogen sein kann, zeigen z.B. Polonsky et al. (2011).

76 Moebius (2009) differenziert zwischen einer strukturalistisch-symbolischen und einer antiutilitaristischen Interpretationslinie des Gabe-Theorems im Anschluss an Mauss. Während Erstere von Mauss ausgehend eine Theorie der Reziprozität entwickeln würde, in der der Zwang zur Erwiderung quasi natürlich festgelegt sei, lese die zweite „Die Gabe" als eine Theorie des Ergriffenseins und der Selbsttransparenz. Demnach findet im Akt der Gabe eine Vermischung von Sache und Person statt, sodass der Gabe etwas vom Gebenden anhaftet, sie Träger einer Kraft wird. Die Gabe übe daher eine Macht über den Empfänger aus, welche erst die „verpflichtenden Bindungskräfte der Gabepraktiken" (ebd., S. 106) erkläre. „Es ist diese Mischung, die die Pflicht zu geben, zu nehmen und zu erwidern konstituiert. Es ist die Person und Sache vermischende Gabe, die verpflichtet und soziale Bindung schafft." (ebd., S. 110)

den Tauschcharakter dieser Praktiken auch für die Handelnden selbst zu verschleiern vermag, indem es Gabe und Gegengabe als unverbundene Einzelhandlungen erscheinen lässt (vgl. ebd., S. 163). Gabepraktiken sind – so macht Bourdieu im Rahmen einer umfassenderen „Ökonomie symbolischer Güter" deutlich – immer auch symbolische Akte, die eine Anerkennung der Tauschpartner_innen implizieren und in Macht- und Herrschaftsverhältnisse eingebettet sind. „Symbolische Akte setzten bei denen, an die sie sich richten, immer kognitive Akte voraus, Akte des Erkennens und Anerkennens." (ebd., S. 171)

Im Rahmen einer solchen „Ökonomie symbolischer Güter" wird auch die Annahme der Blutspende als ein symbolischer Akt dechiffrierbar, der eine Anerkennung der Spender_in impliziert. So verweist Dalsgaard (2007) in einer Studie zur Blutspende in Dänemark exemplarisch auf die trotz der Anonymität von Spender_in und Empfänger_in vorhandene Reziprozität, die er im Akt der Annahme der Spende selbst sowie in den konkreten Interaktionen zwischen den Spender_innen und den Blut abnehmenden Krankenpfleger_innen verortet. „Acceptance is then the personal satisfaction stemming from a confirmation of the donor as a 'whole being' – both physically and morally." (ebd., S. 110)[77]

Waldby et al. (2004) sowie Waldby/Mitchell (2006) argumentieren darüber hinaus, dass die Blutspende als eine Praktik zu begreifen sei, die als Ausdruck und Basis einer imaginierten Gemeinschaft (Anderson 1996) fungieren könne, indem sie ein Gefühl unpersönlicher Gegenseitigkeit und Inklusion schaffe. Die Autor_innen stützen diese Annahme auf die große Bereitschaft zur Blutspende in Folge der Terroranschläge vom 11. September 2001:

> „The huge mobilization of blood donors also suggests the continued currency of civic values often said to be in decline – values of altruism, citizenship, and identification with the fate of the nation over and above more segmented ethnic and religious identity. [...] Blood donation [...] would appear to be an exemplary act of imagined community in Anderson´s terms, a gift of health to an unknown other with whom one has nothing in common other than the shared space of the nation." (Waldby/Mitchell 2006, S. 4)

Die Blutspende stellt aus dieser Perspektive einen Akt der Partizipation an einer Gemeinschaft dar, die insbesondere vor dem Hintergrund der heute globalen Bluttransporte nicht als eine nationale gedacht werden muss. Sie ist eine Praktik, in der die Spender_innen als Mitglieder einer imaginierten Gemeinschaft der moralisch und physisch integren Subjekte anerkannt werden.

---

77 Darüber hinaus weist Dalsgaard 2007 darauf hin, dass die Spender_innen insofern von der Blutspende profitieren als sie diese als einen Gesundheitscheck erleben.

2 Regulierung der Blutspende in Deutschland

In Deutschland wurden erstmals im Jahre 1961 verbindliche Richtlinien zur Durchführung von Bluttransfusionen formuliert (Deicher 2004). Vor dem Hintergrund der Skandale um die Übertragung von HIV mittels Bluttransfusionen in den 1980er Jahren forderte der Untersuchungsausschuss „HIV-Infektionen durch Blut und Blutprodukte" des Deutschen Bundestages in seinem 1994 vorgelegten Abschlussbericht ein kohärentes Gesetz, welches zu mehr Sicherheit im Transfusionswesen beitragen und das Vertrauen der Bevölkerung in dieses stärken sollte (von Auer 1999, S. 95; von Auer 2004, S. 104). Das 1998 verabschiedete „Gesetz zur Regelung des Transfusionswesens" (Transfusionsgesetz, TFG) bildet heute den rechtlichen Rahmen des Bluttransfusionswesens in Deutschland.[78] Mit der Formulierung und Aktualisierung detaillierter Richtlinien werden im Gesetz die Bundesärztekammer und das Paul-Ehrlich-Institut beauftragt, um eine flexible Anpassung an die Entwicklungen in der medizinischen Wissenschaft und Technik zu gewährleisten. Diese von den beiden Einrichtungen einvernehmlich festzulegenden „Richtlinien zur Gewinnung von Blut und Blutbestandteilen und zur Anwendung von Blutprodukten" (Hämotherapie-Richtlinien, HR) haben allerdings nicht den Status zwingenden Rechts, sondern stellen gesetzlich basierte fachliche Empfehlungen dar, so dass auch begründete Abweichungen von diesen Standards zulässig sind (von Auer 1999, S. 97; von Auer 2004, S. 105).[79] Das Transfusionsgesetz erteilt den Blutspendeeinrichtungen den öffentlichen Auftrag zur Versorgung der Bevölkerung mit Blut und Blutprodukten und fordert diese zu einer angemessenen Zusammenarbeit sowie zur Förderung der freiwilligen und unentgeltlichen[80] Blutspende auf (von Auer 2004, S. 105).[81] In der Bundesrepublik werden etwa 80 Prozent der Versorgung durch die Blutspendedienste des Deutschen Roten Kreuzes sichergestellt. Der verbleibende Anteil wird von Blut- und Plasmaspendediensten der Länder und Kommunen, von pri-

---

78 Das Gesetz wurde inzwischen mehrfach überarbeitet und u.a. an die europäischen Richtlinien angepasst.
79 Auf europäischer Ebene existieren weitere, inhaltlich weitestgehend identische Empfehlungen und Richtlinien für die Transfusionsmedizin wie z.b. der Guide to the preparation, use and quality assurance of blood components (vgl. Kroczek et al. 1999, S. 102ff.). Zu den Regulierungen des Bluttransfusionswesens in der EU siehe auch Farrell 2006.
80 Zulässig ist ausschließlich eine Aufwandsentschädigung (Schiefer 2006, S. 30f.).
81 Diese Anstrengungen zielen auf die Gewährleistung einer Autarkie Deutschlands hinsichtlich der Blut- und Plasmaversorgung, da auf diesem Weg die Versorgung der Bevölkerung aus Perspektive des Gesetzgebers am besten gewährleistet werden kann (von Auer 1999, S. 98; von Auer 2004; Schiefer 2006, S. 28). Bei der Förderung der freiwilligen und unentgeltlichen Blutspende werden die Blutspendeeinrichtungen von der Bundeszentrale für gesundheitliche Aufklärung unterstützt, welche die Motivation zur Blutspende mittels umfangreicher Kampagnen (z.B. der Kampagne „Einfach Leben retten") zu stimulieren versucht.

vaten Blut- und Plasmaspendeeinrichtungen sowie dem Blutspendedienst der Bundeswehr erbracht (Schiefer 2006, S. 73).[82]

Die im Gesetz angestrebte Sicherheit im Transfusionswesen umfasst erstens den gesundheitlichen Schutz der Spender_innen, die aufgrund ihres „wertvollen Dienst[es] für die Gemeinschaft [...] besonders vertrauensvoll und verantwortungsvoll zu betreuen" (§3 Abs. 3 TFG) seien. Vor jeder Blutspende muss daher mittels einer ärztlichen Beurteilung sichergestellt werden, dass diese die Gesundheit der Spender_in nicht gefährdet. Darüber hinaus ist die Spender_in über Wesen, Bedeutung, Durchführung und Risiken des Eingriffs sowie die Verwendung der personenbezogenen Daten aufzuklären.[83]

Zweitens zielen die Regelungen auf die „Herstellung von möglichst risikoarmen Blutkomponenten und Plasmaderivaten" (HR, S. 18) und damit auf den gesundheitlichen Schutz der Empfänger_innen. Es dürfen nur jene Personen zur Spende zugelassen werden, deren Identität festgestellt und deren Spendetauglichkeit mittels der obligatorischen ärztlichen Beurteilung überprüft worden ist.[84] In den Hämotherapie-Richtlinien aus dem Jahre 2010 werden Kriterien für einen Dauerausschluss von der Blutspende festgelegt. Hierzu zählen unter anderem spezifische Infektionen (z.B. HIV) und bösartige Neoplasien (Neubildungen von Körpergewebe) sowie chronische Krankheiten, insofern eine Blutspende die chronisch kranken Spender_innen oder die Empfänger_innen gefährden würde.[85] Die Frage, ob Personen mit Hereditärer Hämochromatose von letzterem Ausschlusskriterium betroffen sind, ist bislang ungeklärt. Der am Robert-Koch-Institut angegliederte „Bundesarbeitskreis Blut", der im Transfusionsgesetz als

---

82 Die privaten Blutspendedienste sind seit 2004 im „Verband unabhängiger Blutspendedienste e.V." (VUBD) organisiert. Einige dieser privaten Dienste führen keine Vollblutspenden, sondern ausschließlich Spenden von Blutbestandteilen durch.

83 Aufgeklärt werden muss auch über mögliche Gründe für einen Ausschluss bzw. eine Nicht-Verwendung der Blutspende und darüber, weshalb nicht verwendetes Blut oder Blutbestandteile möglicherweise entsorgt werden müssen. Bezüglich des Schutzes der personenbezogenen Daten legt das Gesetz fest, dass diese durch die miteinander kooperierenden Spendeeinrichtungen soweit „erhoben, verarbeitet und genutzt" werden dürfen, wie es für die Erfüllung ihrer Aufgabe, d.h. die Versorgung der Bevölkerung mit Blut und Blutprodukten, notwendig ist. Zudem haben sie diese Informationen an die zuständigen Behörden und Bundesbehörden weiterzuleiten, „soweit dies zur Erfüllung der Überwachungsfunktion nach dem Arzneimittelgesetz und zur Verfolgung von Straftaten und Ordnungswidrigkeiten, die im Zusammenhang mit der Spendeentnahme stehen, erforderlich ist." (§11 Abs. 2 TFG)

84 Jede Spende ist daher vor der Freigabe auf Infektionsmarker (mindestens auf eine Infektion mit HIV, Hepatitis B- sowie Hepatitis C-Viren) zu testen (von Auer 1999, S. 96). Das TFG und die Richtlinien sehen daneben die Möglichkeit eines „vertraulichen Selbstausschlusses" vor, d.h. die Spender_in kann nach der ärztlichen Beurteilung sowie der Blutspende schriftlich und ohne Angabe von Gründen die Verwendung der Spende selbstständig untersagen. Hiermit soll dem Dilemma zwischen dem Sicherheitsbedürfnis der Empfänger_in auf der einen und dem Vertraulichkeitsbedürfnis der Spender_in auf der anderen Seite begegnet werden.

85 Ein vorübergehender Ausschluss kann u.a. in Folge der Einnahme von Medikamenten oder der Durchführung von Operationen indiziert sein.

unabhängiges Sachverständigengremium mit der Formulierung von Stellungnahmen und Handlungsempfehlungen bezüglich aktueller Problemstellungen beauftragt wird (Kroczek et al. 1999, S. 101), hat sich daher dieser Frage angenommen. Auf der 74. Sitzung des Arbeitskreises im November 2012 wurde eine Untergruppe zur Erarbeitung einer Stellungnahme eingesetzt, die zum gegenwärtigen Zeitpunkt (08/2014) noch nicht vorliegt. Während also in Deutschland aktuell eine Debatte über die Spendetauglichkeit von Personen mit Hereditärer Hämochromatose geführt wird, sind diese Personen etwa in Schweden, Australien und Kanada (Denzer et al. 2009) sowie den USA (Casella et al. 2004) zur Blutspende zugelassen. Diese Uneinheitlichkeit der Regelungen zwischen den Ländern verweist auch auf Kontroversen zwischen medizinischen Expert_innen. Ob Personen mit einer Genvarianz für Hereditäre Hämochromatose zur Blutspende zugelassen werden sollten, wird derzeit medizinisch unterschiedlich beurteilt.

3 Hereditäre Hämochromatose und Studiendesign

„Wenn die Blutbahn zur Eisenbahn wird" – mit diesem plakativen Bild tituliert die Hämochromatose-Vereinigung Deutschland (HvD)[86] den Verlauf einer Krankheit, die zu den häufigsten erblichen Stoffwechselstörungen in Europa, Nordamerika und Australien gehört (HvD e.V. 2009). Bei dieser Erkrankung kommt es zu einer erhöhten Aufnahme von Eisen im Körper, welches sich in verschiedenen Organen, insbesondere der Leber, anlagert und dort zu irreversiblen Organschäden führt. Symptome der Hämochromatose bilden vor allem erhöhte Leberwerte, anhaltende Müdigkeit und Gelenkschmerzen. Die genetische Dimension dieser Erkrankung wurde 1996 bekannt (Punktmutationen des HFE-Gens auf dem Chromosom Nr. 6); seither gibt es die Möglichkeit, neben der Serumdiagnose auch eine genetische Testung auf Hämochromatose in Anspruch zu nehmen.

Vergleicht man die Hereditäre Hämochromatose mit anderen genetisch bedingten Erkrankungen, so wird deutlich, dass sich die genetische Dimension dieser Erkrankung vor allem durch vier Kriterien auszeichnet. Erstens handelt es sich um eine autosomal-rezessiv vererbte Krankheit, d.h. nur wenn beide Ausführungen des Gens eine Mutation tragen, können sich Krankheitssymptome entwickeln. Zweitens führt das Vorliegen einer Genmutation nicht automatisch

---

[86] Die Selbsthilfegruppe für Hämochromatose-Betroffene hat ihren Sitz in Köln und umfasst derzeit ca. 440 Mitglieder. Ziel ist sowohl die Beratung der Mitglieder und gegenseitiger Erfahrungsaustausch als auch eine verbesserte öffentliche Aufklärung über die Erkrankung in Zusammenarbeit mit relevanten Institutionen wie Krankenkassen usw. (vgl. www.haemochromatose.org, Zugriff 20.05.2014).

zu der Ausbildung von Krankheitssymptomen. Verlässliche Zahlen lassen sich hierzu schwer finden, da in verschiedenen Studien sehr unterschiedliche Angaben gemacht werden (z.b. Powell/Bassett 1998: 50-70%, McCune et al 2002: 1%). Diese Differenzen resultieren aus unterschiedlichen Kriterien zur Bestimmung eines „Symptoms": Während einige Untersuchungen erhöhte Eisen-Indikatoren bereits als Symptom werten, sprechen andere erst bei Organveränderungen von Symptomen der Erkrankung (Pietrangelo 2004, S. 2392). Die prädiktive Aussagekraft des Gentests ist somit derzeit wenig einschätzbar; die Deutsche Gesellschaft für Humangenetik e.V. empfiehlt die Testung von Familienmitgliedern der Erkrankten nach dem 18. Lebensjahr (Gabriel/Stuhrmann-Spangenberg 2006). Drittens ist der typische Krankheitsverlauf einer Hämochromatose zumeist geprägt durch eine Reihe unspezifischer Symptome, so dass dem Gentest eine hohe diagnostische Funktion für die Interpretation bereits manifester Krankheitsanzeichen wie Gelenkschmerzen oder Leberveränderungen zukommt. Und viertens schließlich handelt es sich um eine erbliche Krankheit, die ohne Behandlung potenziell tödlich verläuft, bei rechtzeitiger Diagnose jedoch gut therapierbar ist (vgl. den Beitrag von Ulrike Manz in diesem Band). Therapeutisches Mittel der Wahl ist die Anwendung von regelmäßigen Aderlässen. Personen mit Hereditärer Hämochromatose müssen zu prophylaktischen oder therapeutischen Zwecken in bestimmten Abständen Aderlässe durchführen, um den Eisengehalt in ihrem Körper zu senken. Dieser Aderlass wird von den behandelnden Ärzt_innen häufig jedoch nur ungern übernommen, da die Abrechungsmöglichkeiten dieser Maßnahme für niedergelassene Ärzt_innen äußerst gering sind (aktuell 6,41 €, vgl. Gebührenverzeichnis für ärztliche Leistungen, Ziffer C 285). Dementsprechend suchen die Betroffenen nach Alternativen und interessieren sich in diesem Zusammenhang für Möglichkeiten des Blutspendens.

Die Frage, inwieweit genetisches Wissen Praktiken der Blutspende verändert und welche Einschluss- und Ausschlusserfahrungen die Gendiagnose für die Betroffenen im Feld der Blutspende mit sich bringt, stand im Zusammenhang eines umfassenderen Forschungsprojektes zur Frage genetischer Diskriminierung in Deutschland. Als eine von insgesamt vier Erkrankungen diente die Hereditäre Hämochromatose der exemplarischen Analyse, um Formen und Ausmaß genetischer Diskriminierung in Deutschland zu ermitteln. Hierzu wurde in einem ersten Untersuchungsschritt eine Fragebogenerhebung unter Personen durchgeführt, die von Hereditärer Hämochromatose betroffen sind. Dabei wurde deutlich, dass u.a. der Bereich der Blutspende für die Betroffenen ein problematisches Feld darstellt. Die Befragten äußern Ängste, nicht zur Blutspende zugelassen zu werden, und ihren Unmut über mögliche Zurückweisungen. In der anschließenden Interviewerhebung konnte dieses Themenfeld aufgegriffen werden. Entsprechend eines an der Grounded Theory orientierten Vorgehens (Strauss/Corbin

1996), wurde das Thema „Blutspende" in den Interviewleitfaden aufgenommen. In den insgesamt fünfzehn leitfadengestützten Interviews bestätigte sich die Relevanz des Themas und zeigte sich ein differenzierteres Bild. Es wurde deutlich, dass die Betroffenen einen Ausschluss von der Blutspende und eine Entsorgung des von ihnen ‚gelassenen' Blutes als kränkend oder sogar diskriminierend empfinden. Deutlich wurde auch, dass seitens der Betroffenen viele Ängste bestehen, es aber häufig unklar bleibt, wie die Blutspendedienste tatsächlich mit spendewilligen Hämochromatose-Betroffenen umgehen. Aus diesem Grund entschloss sich das Projektteam zu einer Befragung der Blutspendedienste. Im Frühjahr 2013 wurden insgesamt fünfzehn Blutspendeeinrichtungen in der Bundesrepublik angeschrieben und um eine Stellungnahme zu folgenden Fragen gebeten:

1. Können Personen, die Symptome der Hereditären Hämochromatose aufweisen, bei Ihnen Blut spenden? Wie begründen Sie Ihre diesbezügliche Regelung?
2. Können Personen, bei denen zwar die genetische Disposition für Hereditäre Hämochromatose identifiziert wurde, die jedoch keine Symptome derselben aufweisen, bei Ihnen Blut spenden? Wie begründen Sie Ihre diesbezügliche Regelung?

Angefragt wurden sowohl die Blutspendedienste des Deutschen Roten Kreuzes als auch kommunale sowie private Einrichtungen. Von sieben der fünfzehn Blutspendedienste erhielten wir schriftliche bzw. telefonische Rückmeldungen. Diese offenbarten unterschiedliche Kriterien und disparate Regelungen zur Frage der Spendemöglichkeiten von Hämochromatosepatient_innen und verwiesen auf uneinheitliche Verfahrensweisen.

Im Folgenden wird die Bedeutung genetischen Wissens im Bereich der Blutspende aus zwei Perspektiven beleuchtet: Das empirische Material aus der Fragebogenerhebung sowie den leitfadengestützten Interviews liefert einen Einblick in die Sichtweisen von Betroffenen der Hereditären Hämochromatose, während die Analyse der Argumentationen der Blutspendedienste die Perspektive der relevanten institutionellen Akteur_innen aufzeigt.

4 Blutspende bei Hämochromatose: Sichtweisen der Betroffenen

Erste Hinweise auf Diskriminierungserfahrungen von Hämochromatose-Betroffenen lieferte die oben erwähnte Fragebogenerhebung. Bei den insgesamt neunzehn Nennungen zu Diskriminierungen geben drei der Befragten an, aufgrund der Diagnose Hämochromatose keinen Zugang zu Blutspenden zu haben

(FB 8, 61, 64).[87] Damit wird ein Problemfeld angezeigt, das auch in anderen Studien zu genetischer Diskriminierung Erwähnung findet. So dokumentieren Alper et al. (1994) in ihrer Untersuchung insgesamt zwanzig Fälle, in denen Betroffene über Zurückweisungen durch Blutspendedienste berichten und Hall et al. (2005) identifizieren den Bereich der Blutspende als ein Thema, um das sich zahlreiche Ängste und Befürchtungen der Hämochromatose-Betroffenen drehen. Diese Studien verdeutlichen die Relevanz des Themas Blutspende für die Hämochromatose-Betroffenen, liefern allerdings nur wenige Hinweise zur Beantwortung der Frage, wieso der fehlende Zugang zu Möglichkeiten der Blutspende von den Betroffenen als diskriminierend erlebt wird. Denkbar wäre ja auch eine akzeptierende Haltung gegenüber den Argumenten der Blutspendedienste, ein Verständnis für deren Position. Insofern bedarf die Sichtweise der Betroffenen einer Erklärung. Darauf zielen die folgenden Überlegungen.

In der vorliegenden Studie berichtet keiner der interviewten Hämochromatose-Betroffenen von selbst erfahrenen Zurückweisungen durch Blutspendedienste. Dennoch wird in den fünfzehn qualitativen Interviews aus unserer Untersuchung die Relevanz dieses Feldes deutlich, da zahlreiche Ängste und Befürchtungen der Befragten sich hierauf beziehen. In einer vertiefenden Analyse soll herausgearbeitet werden, worauf diese Ängste und Befürchtungen basieren.

Krank oder gesund? Manifestation der Erkrankung

Frau Bussegger, eine ehemals engagierte Blutspenderin, geht nach ihrer Diagnose davon aus, dass eine Blutspende für sie nun nicht mehr in Frage kommt. Sie gibt an, keinen Versuch der Blutspende unternommen zu haben, da sie die Zurückweisung fürchte. Befragt nach ihren Reaktionen auf eine mögliche Ablehnung der Blutspende antwortet sie:

> „[Ich bin] entrüstet. Ich bin ja im Prinzip gesund, Eisen ist ja nichts Schlechtes. Ich bin nicht ansteckend. Was schließt es also aus?" (Interview Bussegger: 604f.)

Dieses kurze Zitat verweist in verdichteter Form auf das Unbehagen, das die Betroffenen im Hinblick auf ihren Krankheitsstatus empfinden: Es geht um Ansteckung und die Frage, bin ich krank oder nicht? Ersteres hängt mit der Tatsache zusammen, dass es sich bei der Hereditären Hämochromatose um eine Erkrankung des Blutes handelt. Seit dem Auftreten des HI-Virus zu Beginn der 1980er Jahre wird diese Art Erkrankungen unweigerlich mit Ansteckungsgefahr und tödlicher Bedrohung assoziiert. In den Interviews zeigt sich diese Verknüpfung, indem fast alle der Befragten davon berichten, wie sie ihrem Umfeld ge-

---

87 Die Fragebögen wurden über die Selbsthilfegruppe der Hämochromatose-Betroffenen (HvD), humangenetische Beratungsstellen sowie über die Internetseite des Projektes verbreitet. Insgesamt erhielten wir 68 Fragebögen zurück.

Das Beispiel Blutspende

genüber deutlich machen mussten, dass ihre Bluterkrankung nicht ansteckend sei und mit AIDS nichts zu tun habe.

„Manche zucken auch schnell zusammen, weil wenn man Blutkrankheit sagt, dann denken die sofort: AIDS – und gehen wieder zurück." (Interview Niemeyer: 268ff.)

Immer wieder sind die Betroffenen mit derartigen Reaktionen und Unterstellungen ihrer Umgebung konfrontiert und müssen betonen, dass sie „nicht ansteckend" sind. Das Thema Blutspende mobilisiert bei den Befragten diese Art Erfahrung und das Assoziiert-Werden mit dem Stigma einer AIDS-Erkrankung. Sie befürchten, fälschlicherweise ähnlich behandelt zu werden wie HIV-Patient_innen; da ihr Blut aber keine Krankheiten überträgt, erleben sie die mutmaßliche Ablehnung ihrer Spende als ungerechtfertigte Zurückweisung. Gleichzeitig konfrontiert die faktische wie auch die vermutete Ablehnung ihrer Blutspende sie aber auch mit dem Status ihrer Hämochromatose-Erkrankung. Wenn auch die Betroffenen die Assoziation mit AIDS von sich weisen können, so werden sie von den Ärzt_innen der Blutspendedienste dennoch als krank eingestuft. In ihrer Eigenwahrnehmung hingegen betrachten die Befragten sich als „im Prinzip gesund" (Interview Bussegger: 604). So heißt es: „Eisen ist ja nichts Schlechtes" (ebd.) oder auch: „es ist ganz normales Blut, wie anderes auch" (Interview Wolff: 297f.). Interviewaussagen dieser Art machen deutlich, dass ein Teil der Befragten sich nicht als krank versteht. Über die regelmäßigen Aderlässe können sie den Ferritinwert im Blut regulieren und, wenn keine weiteren Einschränkungen auftauchen, fühlen sich die Betroffenen gesund. Diese unterschiedliche Einschätzung des Krankheitsstatus durch die Betroffenen einerseits und die Ärzt_innen der Blutspendedienste andererseits verweist auf ein grundlegendes Problem genetisch bedingter Erkrankungen: Ab wann kann von einer Erkrankung gesprochen werden und welchen Stellenwert haben Symptome im Verhältnis zu Genvarianzen (vgl. dazu auch den Beitrag von Tino Plümecke in diesem Band)? Gerade das Beispiel der Hämochromatose verdeutlicht die Schwierigkeiten der Krankheitsdiagnose. So kann bei einer Hämochromatosepatient_in nach dem Aderlass ein normgerechter Eisenwert erreicht werden, der aber nur über regelmäßige Aderlässe stabil bleibt. Der Krankheitswert eines langsamen Ansteigens des Eisenwertes ist deshalb relativ, seine diagnostische Funktion als Symptom gleichermaßen kontextabhängig. Zudem ist durchaus möglich eine Genvarianz für Hämochromatose aufzuweisen, ohne jemals Symptome zu entwickeln (siehe dazu die Ausführungen im dritten Abschnitt dieses Beitrags). Entsprechend schwierig ist es, zu entscheiden, ob eine Person mit einer entsprechenden Genmutation als krank begriffen werden sollte. Derart definitorische Schwierigkeiten der Erkrankung Hereditäre Hämochromatose finden sich im empirischen Material, wenn die Betroffenen sich selbst als gesund, d.h. aus ihrer Sicht beschwerdefrei wahrnehmen, während die Blutspendedienste die Betroffenen als krank klassifizieren. Aus Sicht der Befragten ist diese

Klassifizierung unangemessen, ihre Einstufung als „Erkrankte", deren Blut durch die Blutspendedienste zurückgewiesen wird, erleben sie deshalb als ungerechtfertigte Andersbehandlung.

Praktiken medizinischer Versorgung

Die Durchführung der Aderlässe obliegt in Deutschland den Hausärzt_innen, was für die Betroffenen mit einigen Einschränkungen einhergeht. Zunächst einmal berichten viele der Befragten von Schwierigkeiten, überhaupt eine Hausärzt_in zu finden, welche die Aderlässe in ihrer Praxis durchführt, da diese sehr schlecht von den Krankenkassen vergütet werden. Somit müssen die Betroffenen häufig lange nach einer Hausärzt_in suchen und weite Wege auf sich nehmen, um zu der entsprechenden Praxis zu gelangen. Die Blutspende erscheint demgegenüber als die praktikablere Art und Weise die notwendigen Aderlässe durchzuführen. So heißt es

> „Warum muss ich extra einen Arzttermin haben, warum muss ich bis nach T fahren? Warum muss ich mir Ärzte suchen, die so etwas machen, obwohl es die Blutspendezentrale, die Blutspende des Roten Kreuzes, super macht? [...] Ja, also da habe ich wohl Benachteiligungen und schon Schwierigkeiten." (Interview Bussegger: 605ff.)

Neben dem weiten Weg „bis nach T. fahren" wird hier auch die Organisation des Aderlasses in den Arztpraxen angesprochen, die schon bei der Terminvergabe anfängt. Ähnlich äußern auch andere Befragte ihren Unmut darüber, dass sie in den Arztpraxen Termine einhalten und lange Wartezeiten in Kauf nehmen müssten, während die Blutspendedienste an bestimmten Tagen jederzeit zur Verfügung stünden. Gerade für diejenigen, die noch beruflich aktiv sind, stellt diese Terminbindung eine zusätzliche Belastung dar.

> „Und die Uhrzeiten, ich arbeite auch in Schichten, da ist das natürlich nicht ganz so einfach. [...] und bei der Hausärztin, ja da sitzt man stundenlang, bis man dann endlich mal dran ist." (Interview Weber: 198ff.)

Neben den zeitlichen Belastungen und den oft langen Anfahrtswegen ist es aber auch die Art der Durchführung der Aderlässe in den Arztpraxen, die die Befragten häufig als unangenehm empfinden. So äußern einige der Interviewten, dass sie sich während des Aderlasses durch das medizinische Personal vernachlässigt und ignoriert fühlten:

> „Also worunter ich ein bisschen leide, bei dieser Arztpraxis, wo ich jetzt bin, da ist keiner bei mir, wenn das da an ist. Also nebenan ist der Arzt, aber der telefoniert viel und hat natürlich noch Patienten. Und die Mädels da, die haben viel zu tun. Ich bin in einem Raum für mich. [...] Ich bin immer ein bisschen unsicher – wie geht denn das jetzt – und gucke herum, ob ich dann jemanden rufen kann. Ich habe mir dann

Das Beispiel Blutspende

auch schon überlegt, dann mache ich es mir selbst ab. [...] Das ist dann immer das Problem für mich." (Interview Goy: 378ff.)

Andere wiederum äußern vor allem ihren Unmut darüber, dass ihr Blut in ein „offenes Gefäß" abläuft. Beklagt wird etwa die mangelnde Sorgfalt und die „widerwillige" Durchführung des Aderlasses:

> „[...] dort wurde der Aderlass widerwillig und unwillig durchgeführt. In ein offenes Gefäß, was natürlich für Blut auch nicht so gut ist, wenn da Leute drum herum sitzen und so weiter und so fort." (Interview Sennheiser: 81ff.)

Das Ablassen ihres Blutes in ein „offenes Gefäß" empfinden die Befragten als respektlos und unangemessen, als Ausdruck der wenig ausgeprägten Bereitschaft des medizinischen Personals in den Arztpraxen, diese Maßnahme durchzuführen. Diese Wahrnehmung wird verständlich vor dem Hintergrund der Berichte von Betroffenen, in denen auf die negativen Reaktionen zu Aderlässen in ihrem Freundes- und Bekanntenkreis verwiesen wird. Aderlässe, so die häufige Meinung, gehören in das Mittelalter und nicht in eine moderne Medizin. Wird der Aderlass in den Praxen dann wie oben beschrieben durchgeführt, sehen sich die Befragten hieran erinnert.

> „So nach dem Motto: Das nehmen wir nicht ganz ernst. Da machen wir uns mal einen Joke oder so ähnlich [...], so nach dem Motto Mittelalter, das machen wir jetzt mal einfach so." (Interview Sennheiser: 109ff.)

Mit dem Ablassen des Blutes in ein „offenes Gefäß" materialisiert sich für die Betroffenen somit die negative Zuschreibung der für sie lebensnotwendigen Therapieform als „altertümliche" Methode. Die Blutentnahme durch einen Blutspendedienst erscheint dagegen hiervon befreit, dieses Setting entspricht den gängigen Vorstellungen einer „modernen Medizin" (Ablassen des Blutes in sterile Behälter, Untersuchung und Wiederverwertung des Blutes etc.), so dass sich die Betroffen nicht mit negativen Assoziationen auseinandersetzen müssen. Die Beispiele verdeutlichen die Verankerung von Diskriminierungserleben in alltäglichen Praktiken. Die Zurückweisung durch die Blutspendedienste geht für die Betroffenen mit einer ungerechtfertigten Einschränkung der Wahl von Ort und Zeit des Aderlasses einher, ebenso wie mit einer aus ihrer Sicht schlechteren medizinischen Versorgung (keine Beobachtung, altertümliche Methoden). Die Möglichkeit der Blutspende würde den Betroffenen dagegen eine Integration der für sie lebensnotwendigen Therapie in ihren Alltag erleichtern, sie erhoffen sich hiervon Entlastung im Alltagshandeln. Insofern ist es auch eine Verweigerung von alltäglicher Entlastung, die für die Betroffenen mit der Zurückweisung ihrer Blutspende einhergeht und die aus diesem Grund für die Befragten mit größeren Umständen verbunden ist und deshalb von ihnen als Benachteiligung erlebt wird.

Beitrag zum Gemeinwohl

Neben den genannten alltagspraktischen Gründen äußern die Befragten auch altruistische Motive für eine Blutspende. So zeigt sich in den Interviews ein Bewusstsein der Betroffenen darüber, dass das Blut im Medizinsystem ein knappes Gut darstellt und sie äußern den Wunsch, mit ihrem Blut hier Abhilfe schaffen zu können.

> „[...] mal Blut spenden, ich war früher schon Blut spenden, als ich noch nicht krank war. Weil ich denke, das wird ja immer benötigt. Und dann können die noch etwas damit anfangen. Und es ist ja immer eng mit den Spenden." (Interview Weber: 195ff.)

Aufgrund der Ressourcenknappheit des Blutes empfinden die Befragten die Ablehnung ihres Blutes als sinnlose Verschwendung und skandalisieren, dass stattdessen das benötigte Blut aus anderen Ländern nach Deutschland eingeführt werde.

> „Das finde ich eine Diskriminierung. Ja, das finde ich absolut dumm: In Deutschland ist es also – wie ich gelesen habe – so, dass man von Irland und England Blut holt. Und da ist es erlaubt und da gibt es die Hämochromatose ja noch mehr, wogegen es in Deutschland verboten ist. [...] Vor allem ist es ja total paradox, die holen es ja sowieso von woanders." (Interview Bussegger: 577ff.)

Hier wird die Organisation von Blutspenden in Deutschland kritisiert, als „dumm" und „paradox" eingeschätzt und darüber hinaus die Ablehnung der eigenen Blutspende als „Diskriminierung" bezeichnet. Diese Einschätzung ist angesichts der eingangs erwähnten Theorien der Gabe nachvollziehbar und plausibel: Aufgrund der Ressourcenknappheit des Blutes im medizinischen System kann der therapeutische Aderlass im Rahmen der Blutspende für die Hämochromatose-Betroffenen zu einem Akt für das Gemeinwohl werden, er gibt den Betroffenen die Möglichkeit mit ihrem Blut „jemandem etwas Gutes zu tun" (Interview Weber: 210), der Aderlass würde „noch einem guten Zweck dienen" (Interview Wolff: 390). Hier wird die Blutspende als eine Gabe für eine „imaginierte Gemeinschaft" (Anderson 1996) entworfen, nicht eine konkrete Person wird beschenkt, sondern „*jemandem* etwas Gutes getan". In der Zurückweisung der Blutspende steckt somit auch die Zurückweisung einer Gabe für die Gemeinschaft und damit der Ausschluss aus einer Sozialität konstituierenden Praxis (Mauss 1990). Darüber hinaus impliziert die Zurückweisung der Gabe auch eine Aberkennung von deren Qualität. Mit der Ablehnung des Blutes durch die Blutspendedienste verliert dieses an Wert, das Auslassen des Blutes in ein „offenes Gefäß" symbolisiert die Wertlosigkeit dieses „Lebenssaftes". So äußert einer der Befragten: „mein Blut ist nicht für die Toilette gemacht, sondern das ist jetzt wirklich nutzbar" (Interview Sennheiser: 511ff.). Insofern wird den Betroffenen hier nicht nur ein Beitrag für das Gemeinwohl verwehrt, sondern allgemein als wertvoll angesehene Bestandteile des Körpers werden in ihrem Fall als wertlos betrachtet. Im Anschluss an Bourdieus Verständnis der Gabepraktiken als symbolische Akte, die eine Anerkennung der Tauschpartner_innen implizieren (Bourdieu 1998), wird deutlich, dass die Ablehnung der Blutspende diskriminierend wirkt, da den Betroffenen sowohl ihre Anerkennung als Mitglied der Gemeinschaft verwehrt als auch die Anerkennung ihrer körperlichen Unversehrtheit symbolisch verweigert wird.

5 Blutspende bei Hämochromatose: Sichtweisen der Blutspendedienste

Ausgehend von diesen Aussagen Betroffener wendeten wir uns in Form einer schriftlichen Befragung an Blut- und Plasmaspendedienste in Deutschland. Damit sollte erfasst werden, ob und unter welchen Bedingungen Personen mit Hereditärer Hämochromatose gegenwärtig zur Spende zugelassen werden. In den Mittelpunkt ihrer Rückmeldungen stellten die befragten Organisationen die mit der Blutspende potenziell einhergehenden Gefahren. Ihre Ausschlusskriterien dienten, so betonten alle Organisationen, dem gesundheitlichen Schutz der Empfänger_innen und Spender_innen. Ohne die Argumente für oder gegen einen Ausschluss von Personen mit Hereditärer Hämochromatose medizinisch zu bewerten, soll im Folgenden die Uneinheitlichkeit der Verfahren und Praktiken herausgearbeitet werden, deren Begründungen die Brüchigkeit der Dichotomien von Krankheit und Gesundheit sowie von Therapie und Spende erkennbar werden lassen.

Krankheit und Gesundheit

Dass die Differenzierung zwischen Krankheit und Gesundheit keinesfalls einfach und insbesondere vor dem Hintergrund neuen biomedizinischen Wissens zunehmend weniger eindeutig ist, zeigen die disparaten Stellungnahmen der Blutspendedienste. Die in unserer schriftlichen Anfrage vorgenommene Differenzierung zwischen Personen, die Symptome der Hereditären Hämochromatose aufweisen, und Personen, bei denen ausschließlich die genetische Disposition vorliegt (siehe hierzu den dritten Abschnitt dieses Beitrags), wurde in den Stellungnahmen der Blutspendedienste aufgegriffen, aber unterschiedlich behandelt.

Einer der Blutspendedienste gibt an, dass „gesunde" Menschen in seinen Einrichtungen uneingeschränkt Blut spenden könnten. Hierzu zählt er auch Personen, die zwar eine genetische Disposition für Hämochromatose, jedoch keine Symptome derselben aufweisen. Der Blutspendedienst unterscheidet somit zwischen genetischer Disposition und manifester Krankheit. Was jedoch als Symptom und mithin als Zeichen einer manifestierten Krankheit gewertet wird, scheint strittig und daher erklärungsbedürftig zu sein. Dementsprechend ergänzt und konkretisiert der Blutspendedienst diese Differenzierung, indem der Status eines erhöhten Ferritin-Wertes genannt wird. Ein solcher muss aus Perspektive des Blutspendedienstes einen Ausschluss zur Folge haben, da er eine Indikation von therapeutischen Aderlässen impliziere. Therapien jedoch sind – so könnte ergänzt werden – per definitionem Maßnahmen zur Behandlung einer Krankheit. Wenn die erhöhten Ferritin-Werte eine therapeutische Indikation zur Folge haben, kann eine Person mit diesen erhöhten Werten nicht mehr als gesund klassifiziert werden. Vor diesem Hintergrund weist der Blutspendedienst eine Differenzierung anhand des Vorliegens oder Nichtvorliegens einer genetischen Disposition zurück. Nicht diese sei entscheidend, sondern die Differenz zwischen Krankheit und Gesundheit, welche selbst jedoch nur anhand der zu deutenden Symptome bestimmt werden kann.

> „Es gibt also nicht etwa eine Unterscheidung aufgrund einer genetischen Disposition, sondern lediglich aufgrund der Entscheidung: Gesunder Blutspender, der alle gesetzlichen Vorgaben als Spender erfüllt, bzw. Patient, bei dem ein therapeutischer Eingriff durchgeführt werden muss." (Blutspendedienst 4)

Auch weitere Blutspendedienste sehen nicht in der genetischen Disposition, sondern in den Symptomen das entscheidende Kriterium für eine Zurückweisung der Blutspende. Sollte ausschließlich die Disposition für Hereditäre Hämochromatose festgestellt worden sein, so könnten diese Personen schon deshalb spenden, weil diese Information in den Anamnesebögen der Blutspendedienste ohnehin nicht erfasst werde. Es zeigen sich jedoch Unterschiede in den vorgenommenen Risikokalkulationen, die für einen möglichen Ausschluss der Betroffenen bedeutsam sind: So geht ein Blutspendedienst (Nr. 3) etwa davon aus, dass Personen mit Symptomen der Hereditären Hämochromatose von der Blutspende ausgeschlossen werden müssten, da in diesem Fall mit hoher Wahrscheinlichkeit erhebliche Organschäden vorlägen.[88] Es wird also eine Risikokalkulation vorgenommen, nach welcher das Risiko von Organschäden bei nicht weiter spezifizierten Symptomen so hoch eingeschätzt wird, dass der Ausschluss dieser Personen unumgänglich scheint. Zwei andere Blutspendedienste (Nr. 1, 5) gehen ebenfalls von dieser Gefahr aus, scheinen das Risiko einer Organschädigung im

---

88 Im Falle vorliegender Organschäden sei die Blutspende sowohl für die Spender_in als auch für die Empfänger_in mit gesundheitlichen Gefahren verbunden. Für die Spender_in könnte diese Praxis u.a. mit Herzrhythmusstörungen einhergehen. „Dies ist im Rahmen einer Aderlassbehandlung ein akzeptiertes Risiko, nicht jedoch im Rahmen der Blutspende." (Kretschmer 2002, S. 343) Die Gesundheit der Empfänger_in könnte durch eine mögliche Medikamenteneinnahme der Spender_in gefährdet sein.

Falle der Hämochromatose jedoch nicht so hoch einzuschätzen, dass dieses einen prinzipiellen Ausschluss der Betroffenen rechtfertigt:

„Soweit der Blutspender mit Ausnahme der Diagnose Hämochromatose (oder der genetischen Disposition) gesund und spendetauglich ist, stellt nach unserer Auffassung die Blutspende selbst für den Spender noch für den Empfänger eine Gefährdung dar." (Blutspendedienst 5)

Die „Diagnose Hämochromatose" beeinträchtigt aus dieser Perspektive die Spendetauglichkeit der Betroffenen nicht notwendigerweise und scheint auch die „Gesundheit" der Betroffenen kaum einzuschränken: Die Personen gelten als gesund – mit Ausnahme dieser Diagnose. Als notwendig erscheint daher eine detaillierte, fallspezifische Analyse der Beeinträchtigungen. In seiner Stellungnahme zu einer Anfrage der Hämochromatose-Vereinigung Deutschland stellte der Transfusionsmediziner Kretschmer (2002) allerdings fest, dass eine solche Einzelfallprüfung den Blutspendediensten einen „unnötigen Aufwand und zu große Verantwortung aufbürden" (ebd., S. 343) würde. Es sei daher unumgänglich, am Prinzip des „vollkommen gesunden Spenders" (ebd.) festzuhalten. In dieser Argumentation kommt eine komplexitätsreduzierende Grenzziehung zum Ausdruck, die mit den alltagspraktischen Notwendigkeiten medizinischer Tätigkeit begründet wird. Die hier vorgenommene schematische Dichotomisierung von Gesundheit und Krankheit basiert damit weniger auf der Grundlage medizinischen Wissens als auf institutionellen Logiken.

Eine gleichermaßen schematische Dichotomisierung wird auch von zwei privaten Diensten (Nr. 2, 7) vorgenommen, die im Gegensatz zu den bisher aufgeführten jedoch ausschließlich Plasmapheresen durchführen.[89] Unabhängig von der Symptomatik müssten Personen mit Hereditärer Hämochromtose demnach von der Spende ausgeschlossen werden, da den Hämotherapie-Richtlinien folgend nur „gesunde Menschen" zur Blutspende zugelassen werden könnten. Personen, die zwar ein genetisches Krankheitsrisiko, jedoch keine Symptome aufweisen, werden hier also als krank klassifiziert.

Therapie und Spende

Eine Blutspende erfolgt nach Definition des Gesetzes freiwillig und unentgeltlich. Bereits seit Titmuss (1970) wird dieses Prinzip der Freiwilligkeit und Unentgeltlichkeit als ein Garant der Sicherheit im Transfusionswesen verstanden. Es wird davon ausgegangen, dass sich eine Vergütung der Spender_innen aus zwei Gründen negativ auf die „Qualität" des gespendeten Blutes auswirke: Erstens würden sozioökonomisch schwächer gestellte Personen, die in der Regel

---

89 Die Plasmaspende würde für Personen mit hereditärer Hämochromatose keinen therapeutischen Effekt haben.

einen schlechteren Gesundheitszustand aufweisen, stärker zur Blutspende animiert werden. Zweitens würden potenzielle Spender_innen motiviert, eine mögliche Erkrankung zu verschweigen, um sich die Möglichkeit der Blutspende offen zu halten. Die genannten Kriterien scheinen nach Einschätzung relevanter Akteur_innen jedoch nicht nur dann negiert zu sein, wenn die Spender_in eine finanzielle Entlohnung erhält, sondern auch, wenn sie in anderer Weise von der Spende profitiert. Dies wird bei Personen mit Hereditärer Hämochromatose angenommen, da die Blutentnahme hier zu therapeutischen Zwecken erfolgt. Dementsprechend argumentierte schon der Transfusionsmediziner Kretschmer (2002) in seiner Stellungnahme gegenüber der Hämochromatose-Vereinigung für den Ausschluss von Personen mit Hämochromatose:

> „Hämochromatose-Patienten, die daran interessiert sind, eine chronische Aderlasstherapie zu erhalten, werden sich schwer tun, weitere Gesundheitsrisiken, die einer Verwendung ihres Blutes für Patienten entgegenstehen, anzugeben, da sie dann zwangsläufig aus dem Spenderkollektiv herausfallen." (Kretschmer 2002, S. 343)[90]

In dieser Argumentation gilt nicht die Hereditäre Hämochromatose selbst, sondern das Wissen um diese als problematisch, denn nur wenn eine Person um ihre Erkrankung weiß, kann die Blutentnahme durch therapeutische Gründe motiviert sein. Dem liegt eine Dichotomie zwischen zweckdienlicher Therapie einerseits und freiwillig-altruistischer Spende andererseits zugrunde, die auch in den Stellungnahmen der Blutspendedienste zum Ausdruck kommt. So gibt ein Blutspendedienst (Nr. 4) an, dass sich Personen mit Hereditärer Hämochromatose zwar durchaus in den zugehörigen Instituten Blut entnehmen lassen könnten. Er fügt jedoch hinzu:

> „Allerdings handelt es sich hierbei nicht um eine Blutspende, welche definitionsgemäß durch einen gesunden, freiwilligen, unverwandten Blutspender erfolgt, sondern um einen therapeutischen Eingriff. Ein solcher Eingriff kann nicht als Blutspende verarbeitet werden." (Blutspendedienst 4)

In diesem Text-Ausschnitt werden also nicht nur Gesundheit und Krankheit, sondern auch Therapie und Spende diametral gegenüber gestellt. So wird der therapeutische Nutzen, den die Betroffenen aus der Blutspende ziehen, zu dem entscheidenden Kriterium, sie als Spender_innen zu disqualifizieren: „Hierbei handelt es sich um eine ‚Therapeutische Blutspende'. Der zur Ader Gelassene hat nicht den Status eines qualifizierten Spenders." (Blutspendedienst 2)

Dass eine derartige Gegenüberstellung von Therapie und altruistischer Spende empirisch unzureichend ist, wurde bereits in den Interviews deutlich: Zwar würden die Betroffenen gerne von den aus ihrer Sicht weniger restriktiven Bedingungen der Blutentnahme im Rahmen einer Blutspende profitieren; zu-

---

90 Darüber hinaus führt Kretschmer (2002) an, dass nur altruistische Blutspenden durch die Gemeinde-Unfallversicherung der Blutspendedienste abgesichert seien.

gleich scheinen sie jedoch auch einen Beitrag für die Gemeinschaft leisten, mit ihrem Blut „etwas Gutes" (Interview Weber: 210) tun zu wollen. In ihren Begründungen sind also pragmatische und moralische Aspekte miteinander verwoben.[91] Dies hat auch Pennings (2005) festgestellt, der zwischen der Blutentnahme und der eigentlichen Spende als zwei Phasen eines Prozesses differenziert, um aufzeigen zu können, dass die Spende von Blut auch dann freiwillig und aus moralischen Motiven erfolgen kann, wenn die Entnahme durch andere Interessen motiviert war. Dementsprechend können sich auch Personen mit Hereditärer Hämochromatose freiwillig und aus altruistischen Gründen für eine Spende ihres Blutes entscheiden, obwohl die Entnahme ihres Blutes zu therapeutischen Zwecken erfolgt. Eine Regelung, die davon absieht, setzt implizit voraus, dass nicht nur der Akt der Spende, sondern auch die Blutentnahme moralisch motiviert sein muss. Damit stellen die Grenzziehungen zwischen zweckdienlicher Therapie und altruistischer Spende sowie zwischen Krankheit und Gesundheit empirisch wie auch theoretisch unzulängliche Dichotomisierungen dar, die für die Betroffenen mit bedeutsamen Ausschluss- und Diskriminierungserfahrungen einhergehen können.

6 Genetifizierung von Krankheit und sozialer Ausschluss

Gesund oder krank, Therapie oder Spende – das empirische Material verdeutlicht die Brüchigkeit dieser Kategorien und das Ringen der beteiligten Akteur_innen mit diesen Erosionen. Im vorliegenden Fall der Blutspende von Hämochromatose-Betroffenen erweist sich die wissenschaftliche Basis der Medizin als verunsichernd und spannungsreich, denn die Genetifizierung (Lippmann 1991) der Erkrankung verschiebt die Grenzen dessen, was als gesund und krank gilt. Unklar bleibt, welche Symptome die Erkrankung charakterisieren, was als Symptom gilt und wie mit sogenannten „asymptomatischen Kranken", d.h. Personen, die einen veränderten Genstatus, aber keine Krankheitssymptome aufweisen, verfahren werden soll (Billings et al. 1992, S. 477). Diese Verunsicherung im Hinblick auf die Grenzziehung zwischen Krankheit und Gesundheit ist im vorliegenden Fall mit der zwischen zweckdienlicher Therapie und freiwillig-altruistischer Spende verschränkt. Unklar bleibt, inwieweit eine Blutentnahme im Falle von Hä-

---

91 Obwohl sich Titmuss (1970) entschieden gegen eine Kommerzialisierung der Blutspende wandte, ging auch er in seiner Typologie der Spender_innen davon aus, dass die ausschließlich altruistische Spende empirisch nicht anzutreffen ist. „No donor type can be said to be characterized by complete, disinterested, spontaneous altruism. There must be some sense of obligation, approval and interest; some awareness of need and of the purposes of the blood gift." (Titmuss 1970, S. 81)

mochromatose, in dem die regelmäßige Abgabe von Blut eine therapeutische Maßnahme darstellt, eine Spende des gelassenen Blutes ausschließt.

Derart kategoriale Verunsicherungen finden in einem Feld statt, innerhalb dessen Kategorienbildungen eine Voraussetzung der Praxis darstellen. Dies gilt sowohl für Therapie, die der Unterscheidung von gesund/krank (Diagnose) bedarf, als auch für die gemeinwohlorientierte Blutspende, für welche die Unterscheidung von der Therapie konstitutiv ist. Insofern finden sich hier zwei gegenläufige Bewegungen: Es kommt auf der einen Seite zu Verunsicherungen im Hinblick auf die Differenzierungen gesund/krank und Therapie/Spende, auf der anderen Seite bestehen aber Notwendigkeiten, derartige Unterscheidungen treffen zu müssen. Innerhalb dieses Spannungsfeldes bewegen sich die beteiligten Akteur_innen. Dabei zeigt sich eine Tendenz seitens der Betroffenen, sich als „im Prinzip gesund" und damit spendetauglich anzusehen. Angesichts der relativ unkomplizierten Behandlungsmöglichkeit ihrer Erkrankung, pragmatischer Überlegungen sowie altruistischer Motive streben sie im Zuge der therapeutisch induzierten Aderlässe eine Spende ihres Blutes an. Die Blutspendedienste dagegen tendieren eher zur Ablehnung von Hämochromatose-Betroffenen. Dabei gründet diese Ablehnung auf der Unterscheidung von Gesundheit und Krankheit, welche mit der Unterscheidung von Spende und Therapie verwoben und in institutionellen Logiken verankert ist. Einige der befragten Blutspendedienste gehen davon aus, dass eine Person schon dann den Status einer potenziellen Spender_in verlieren muss, wenn lediglich die Genvarianz für Hereditäre Hämochromatose festgestellt wurde. Im Ergebnis führen die disparaten Einschätzungen der Blutspendedienste einerseits und der Betroffenen andererseits zu Kränkungs- und Diskriminierungswahrnehmungen. Die befragten Hämochromatose-Betroffenen fühlen sich zu Unrecht stigmatisiert und zurückgewiesen.

Diese Zurückweisung hat für die Betroffenen auch eine symbolisch exkludierende Bedeutung, die im Anschluss an die eingangs skizzierten Theorien der Gabe verständlich wird: Wenn die Annahme einer Blutspende auf symbolischer Ebene einen Akt der Anerkennung und der Inklusion darstellt, dann werden mit den Grenzen zwischen Spende und Therapie, zwischen Krankheit und Gesundheit immer auch Grenzen durch einen „participatory space of belonging" (Valentine 2005, S. 115) gezogen. Sie haben daher nicht nur Konsequenzen für die alltägliche Praxis des Aderlasses, sondern implizieren für einen Teil der potenziellen Spender_innen auch eine Verweigerung der Anerkennung als moralisch und physisch integre Subjekte – einen Ausschluss aus einer imaginierten Gemeinschaft. Unter Einbeziehung dieser symbolischen Dimension wird nachvollziehbar, wieso die mögliche Ablehnung einer Blutspende von den Betroffenen als diskriminierend charakterisiert wird. Sollten zukünftig vermehrt Personen den Empfehlungen der Gesellschaft für Humangenetik folgen, die im Fall eines erhöhten familiären Risikos eine genetische Diagnostik nach dem 18. Lebensjahr nahe legt (Gabriel/Stuhrmann-Spangenberg 2006), dürfte diese Problemlage für die Blutspendedienste weiter an Relevanz gewinnen und den Druck erhöhen, ähnlich wie in anderen Ländern, einer Zulassung der Hämochromatose-Betroffenen zur Blutspende zuzustimmen.

Motive und Entscheidungswege bei Nicht-Tester_innen. Diskussion eines Fallbeispiels

Laura Christiane Schnieder

Die breite Verankerung prädiktiver und diagnostischer genetischer Testverfahren in der klinischen Praxis beruht nicht zuletzt auf der Nachfrage der Individuen, die als ‚Risikopersonen' gelten. Prinzipiell haben diese Personen die Option, sich sowohl *für* als auch *gegen* die Inanspruchnahme der Untersuchung auf eine genetische Krankheitsdisposition zu entscheiden. Seit Mitte der 1990er Jahre wurde eine ganze Reihe von quantitativen wie auch qualitativen Studien durchgeführt, die nach den demographischen, sozialen und psychologischen Einflussfaktoren fragen, die bei der Entscheidung *für* oder *gegen* eine prädiktive/diagnostische genetische Testung eine Rolle spielen.[92] Dabei unterscheiden sie sich teils stark im Studiendesign, etwa in Bezug auf die Größe des Samples, die gewählte Methodik und die Untersuchungsergebnisse. Häufig haben diese Studien zum Ziel, die Praxis der genetischen Beratung besser auf die Bedürfnisse der Testkandidat_innen abzustimmen.

In einer Metaanalyse haben Sweeny et al. (2014) 115 quantitative Studien zu Einflussfaktoren auf die genetische Testentscheidung ausgewertet und zeigen, dass diese zu uneinheitlichen und teilweise widersprüchlichen Ergebnissen kommen. Die Differenzen beziehen sich etwa auf die Bedeutung der persönlichen Einschätzung des Erkrankungsrisikos oder Faktoren wie Gender, Einkommen und Alter. Viele Studien stimmen hingegen darin überein, dass der Nutzen, den Personen einer genetische Testung zuschreiben (*perceived benefits*), einen positiven Einfluss auf die Einstellung zu einem Gentest haben (ebd., S. 273). Die Autor_innen kommen außerdem zu der Einschätzung, dass qualitative Studien zu aussagekräftigeren Ergebnissen gelangen. Die in diesen Untersuchungen genannten Gründe *für* eine genetische Untersuchung umfassen zunächst die Reduktion von Unsicherheit, aber auch die Option, präventive Maßnahmen zu ergreifen, die Möglichkeit, für die Zukunft zu planen sowie familiäre Überlegungen (wie beispielsweise die Frage danach, ob auch leibliche Kinder von einer genetischen

---

92 Siehe z.B. zur Huntington-Krankheit Decruyenaere et al. 1997; Scuffham/MacMillan 2014; zu familiärem Brust- und Eierstockkrebs Armstrong et al. 2000; Olaya et al. 2009; zu familiärem Darmkrebs Berth et al. 2002; Keogh et al. 2009, zu hereditärer Hämochromatose Bylund et al. 2011; Wolthuizen et al. 2013.

Disposition für eine Krankheit betroffen sein könnten, siehe Warner et al. 2005, S. 391f.). *Gegen* einen genetischen Test sprächen demnach emotionale Erwägungen, Bedenken hinsichtlich des Risikos des Untersuchungsverfahrens (die sich beispielsweise auf die Kosten eines Test beziehen, siehe Bernhardt et al. 1997, S. 215), die Annahme, dass ein Test keinen besonderen Nutzen aufweist sowie die Angst vor genetischer Diskriminierung (Sweeny et al. 2014, S. 264, 269).

Die in der Metastudie erfassten qualitativen Untersuchungen geben zwar Hinweise auf die Komplexität der Testentscheidung, jedoch stellt der Fokus auf das *Warum* diese Entscheidung als im Wesentlichen individuelle und als durch voneinander klar abgrenzbare Faktoren bestimmt dar. Einen Perspektivenwechsel bieten demgegenüber Studien, die das *Wie* der Entscheidungsfindung, ihre Temporalität, Komplexität sowie soziale Einflüsse fokussieren (Cox 2003). Die Mehrzahl dieser Studien befasst sich dabei mit dem genetischen Test auf die Huntington-Krankheit (Brüninghaus/Porz 2012; Etchegary 2006; Klitzman 2007; Taylor 2004; 2005), gefolgt von Studien zu familiärem Brust- und Eierstockkrebs sowie erblichem Darmkrebs (Etchegary et al. 2009; Sankar et al. 2006b; Hallowell et al. 2003; 2005; Hallowell 1999a)

Etchegary (2006) stellt fest, dass sich bei einem Teil der befragten ‚Risikopersonen' für die Huntington-Krankheit der Weg zur Entscheidung als dynamisch im Sinne einer Abwägung und Neubewertung von Wahlmöglichkeiten über einen längeren Zeitraum hinweg darstellt. Für andere wiederum stellt sich die Entscheidung für oder gegen einen Test überhaupt nicht als Wahlmöglichkeit dar. Wie auch Manuel/Brunger (2014) im Kontext eines genetischen Tests auf arrhythmogene rechtsventrikuläre Kardiomyopathie, eine Herzmuskelerkrankung, beschreiben, sehen sich Befragte vor eine vollendete Tatsache, ein *fait accompli*, gestellt. Ausschlaggebend *für* die Durchführung eines Tests sind unter anderem ein Verantwortungsgefühl gegenüber ihren Kindern oder die Beobachtung von Symptomen der Erkrankung bei sich selbst.

Darüber hinaus werden bei Taylor (2005) die Dynamiken, die verschiedenen Grade von Offenheit und die Auseinandersetzung mit dem Für und Wider beschrieben, die mit einer Entscheidung für einen Gentest verbunden sein können. In den von ihr geführten Interviews mit getesteten sowie nicht-getesteten ‚Risikopersonen' für die Huntington-Krankheit macht sie vier ‚Positionen' im Entscheidungsprozess aus: „to test", „not to test", „not to test now", „indecision" (Taylor 2005, S. 601). In einem vorhergehenden Artikel, dem dasselbe Interviewmaterial zugrunde liegt, stellt Taylor zudem fest, dass Interviewpartner_innen sich im Zuge der Entscheidungsfindung weniger auf medizinische Informationen als auf alltagspraktisches Wissen und holistische Weltanschauungen beziehen:

Das Beispiel Nicht-Tester_innen

> „Decision-making was therefore highly contextualised within participants lives and reflected holistic and everyday world considerations, rather than clinical or medical issues per se, such as Mendelian risks for HD [Huntington's disease] or individualized rational cost-benefit analyses of testing." (Taylor 2004, S. 147)

Klitzman et al. (2007) legen ein besonderes Augenmerk auf den Einfluss von Dritten auf die Testentscheidung. Ihre Studie dokumentiert, dass sowohl die Äußerungen von Familienmitgliedern, die häufig explizit Einfluss auf die Entscheidung nehmen (wollen), zur Entscheidungsfindung beitragen, als auch die Äußerungen von medizinischem Personal, zum Beispiel behandelnden Ärzt_innen und genetischen Berater_innen. Aus der Auswertung ihres Interviewmaterials schließen Klitzman et al.: „From a theoretical perspective, these data underscore the importance of viewing decision making about genetic testing not as individualistic and unilateral, but as dynamic, social and interactive." (2007, S. 368) In diesem Zusammenhang verweisen die Autor_innen auch darauf, dass sich in ihrem Interviewmaterial die Besorgnis findet, auf Grund eines positiven Gentests benachteiligt zu werden (ebd., S. 367). Zusätzlich deuten sie an, dass ihre Ergebnisse in Bezug auf die Huntington-Krankheit auch für andere erbliche, spät manifestierende Krankheiten nutzbar gemacht werden könnten:

> „Consequently, for these other disorders as well, social factors and contexts (e.g., the views and input of family members and HCWs [health care workers]) may play vital roles in shaping individual decisions to test or not [...]." (Klitzman et al. 2007, S. 368)

Hallowell et al. (2003) stellen in ihrer Befragung von Frauen, die sich einem genetischen Test auf familiären Brust- und Eierstockkrebs (BRCA1/2) unterzogen haben, fest, dass ihre Interviewpartnerinnen mit einer genetischen Testung einer wahrgenommenen Verantwortung für die Gesundheit von Familienmitgliedern nachgeben:

> „As selves in relation they perceived themselves as having an obligation to other family members to undergo mutation searching so that they could provide their kin with the genetic information they needed to make informed decisions about their risk management." (ebd., S. 76)

Insgesamt ist zu den hier vorgestellten Studienergebnissen zu bemerken, dass in den Narrativen von Interviewpartner_innen das *Warum* und das *Wie* genetischer Entscheidungsfindung häufig verwoben und nicht trennscharf voneinander abzugrenzen sind – was in der Konsequenz bedeutet, dass in Bezug auf das im Folgenden diskutierte Fallbeispiel beide Komponenten genetischer Entscheidungsfindung in die Analyse einbezogen werden können und sollen.

1 Analyse eines Fallbeispiels

Dass die Frage nach dem *Wie* und dem *Warum* einer Testentscheidung durchaus große Relevanz im Umgang von Betroffenen mit genetischem Wissen hat, deutete sich auch in den Interviews an, die im Rahmen der Studie „Genetische Diskriminierung in Deutschland" geführt und ausgewertet wurden: Viele Interviewpartner_innen berichteten von Angehörigen, die zum Zeitpunkt des Interviews einen genetischen Test verweigerten und davon, dass diese Entscheidung teilweise zu Konflikten innerhalb der Familie führte. Da dies erkrankungsübergreifend der Fall war, die Aushandlung von Für und Wider eines Tests also offenbar ein ‚explosives' Thema darstellte, entschieden wir uns im Rahmen des Forschungsprojektes zu Follow-up-Interviews mit einem zunächst als ‚Nicht-Tester_innen' beschriebenen Personenkreis. Ziel war es, Befürchtungen hinsichtlich einer genetischen Diagnose und der Deutung derselben sowie den Umgang innerhalb der Familie mit Testung/Nicht-Testung aus der Sicht der Nicht-Tester_innen zu erfragen. Wichtig erschien uns dies insbesondere zur Herstellung einer möglichst umfassenden Perspektive auf genetische Diskriminierung, da das bereits vorliegende Interviewmaterial darauf hindeutete, dass insbesondere die Furcht vor organisationaler Diskriminierung auf Grund genetischer Eigenschaften die Testentscheidung (mit-)bestimmen könnte.

Über eine Interviewpartnerin im Teilprojekt zu Familiärer Adenomatöser Polyposis (FAP), die wir Frau Freist genannt haben, bekamen wir die Möglichkeit auch mit ihren erwachsenen Kindern (Herrn Martin, Frau Ziegler) zu sprechen.[93] Frau Freist wurde nach einer Untersuchung auf Grund einer Darmkrebserkrankung von ihren Ärzt_innen darauf hingewiesen, dass bei ihr eventuell eine genetische Disposition für die Krankheit vorliegt. Bisher sind in der Familie jedoch keine weiteren Fälle von Darmkrebs aufgetreten. Genau genommen muss Frau Freist als Nicht-Testerin betrachtet werden, da sie in Absprache mit ihren beiden Kindern bisher keinen genetischen Test vorgenommen hat.[94] Ihr Sohn und ihre Tochter stehen der genetischen Testung kritisch gegenüber, haben jedoch sowohl eine humangenetische Beratung in Anspruch genommen als auch

---

93 Angefragt wurden Betroffene aller vier Krankheiten (Cystische Fibrose, Familiärer Brust- und Eierstockkrebs, Familiäre Adenomatöse Polyposis, Hereditäre Hämochromatose), ob sie uns den Kontakt zu weiteren Familienangehörigen vermitteln könnten. Die Hämochromatose-Vereinigung Deutschland e.V. veröffentlichte zudem einen Aufruf auf ihrer Internetseite. Insgesamt erwies es sich als schwierig, aus dem Kreis der Nicht-Tester_innen Interviewpartner_innen zu gewinnen. Das im Folgenden verwendete Interview mit Frau Freist lag bereits aus der ersten Interviewphase des Forschungsprojektes vor. Das Interview mit Herrn Martin wurde face-to-face, das Interview mit Frau Ziegler telefonisch durchgeführt. Alle Namen wurden geändert.

94 Studien zur Inanspruchnahme eines Tests auf eine genetische Disposition für FAP bei ‚Risikopersonen' für die Erkrankung haben gezeigt, dass diese vergleichsweise hoch ausfällt (vgl. Evans et al. 1997; für einen Überblick Douma et al. 2008).

eine Koloskopie (mit unauffälligem Befund) vornehmen lassen. Frau Freist berichtete außerdem von ihren Geschwistern, mit denen es zu Konflikten um die Abklärung einer eventuell vorliegenden genetischen Disposition kam: „Die mutet uns jetzt etwas zu..." (Interview Freist: 414) sei dort zunächst die Reaktion auf Frau Freists Mitteilung über ihr genetisches Risiko gewesen, inzwischen hätten sich jedoch auch ihre Geschwister einer Koloskopie unterzogen.

„Dass die Kinder mit dahinter stehen" – Der Einfluss von Familienmitgliedern auf die Testentscheidung

Im Falle der Familie Freist/Martin/Ziegler nimmt die Mutter den genetischen Test auf FAP nicht vor, da ihre Kinder dies zum jetzigen Zeitpunkt nicht möchten: „Also für mich war es so, wenn man den durchführt, dann möchte ich auch, dass die Kinder mit dahinter stehen und einverstanden sind. [...] Und da war einfach so deutlich, wir wollen das noch nicht wissen." (Interview Freist: 308) Mehrfach betont sie in diesem Zusammenhang, dass es für sie unerheblich sei, wie ein genetischer Test ausfalle, da sie selbst bereits erkrankt war: „Da war so der Konsens, also für mich selber spielt es ja keine Rolle mehr, ich als Einzelperson. Für wen es eine Rolle spielt, ist genau für die Angehörigen." (ebd.: 50) Auch Konrad (2005) beobachtet im Rahmen ihrer Fallstudien zum Umgang mit genetischem (Nicht-)Wissen in Familien, die von der Huntington-Krankheit betroffen sind, in Einzelfällen ein solches „to care not to know." (S. 85) Elternteile lassen hier zwar einen genetischen Test vornehmen, interpretieren aber ihre Verantwortung dahingehend, ihre Kinder nicht mit dem Wissen belasten zu wollen und verschweigen das Ergebnis gezielt.

Hallowell (1999a) beschreibt hingegen, dass in ihrer Interview-Studie mit Frauen, die eine genetische Beratung zu familiärem Brust- und Eierstockkrebs (BRCA1/2) in Anspruch nehmen, einige den mutmaßlichen Wunsch ihrer Angehörigen nach Informationen über ihr individuelles Recht auf Nicht-Wissen stellen:

> „In some cases their own needs of not knowing about their risk status were regarded as subordinate to what they perceived as others' needs. Thus, it could be argued that the feelings of genetic responsibility expressed by these women ultimately threatened their autonomy, insofar as they constrained their choices, particularly their right not to know about their genetic risks." (ebd., S. 610)

Herr Martin, der Sohn von Frau Freist, stellt die familiäre Entscheidung für das Nicht-Wissen im Interview implizit in Frage; er spekuliert darüber, ob seine Mutter den Test nicht vielleicht doch ohne das Wissen der Kinder vorgenommen hat:

„Und sie hat sich dann überlegt, o.k. vielleicht macht sie es einfach trotzdem und sagt uns das Ergebnis nicht. Ich weiß es gar nicht, ob sie es doch gemacht hat, aber ich glaube es eigentlich nicht ... Sagen wir es mal so, wenn sie es *doch* gemacht hätte, und hätte das Ergebnis und wir wären positiv, hey das würde sie uns schon sagen. Zumindest so andeutungsweise. Überlegen Sie mal, wenn Sie Kinder hätten, dann würden Sie doch zumindest mal fragen, warst du schon mal wieder, und wann warst du denn das letzte Mal bei der Untersuchung oder so. Und das hat sie nicht gemacht, insofern glaube ich nicht, dass sie den Test gemacht hat. Und wenn er negativ wäre und das irgendwie eine Mutation ist oder so, dann wäre es ja auch eine wichtige Information." (Interview Martin: 484ff.)

Herr Martin zieht hier die Möglichkeit in Betracht, dass sich seine Mutter trotz des familiären Konsenses zur Nicht-Testung einem Gentest unterzogen haben könnte. Er überlegt, dass die Mutter das Ergebnis unterschlagen haben könnte, eine Möglichkeit, die sie zuvor sowohl ihm als auch seiner Schwester gegenüber angedeutet hatte. Aus seiner Sicht hätte sie damit aber nicht nur für sich selbst, sondern auch für ihre Kinder das Recht auf Nicht-Wissen quasi aufgekündigt: So sieht Herr Martin seine Mutter in der Verantwortung, im Falle eines positiven Gentestergebnisses mehr Wert auf die Einhaltung der Koloskopie-Termine ihrer Kinder zu legen, auch ein negatives Ergebnis dürfe den Kindern seiner Ansicht nach nicht vorenthalten werden. Mit dieser Äußerung sendet Herr Martin widersprüchliche Signale des Wissen-Wollens beziehungsweise Nicht-Wissen-Wollens, was seine eigene Ambivalenz hinsichtlich des familiären Konsenses für das Nicht-Wissen beziehungsweise die Fragilität dieses Konsenses offenbart. Aus Herrn Martins Sicht kann und darf das Nicht-Wissen nur aufrechterhalten werden, solange sich alle Familienmitglieder ‚im selben Boot' befinden (vgl. dazu auch Konrad 2005).

„Das mag ganz irreal sein, aber es ist halt die Realität" – Ängste vor Diskriminierung durch Versicherungen und bei der Verbeamtung

Frau Freist und ihre Kinder teilen die Sorge, dass ein Gentest mit negativen Folgen für letztere verbunden sein könnte: „So diese Sache, dass dann eben keine Verbeamtung oder eben bei den Versicherung – gar nicht oder höhere Beiträge." (Interview Freist: 508) Diese Befürchtung bezieht sich auf den Umstand, dass beide Kinder bisher noch keine Berufsunfähigkeitsversicherung abgeschlossen haben, die sie aber prinzipiell anstreben, und dass Frau Zieglers Berufsausbildung auf eine Beamtenlaufbahn zielt. Mit der Aussage „Das mag ganz irreal sein, aber es ist halt die Realität" (ebd.: 509) drückt Frau Freist aus, dass diese Befürchtungen für die Familie insofern real sind, als dass sie sich in der Auseinandersetzung um eine mögliche genetische Disposition als handlungsleitend erweisen, da negative Konsequenzen antizipiert werden. So bezahlte die Mutter die humangenetische Beratung der drei Familienmitglieder aus eigener Tasche, um zu vermeiden, dass die Termine bei der Krankenkasse aktenkundig werden; alle drei interviewten Familienmitglieder verzichteten bis zum Zeitpunkt der Interviews auf einen genetischen Test. Frau Freist spricht auch gegenüber Dritten seltener über die mögliche Vererbbarkeit ihrer Erkrankung: „Was ich aber jetzt merke, dass ich nicht mehr so oft darüber rede, weil ich die Angst meiner Kinder jetzt weiß, dass die Angst haben, über die verschiedenen Kanäle landet es irgendwo, wo es *nicht* landen soll" (ebd.: 627). Diese Sorge drückt sich im Interview auch dadurch aus, dass Frau Freist sehr bemüht ist, vom Interviewer in Erfahrung zu bringen, an wen/welche Institution sie sich mit rechtlichen Fragen zum (genetischen) Datenschutz wenden könne.

Insgesamt scheint sich Frau Freist jedoch unsicher zu sein, inwiefern die aktuell gewählte Handlungsstrategie tatsächlich die richtige für sie und ihre Kinder ist. Diese Unsicherheit bezüglich der Entscheidung zwischen Wissen und Nicht-Wissen, die jeweils wiederum unterschiedliche Folgeentscheidungen mit sich bringt, bricht sich im Interview wiederholt Bahn. Gegen Ende des Interviews stellt sie die vorhandenen Handlungsoptionen noch einmal gegeneinander:

> „Ja eben, dass man vielleicht doch nicht irgendetwas durch die Familie schleppt, ungeklärt, sondern es klärt. Oder das andere ist aussitzen und gucken, wenn gar nichts mehr passiert, zu sagen, dann war es halt doch ein spontaner Einzelfall." (ebd.: 785ff.)

Die von Frau Freist oben beschriebene „irreale Realität" im Sinne einer womöglich unbegründeten Angst vor genetischer Diskriminierung findet sich auch in den Interviews mit Frau Ziegler und Herrn Martin. Frau Ziegler beschreibt, dass sich ihre Ängste vor allem auf den Bereich der Verbeamtung, die private Krankenversicherung und die Berufsunfähigkeitsversicherung beziehen. Auf die Nachfrage, ob ohne diese Sorgen ein genetischer Test für sie eine Option wäre, antwortet sie mit „Sonst wäre das nicht, würde ich sofort, ja – würde ich sofort diesem Gentest zustimmen." (Interview Ziegler: 269ff.)

Hier zeigt sich deutlich, dass Frau Ziegler den Gentest für (medizinisch) sinnvoll hält, ihn jedoch nicht vornimmt, aus Angst, in der Folge gesellschaftliche Nachteile zu erleiden. Um in einer Berufsunfähigkeitsversicherung ohne Vorbehalte aufgenommen zu werden, hat sie bisher selbst die ausstehende, medizinisch gebotene zweite Koloskopie verschoben, was die Handlungsrelevanz dieser Ängste nochmals deutlich unterstreicht:

> „Weil ich dachte, o.k. ich möchte erstmal in die Berufsunfähigkeits-Versicherung rein. Wenn man dann angibt, dass man praktisch innerhalb von ... sagen wir mal ein paar Jahren, mehr als eine Koloskopie hatte, na dann wissen die ja auch schon, was los ist." (ebd.: 237ff.)

Erklärend fügt sie ihre eigene Interpretation medizinischer Wahrscheinlichkeitsaussagen hinzu, die ihre Entscheidung in ihren Augen weniger drastisch erscheinen lässt:

> „Also ich habe mal gerechnet. Bei der Krankheit ist es ja so, wenn die anfängt, dann hat man ungefähr zehn Jahre, bis es Krebs ist. Bei mir ist das [der letzte Koloskopie-Termin] jetzt sieben Jahre her. Selbst wenn das direkt nach der Untersuchung angefangen haben sollte, dann ist es jetzt immer noch nicht Krebs. So ungefähr – oder nur in einem ganz blöden Fall Krebs." (ebd.: 252ff.)

Herr Martin bezeichnet eines der Hauptargumente, das ihn bewogen hat, sich gegen einen Test zu entscheiden als ein „ganz Ökonomisches" (Interview Martin: 90). Der Vorteil des Nicht-Wissens sei, bei Abschluss einer Versicherung oder gegenüber dem Arbeitgeber nicht lügen zu müssen, um sich vor eventueller Benachteiligung zu schützen:

> „Ob das Versicherung ist, bei Berufsunfähigkeitssachen oder so, da steht dann: Haben Sie da eine Erkrankung oder bestehen da Risiken oder so? Da müsste ich dann unter Umständen lügen. Wenn ich das nicht weiß, dann kann ich zwar sagen, ich war da bei der Vorsorgeuntersuchung. Aber ich weiß es nicht." (ebd.: 93ff.)

Vor Benachteiligungen, wie sie die Familie Freist/Martin/Ziegler befürchtet, soll das Gendiagnostikgesetz (GenDG) schützen. Im hier verhandelten Kontext drängt sich die Frage auf, warum Betroffene es dennoch für ratsam halten, selbst Schutzmaßnahmen zu ergreifen. Eine mögliche Interpretation dieses Sachverhalts ist es, dass Betroffene schlicht nicht oder nur wenig über die Existenz und die konkreten Bestimmungen dieses Gesetzes informiert sind. Dies traf in hohem Maße auf die Interviewpartner_innen unserer Studie „Genetische Diskriminierung in Deutschland" zu, ähnliche Ergebnisse zeigen auch Studien zum Wissen um den Genetic Information Nondiscrimination Act (GINA) in den USA auf (vgl. Allain et al. 2012). Allerdings ist fraglich, ob das Wissen von Betroffenen um derartige Regelungen überhaupt dazu beitragen könnte, ihnen ihre Befürchtungen zu nehmen. So beschreibt Frau Ziegler, dass das Nicht-Wissen für sie momentan schlicht weniger aufwendig ist:

> „Und das andere ist dann immer, wenn ich denke, o.k. die rechtlichen Regelungen sind das eine. Das andere ist, dass man sich das dann meistens erstreiten muss, denke ich. Dass man dann wieder einen Anwalt einschalten muss und so. Da war es mir jetzt praktisch lieber, ich komme da irgendwie so drum herum, ohne dass ich darauf zurückgreifen muss." (Interview Ziegler: 355ff.)

Herr Martin hingegen äußert weniger alltagspraktische Vorbehalte, sondern formuliert grundsätzliche Bedenken in Bezug auf die Datensicherheit und ist skeptisch hinsichtlich der Wirksamkeit rechtlicher Schutzbestimmungen:

"Und das liegt in irgendeiner Datenbank, auch mein Genmaterial liegt dann in einer Datenbank, und ich weiß nicht, wo das liegt. Oder ich weiß vielleicht, wo es liegt, aber ich weiß ja gar nicht so genau, wer hat darauf Zugriff, und verändert sich das vielleicht mal? Das ist ein eher unbestimmtes, diffuses Risiko, aber es ist einfach kein besonders gutes Gefühl." (Interview Martin: 658 ff.)

Zudem betont er, dass genetische Informationen stärker als andere gesundheitsbezogene Informationen den Persönlichkeitsbereich betreffen und insofern etwas besonders Schützenswertes darstellen, etwas „Intimes", dass man nicht mit jeder oder jedem teilt: „Also ich sage mal, etwas viel Intimeres als das eigene Genmaterial gibt es ja jetzt nun nicht." (ebd.: 665)

Zusammengefasst wird deutlich, dass die Bedeutung des genetischen Nicht-Wissens derzeit für die Geschwister Martin/Ziegler vor allem in seiner Schutzfunktion liegt: Es schützt sie vor Benachteiligung im Bereich von Versicherungen und beruflicher Karriere, vor den Unannehmlichkeiten einer eventuellen rechtlichen Auseinandersetzung sowie vor einem möglichen Missbrauch genetischer Daten.

„Dass wir es eigentlich zurzeit buchstäblich auf Eis gelegt haben" – Die Offenheit von Entscheidungen hinsichtlich einer genetischen Diagnostik

Wie bereits angeführt, berichtet Frau Freist, dass ihre Kinder „noch nicht" (Interview Freist: 311) wissen möchten, ob bei Ihnen eine genetische Disposition für FAP vorliegt. Insofern ist die Entscheidung der interviewten Familienmitglieder gegen einen Gentest nicht als endgültig und unumkehrbar anzusehen. Frau Freist würde diesen mit der Zustimmung ihrer Kinder durchführen. Sowohl Herr Martin als auch Frau Ziegler berichten, dass die Familienplanung ein Anlass wäre, ihre Entscheidung zu überdenken. Zwar spräche eine positive Diagnose für Frau Ziegler nicht gegen eine Entscheidung für eigene Kinder, dennoch sagt sie:

„Einfach auch, wenn ich jetzt weiß, ich vererbe das nicht und habe Kinder, dann müssen die eben auch nicht zur Koloskopie, was eben auch für Kinder eine ganz blöde Geschichte ist. Also ich weiß noch, wie es mir mit [Altersangabe] damit ging, als ich das erste Mal da hin musste – oder auch davon erfahren habe. Da habe ich gedacht, oh Schreck, oh Graus. Das ist für Kinder – klar, wenn die damit aufwachsen, vielleicht leichter oder sie haben einen anderen Zugang dazu. Aber schön ist es ja auf keinen Fall." (Interview Ziegler: 311 ff.)

Auch Herr Martin gibt an, dass er im Falle der Konkretisierung seines Kinderwunsches die Entscheidung gegen einen Gentest noch einmal überdenken würde:

> „Weil wenn, sozusagen ich es habe oder haben könnte, und ich vererbe das, dann muss es ja nicht immer so sein, dass es wie bei meiner Mutter erst spät ausbricht. Es könnte ja auch– zumindest in meinem laienhaften medizinischen Verhältnis – sein, dass das irgendwie schon früher kommt. Dann müsste ich also mein Kind einer regelmäßigen Koloskopie aussetzen. Das finde ich, wenn man das kann, sollte man das einem Kind auf jeden Fall ersparen, weil es ja wahrscheinlich dann sowieso denkt, da ist irgendetwas mit mir nicht ganz richtig, warum sonst muss ich da hin. Und natürlich, würde ich sagen, meine Partnerin sollte das natürlich auch wissen, ob sie das Risiko mit mir eingehen will, Kinder mit mir zu haben, wo ich ein erbliches Risiko habe. Ich finde, das spielt... also ich glaube, dass es für meine Freundin auch eine Rolle spielen würde. Ab und zu taucht das manchmal, taucht das manchmal so auf [Wiederholung im Original], dass sie Angst hat." (Interview Martin: 361ff.)

Auch im Interview mit ihm spielt, wie bei Frau Ziegler, die Erfahrung der Koloskopie eine Rolle, er deutet zudem die mögliche Konsequenz an, auf leibliche Kinder zu verzichten, falls das Gentestergebnis positiv ausfällt. Dabei stellt er seine eigenen Überlegungen durchgängig als rationalen Abwägungsprozess dar, der auf das (gesundheitliche) Wohl seiner potenziellen Kinder als auch auf das Wohl seiner Freundin abzielt. Diese hat offenbar „Angst" davor, dass die gemeinsamen Kinder eine genetische Disposition für FAP von ihm erben könnten. Herr Martin argumentiert hier aus einer Position heraus, in der er für sich selbst die Option des Nicht-Wissens wählt; eine Verantwortungsübernahme für seine zukünftige Familie scheint jedoch untrennbar mit dem Wissen um seine genetische Disposition verbunden zu sein.

Die Option des Verschiebens des genetischen Tests über einen langen Zeitraum und über verschiedene Lebensabschnitte (Eintritt ins Arbeitsleben, Abschluss von Versicherungen, Familienplanung) hinweg besteht in unserem Fallbeispiel, da es sich bei FAP um eine sich spät manifestierende Krankheit handelt; die Möglichkeiten der Krankheitsprävention sind hochschwellig: „Wenn das jetzt eine Krankheit wäre, wo man sagt, es ist wirklich wichtig, dass man es weiß, weil man dann rechtzeitig ein Medikament einnimmt, um das aufzuhalten oder in Schach zu halten oder einen Ausbruch zu verhindern, das wäre sicher ganz anders gewesen." (Interview Freist: 370) Herr Martin verweist darauf, dass er sich bezüglich einer abschließenden Entscheidung zu diesem Thema nicht besonders unter Druck gesetzt fühle, da es keinen konkreten „Entscheidungstermin" gebe:

> „Ich müsste da ja hingehen und sagen, ich will das machen. Es ist ja nicht so, dass da einer kommt und sagt, hier – ich komme nächste Woche wieder, überlegen Sie es sich. Und wenn Sie es dann machen wollen, dann nehme ich Ihnen Blut ab, und das war's. So läuft das ja nicht. Insofern, da es keinen konkreten Entscheidungstermin gibt, ist das halt so etwas, was man immer ein bisschen vor sich herschiebt, ob man das machen will oder nicht." (Interview Martin: 688ff.)

Im Moment, so sagt er, „erkaufe" er sich „Zeit" (ebd.: 105). Dieses „Zeit-Kaufen" bezieht sich bei Herrn Martin auf die Zeit, die er nur mit einer „50% Wahrscheinlichkeit" anstelle einer „100% Wahrscheinlichkeit" (ebd.: 137), an Darmkrebs zu erkranken, lebt, wobei die mögliche Entlastungsfunktion eines negativen Gentests in seinen Überlegungen keine große Rolle spielt. Eine 100%ige Erkrankungswahrscheinlichkeit interpretiert er für sich persönlich als wesentlich belastender als den aktuellen Zustand medizinisch-statistischer Unsicherheit. Er wendet im Interview, ähnlich wie Frau Ziegler im vorigen Abschnitt, seine eigene alltagspraktische Rechenlogik auf Wahrscheinlichkeitsaussagen an, die ihn aus seiner Perspektive gerade nicht in einer permanenten, potenziell bedrohlichen Warteposition verharren lässt. Der Vorteil des Nicht-Wissens liegt hier darin, dass es der Ausweglosigkeit beziehungsweise dem Fatalismus eines positiven Gentests entbehrt:

> „Ich glaube tatsächlich, dass mehr so – dass mich dieser, dass mich dieser Fatalismus, der damit verbunden wäre – also das passiert mit einer sehr, sehr, sehr, sehr großen Wahrscheinlichkeit irgendwann, dass mich das sehr belasten würde, weil ich dann darauf warten würde. Und jetzt warte ich halt nicht darauf." (ebd.: 150ff.)

Als besonders bemerkenswert bezüglich der zeitlichen Offenheit einer Gentestentscheidung ist im Falle der Familie Freist/Martin/Ziegler, dass Frau Freist den Zeitraum der Entscheidungsfindung am weitesten ausgedehnt hat. Für den Fall, dass ihre Kinder sich dazu entscheiden sollten, wissen zu wollen, ob bei ihrer Mutter eine genetische Disposition vorliegt, hat sie dafür gesorgt, dass dies selbst nach ihrem Tod noch möglich ist, indem sie eine Blutprobe einfrieren ließ: „[...], dass wir es eigentlich zurzeit buchstäblich auf Eis gelegt haben. Ich habe mein Blut und alles deponiert, falls es mich nicht mehr geben würde und man aber Ergebnisse haben müsste." (Interview Freist: 65) Mit diesem Schritt nutzt Frau Freist eine heute zur Verfügung stehende Option über ihre eigene leibliche Endlichkeit hinaus, (Vor-)Sorge für das genetische Wissen oder Nicht-Wissen ihrer Kinder zu tragen.

2 Die familiäre Aushandlung der Gentestentscheidung und die Zuweisung von Verantwortung

Das vorliegende Fallbeispiel unterstreicht einige der Ergebnisse, zu denen Studien zum Entscheidungsprozess bezüglich eines genetischen Tests gelangt sind. Insbesondere zeigt sich auch hier die Verwobenheit individueller Motive und Beweggründe mit sozialen Determinanten und Rahmenbedingungen und der prinzipiellen Offenheit des Entscheidungsprozesses. Die Entscheidung für oder gegen einen genetischen Test wird im vorliegenden Fallbeispiel deutlich als ‚Familiensache' gehandhabt, in der vor allem die Angst vor organisationaler genetischer Diskriminierung als Grund, sich gegen einen genetischen Test zu entscheiden, angegeben wird. Die Geschwister Martin/Ziegler führen diese Befürchtung an, *obwohl* ein Test medizinisch durchaus als sinnvoll angesehen wird. Die Mutter, Frau Freist, übernimmt die Ängste ihrer Kinder und richtet das eigene Handeln und Sprechen auf das Besorgt-Sein um ihre Kinder aus.

Darüber hinaus zeigt sich in den Interviews die prinzipielle Offenheit von Gentestentscheidungen, so schließen sowohl Mutter als auch Kinder die Möglichkeit in ihre Überlegungen ein, die einmal getroffene Entscheidung gegen einen genetischen Test zukünftig zu ändern. Die Familienmitglieder hangeln sich mittels der von Scully et al. (2007) beschriebenen „microdecisions" (S. 213) von Lebensabschnitt zu Lebensabschnitt (Erkrankung der Mutter, Möglichkeit des Vorliegens einer genetischen Disposition, Vorbereitung auf den Eintritt in den Beruf und den Abschluss von Versicherungen, Ausblick auf eine etwaige Familienplanung), die jeweils unterschiedliche neue Entscheidungsschritte (Einholen von Informationen, gemeinsame Aufnahme einer genetischen Beratung, vorläufiger familiärer Konsens gegen einen genetischen Test, Vornahme einer Koloskopie und Hinauszögern einer weiteren) hinsichtlich der Auseinandersetzung mit genetischem Wissen von ihnen fordern; sie *kaufen sich Zeit* auf dem Weg zu einer möglicherweise abschließenden Entscheidung. Dieser Weg gestaltet sich dabei, wie Brüninghaus (2011) anhand ihrer Analyse von biographisch-narrativen Interviews mit ‚Risikopersonen' für die Huntington-Krankheit oder erblichen Brustkrebs feststellt, „weniger linear", sondern „eher in einem Netz von Beziehungen, Vorerfahrungen, neuen Erfahrungen und Problemstellungen" (S. 328). Dies zeigt eindrücklich, dass auch diejenigen, die nichts über ihre genetische Disposition wissen wollen, stetig mit der Frage beschäftigt sind, ob sie es nicht doch besser wissen sollten und müssten. In der Formulierung „sich etwas Zeit kaufen" wird die Anforderung deutlich, die das genetische Wissen den Betroffenen abverlangt und die zu umgehen sich die Beteiligten zwar wünschen, aber schlussendlich doch nicht realisieren können.

Das Beispiel einer Familie von (noch) Nicht-Tester_innen erlaubt zudem Einblicke in ihre Interpretation verantwortlichen Handelns im Kontext genetischen Wissens. Im Licht der diskursiven Hegemonie genetischer Verantwortung wirft die gemeinsame Entscheidung der Familie Freist/Martin/Ziegler die Frage auf, inwiefern dieses Verhalten als ‚unverantwortlich' gebrandmarkt werden kann. Laut Kollek/Lemke (2008) bilden sich seit Mitte der 1970er Jahre „Konturen einer genetischen Verantwortung" heraus: „Dieser Vorstellung zufolge soll es möglich sein, genetische Risiken wie andere Gesundheitsrisiken durch entsprechende Verhaltensänderungen zu kontrollieren" (ebd., S. 226). Dabei können drei Dimensionen genetischer Verantwortung unterschieden werden: „die Reproduktionsverantwortung (Verhinderung der Weitergabe genetischer Risiken), die Informationsverantwortung (Kommunikation genetischer Risiken) und die Eigenverantwortung (Kontrolle genetischer Risiken)" (ebd., S. 227). Aus der Perspektive dieses Postulats handelt keines der Familienmitglieder zum jetzigen Zeitpunkt verantwortlich, da sich alle gegen das Wissen um eine eventuelle genetische Disposition sperren und somit keine genetische Eigenverantwortung übernehmen. Auf Grund ihres eigenen Nicht-Wissens ist es Frau Freist zudem nicht möglich, einer Informationsverantwortung gegenüber ihren Kindern nachzukommen – dies fordert ihr Sohn allerdings explizit von ihr ein, für den Fall, dass sie selbst einen genetischen Test vornehmen lassen sollte; als ‚Gatekeeperin' steht Frau Freist unter großem Druck, die ‚richtige' Entscheidung für die Familie zu treffen.

Gleichwohl zeigt das Interviewmaterial, dass Frau Freist sehr wohl Verantwortung übernimmt, wenn auch in einer Form, die den vorherrschenden Dimensionen genetischer Verantwortung entgegensteht, beziehungsweise eine alternative Verantwortungskonzeption skizziert. Frau Freist übernimmt mit ihrer Entscheidung gegen den Test eine Form von Verantwortung, die als *Verantwortung für das (nicht allein medizinisch begriffene) Wohlergehen der (genetischen) Familie* umschrieben werden kann und gibt dem Bedürfnis ihrer Kinder nach Schutz vor Benachteiligung nach. Mit ihrer Entscheidung erhält sie ein Recht auf Nicht-Wissen aufrecht, das insbesondere durch den Appell an die Informationsverantwortung von Personen mit einem genetischen Risiko zunehmend untergraben wird (vgl. Lemke 2013, S. 92).

In diesem Zusammenhang merkt Weiner (2011) kritisch an, dass es schwierig ist, festzustellen, inwiefern ein solches Verhalten tatsächlich ein Spezifikum des Umgangs mit genetischem (Nicht-)Wissen darstellt (S. 1763). Auf das Beispiel bezogen ließe sich fragen, ob es sich beim Verhalten von Frau Freist nicht vielmehr um ein der Norm entsprechendes elterliches Verhalten beziehungsweise um elterliche Sorgearbeit handelt, eine Norm, angesichts derer die Übernahme genetischer Verantwortung zunächst als zweitrangig erscheint. Unter Bezugnahme auf Prainsack et al. (2014) lässt sich für den vorliegenden Fall argumentieren, dass genetisches Wissen als Vehikel dient, welches die Ausprägungen von (familiärer) Verantwortung erweitert, diese aber keinesfalls selbst hervorbringt:

> „[M]ost parents feel responsible for their children in many ways, and they feel guilt when they sense that their responsibility as a parent is compromised in any way. What genetic information does, here, is to provide a vehicle for the expression of a particular feeling rather than introduce the feeling." (ebd., S. 12)

3 Ausblick

Es ist zu vermuten, dass die anhand des Fallbeispiels diskutierten Aspekte – Verantwortung für das Wohlergehen der (genetischen) Familie als Alternative zu genetischer Verantwortung – im Zuge der Erweiterung der gendiagnostischen Möglichkeiten auch zukünftig von zentraler Bedeutung sein werden. Zudem ist deutlich geworden, dass die Betroffenen für die Testentscheidung weniger medizinisch-sachliches Wissen heranziehen, sondern sich auf alltagspraktisches Wissen stützen und die Entscheidung an situative und kontextspezifische Bedingungen knüpfen. Um ein möglichst umfassendes Bild dieser Wissensbestände und Bedingungen im Kontext genetischen Wissens zu erhalten, erweist es sich als produktiv, gezielt ‚Risikopersonen' in unterschiedlichen Positionen und Stationen des Entscheidungsprozesses zu befragen. Im hier analysierten Fallbeispiel ermöglichte der Fokus auf die (noch) Nicht-Tester_innen aus zwei Generationen einer Familie insbesondere die Perspektive auf ein Alternativmodell zu genetischer Verantwortung und auf die Handlungsrelevanz der Angst vor genetischer Diskriminierung.

Genetische Diskriminierung in Deutschland. Entwicklungsdynamiken und offene Fragen

Thomas Lemke/Katharina Liebsch

Die in diesem Band präsentierten Untersuchungsergebnisse nehmen zum ersten Mal eine empirische Bestandsaufnahme zu Formen und Feldern genetischer Diskriminierung in Deutschland vor; sie sind darüber hinaus auch ein Beitrag zur internationalen wissenschaftlichen Diskussion genetischer Diskriminierung und ihrer begrifflichen Bestimmung. Unsere Untersuchung erbrachte eine Reihe interessanter und z.T. überraschender Ergebnisse. Zunächst einmal ist festzuhalten, dass die von uns durchgeführte Studie nur zwei Fälle dokumentiert, die der klassischen Definition genetischer Diskriminierung (vgl. Billings et al. 1992, S. 477; Natowicz et al. 1992, S. 466) entsprechen (vgl. S. 41/42 und S. 124 in diesem Band). Daraus folgt jedoch nicht, dass in Deutschland keine Erfahrungen von Benachteiligung, Stigmatisierung und Ausschluss aufgrund genetischer Merkmale existieren oder die rechtlichen Regelungen und Verbote schlicht überflüssig wären; vielmehr verdeutlichen die Ergebnisse unserer Studie, dass die sozialwissenschaftliche Analyse genetischer Diskriminierung sich bislang zu stark an einem juridischen Diskriminierungsbegriff orientiert hat und neu ausgerichtet werden muss.

In diesem Schlusskapitel begründen wir die Notwendigkeit einer Revision des klassischen Begriffs genetischer Diskriminierung und diskutieren die zentralen Ergebnisse der Studie im Hinblick auf Gemeinsamkeiten und Unterschiede zu vorliegenden internationalen Untersuchungen. Wir zeigen, dass es angesichts der Untersuchungsergebnisse erforderlich ist, die kategorialen Voraussetzungen genetischer Diskriminierung zu überdenken. Es ist sinnvoll, das Problemfeld in vierfacher Hinsicht zu öffnen bzw. neu zu konfigurieren. Erstens muss die Engführung des Begriffs auf die Unterscheidung symptomatisch/asymptomatisch aufgegeben werden; zweitens ist es wichtig, die Ambivalenzen genetischen Wissens stärker anzuerkennen und Tendenzen ihrer Auflösung und Vereinseitigung zu untersuchen; drittens ist es notwendig, Ängste und Befürchtungen, aufgrund genetischer Merkmale benachteiligt oder stigmatisiert zu werden, in die Analyse einzubeziehen; und viertens müssen familiale und partnerschaftliche Beziehungen als mögliche Felder genetischer Diskriminierung begriffen werden.

1 Für eine notwendige Erweiterung des Begriffs genetischer Diskriminierung jenseits der Unterscheidung symptomatisch/asymptomatisch

Wie wir in der Einleitung zu diesem Band bereits erläutert haben, fokussieren die empirischen Untersuchungen zu genetischer Diskriminierung ebenso wie die rechtspolitischen Diskussionen des Problems bislang auf die spezifische Personenkategorie der „asymptomatisch Kranken" (Billings et al. 1992, S. 479). Die strikte definitorische Abgrenzung genetischer Diskriminierung von Diskriminierung im Zusammenhang mit Krankheit und Behinderung soll den spezifischen Gegenstand und die Wirkungsweise dieser Diskriminierungsform unterstreichen, die als eine völlig neue Form von Ausschluss und Benachteiligung betrachtet wird (vgl. Billings et al. 1992, S. 477).

Unsere Untersuchungsergebnisse dokumentieren hingegen, dass sowohl Personen mit ausgeprägten Krankheitsbildern als auch solche ohne somatische Veränderungen subjektiv erlebte Andersbehandlungen und Benachteiligungen aufgrund genetischer Eigenschaften schildern. Durch die bisher in der Diskussion genetischer Diskriminierung vorherrschende strikte analytische Grenzziehung bleiben negative Erfahrungen von Personen unberücksichtigt, die aufgrund ihrer genetischen Merkmale diskriminiert werden, aber bereits Symptome der Erkrankung aufweisen; man muss jedoch, wie Tino Plümecke es in seinem Beitrag formuliert, „nicht gesund sein, um genetischer Diskriminierung ausgesetzt zu sein" (S. 53 in diesem Band). Darüber hinaus zeigt das Material, dass die kategoriale Trennung symptomatisch/asymptomatisch, die die Grundlage rechtlicher Regulierungen bildet, im Erleben der Betroffenen kaum relevant ist. Im Gegenteil wird diese Trennung häufig unterlaufen, beispielsweise wenn die Befragten auf die Frage nach Benachteiligung und Andersbehandlung aufgrund genetischer Informationen Erfahrungen von Kränkung, Ausschluss und Stigmatisierung schildern, die für sie im Zusammenhang mit ihrer Erkrankung stehen. Der in den gesetzlichen Regelungen adressierte „asymptomatisch Kranke" ist im Alltagsleben, darauf weist unsere Untersuchung hin, offenbar (noch) nicht etabliert. Vielmehr zeigt das Interviewmaterial die Verknüpfung krankheitsbedingter Diskriminierungen mit genetischen Deutungs- und Handlungsmustern, die der weiteren Untersuchung bedarf. Ein zentrales Ergebnis der Studie ist demnach, dass die Unterscheidung zwischen asymptomatischen Risikopersonen auf der einen und Patient_innen/Kranken auf der anderen Seite sich nicht als Ausgangspunkt und Auswahlkriterium einer Untersuchung genetischer Diskriminierung eignet.

Die Unterscheidung symptomatisch/asymptomatisch ist zudem verbunden mit der analytischen und normativen Differenzierung zwischen genetischen und nicht-genetischen Krankheiten, Tests und Informationen, die inzwischen immer häufiger als „scientifically dubious" (Rothstein 2008, S. 839) betrachtet wird. Diese systematische und grundlegende Unterscheidung steht bereits seit längerem in der Kritik, da viele der sogenannten genetischen Erkrankungen sich durch eine unvollständige Penetranz oder eine variable Expressivität auszeichnen (vgl. dazu Alper/Beckwith 1998). Ebenso gilt die Position eines „genetischen Exzeptionalismus" (Murray 1997), also die Vorstellung, dass sich genetische Informationen in epistemologischer Hinsicht trennscharf von nicht-genetischen Daten unterscheiden lassen, in der Fachwelt als überholt (Kollek/Lemke 2008, S. 53- 71). Entscheidend für diese veränderte Einschätzung waren dabei nicht zuletzt die durch die Ergebnisse des Humangenomprojekts angestoßenen neuen Forschungsrichtungen und -schwerpunkte: „New developments in proteomics, transcriptomics, metabonomics, epigenetics, and other fields have blurred the line between asymptomatic and symptomatic." (Rothstein 2008, S. 839; vgl. auch Joly et al. 2013, S. 12)

Dass die Fokussierung auf ein Verständnis genetischer Diskriminierung als Benachteiligung, Ausschluss oder Stigmatisierung von „asyptomatisch Kranken" an der empirischen Realität vorbei geht, zeigt auch eine weitere Interviewstudie aus den USA. Robert Klitzman (2010) befragte dabei Patient_innen und Menschen mit einem Erkrankungsrisiko für folgende Krankheiten: Morbus Huntington, erblicher Brustkrebs und Alpha-1-Antitrypsin-Mangel. Seine Schlussfolgerung deckt sich mit den Ergebnissen unserer Studie:

> „Policy makers may distinguish between discrimination faced by asymptomatic vs. symptomatic individuals, and define genetic discrimination as referring only to that faced by asymptomatic individuals at risk, but the data here suggest several critical complications. Importantly, patients and family members here tend not to see this differentiation as distinctly or sharply, and rather, often perceive these realms as blurring. In part, these disorders themselves may have intermediate 'grey areas' – e.g., possible (but not definitive) and/or non-specific symptoms. For instance, individuals who are at risk for HD [Huntington's Disease] but untested may be 'difficult to get along with', which may, only in retrospect, be seen as representing early, non-specific, non-diagnostic symptoms of the disease. Yet these inter-personal difficulties may nonetheless prompt discrimination. Similarly, exposures to environmental irritants may precipitate symptoms in otherwise asymptomatic individuals at-risk for Alpha. Thus, the distinction between symptomatic vs. asymptomatic may not be wholly clear, and individuals may face discrimination due to symptoms that are not yet recognized as caused by a genetic disorder. Other genetic diseases can no doubt pose such complications as well." (Klitzman 2010, S. 80)

In ähnlicher Weise argumentieren Bombard und Hayden (2011) auf der Grundlage der Ergebnisse ihrer Studie, dass es wenig sinnvoll sei, das Problemfeld genetischer Diskriminierung auf die Unterscheidung zwischen symptomatischen und asymptomatischen Kranken zu begrenzen. Ihre Interviews mit Menschen, die positiv auf die für die Huntington-Krankheit charakteristische Mutation getestet wurden, dokumentieren die Notwendigkeit einer komplexeren Begriffsarbeit. Ihrer Einschätzung zufolge fehlt der vorliegenden Literatur zu genetischer Diskriminierung eine „reife Konzeptualisierung" (Bombard/Hayden 2011, S. 186). Die Orientierung an einem statischen Konzept werde weder der Erfahrung der Betroffenen oder der Komplexität der Testverfahren noch der Dynamik der Krankheitsverläufe gerecht:

> „[T]he clinical validity of genetic testing and understanding of the natural histories of diseases develop. [...] Likewise, the previous category of ,asymptomatic' has evolved to include states such as 'prediagnosed', 'preclinical', and 'premanifest', recognizing the continuum of sub-clinical changes that occur in persons carrying the HD [Huntington's Disease] mutation up to thirty-nine years from estimated onset of HD." (ebd., S. 187f.)

Diese Untersuchungsergebnisse legen ebenso wie die Resultate unserer Studie nahe, die Vorstellung einer eindeutig zu treffenden und stabilen Unterscheidung zwischen genetischer Diskriminierung auf der einen und der Diskriminierung aufgrund von Behinderung oder Krankheit auf der anderen Seite aufzugeben. Zukünftige Studien sollten vor allem die Verschränkungen von genetischen Informationen mit Krankheit bzw. Behinderung analysieren. Notwendig ist eine intersektionale Perspektive, die systematisch die Überschneidungen zwischen unterschiedlichen Diskriminierungsformen in den Blick nimmt. So hat Susan Wolf schon vor fast 20 Jahren darauf hingewiesen, dass die Forderung nach Gleichbehandlung in der Debatte um genetische Diskriminierung auf einem verkürzten Verständnis von Anti-Diskriminierung basiert. Der Fokus liegt allein auf dem, was als ungleich und von der Norm abweichend deklariert wird, statt die soziale Konstruktion von Normen und Unterscheidungen selbst zum Gegenstand der Analyse zu machen:

> „To isolate genetic disadvantage and to craft an anti-discrimination approach that ignores all we have learned about how to conceptualize and combat these other interconnected forms of disadvantages is a dangerous mistake. As Crenshaw argues, it entrenches the status quo and makes the real problem more difficult to solve. [...] We have to transcend the narrow language of 'genetic discrimination'." (Wolf 1995, S. 349)

Auf diese Weise könnte etwa untersucht werden, wie sich Formen *genetischer* Diskriminierung mit sexistischen und rassistischen Praktiken verbinden und sich diese ggf. wechselseitig verstärken. Statt genetische Diskriminierung als eine spezifische Praxis zu begreifen, die konzeptionell und normativ von anderen Formen der Benachteiligung, des Ausschlusses und der Stigmatisierung abzugrenzen sei, sollte sie als Instrument und Effekt eines gesellschaftlichen Kontinuums von Diskriminierungspraktiken begriffen werden (Lemke 2006b, S. 72-78; Liebscher et al. 2012).

Fazit – Entwicklungsdynamiken und offene Fragen

Unsere Untersuchungsergebnisse zeigen darüber hinaus das ungeheure Potenzial genetischen Wissens auf, das Selbstbild und die Identität der von uns Befragten zu irritieren und zu verletzen – eine Dynamik, die ebenfalls durch die Differenz symptomatisch/asymptomatisch nur unzureichend erfasst wird. Für Menschen, die um ihre (mutmaßlichen) genetischen Merkmale wissen, bedeutet dies zunächst einmal, dass sie sich mit neuen Klassifikationen auseinandersetzen müssen und diese übernehmen und sich zueigen machen oder auch zurückweisen und modifizieren können. Es erfolgt etwa eine (Selbst-)Zuordnung zur Gruppe der „Merkmalsträger", der „Menschen mit einem Gendefekt" – oder wie eine Befragte es bündig formulierte – der „Mutanten" (Interview mit Frau Ewert, 38 Jahre alt, Nachweis einer BRCA-Mutation, nicht erkrankt, Zeile 121). Damit ist die Aufforderung verbunden, das Selbstbild an neue Realitäten, Erwartungen und Verhaltensangebote anzupassen (vgl. Armstrong et al. 1998). Die Freiburger Soziologin Maya Maier versteht diese Art von gruppenspezifischen Normen und Erwartungen, die ausgewählte Personen zur Darstellung des neuen Selbstbilds verpflichtet, als „Bezeichnungszwang" und sieht darin ein Moment von Diskriminierung. Sie argumentiert, dass dann eine Ungleichbehandlung vorliegt, wenn lediglich einer ausgewählten Gruppe abverlangt wird, sich selbst dieser Kategorie zuzuordnen, während alle anderen als ‚normal' angesehen werden (Maier 2010, S. 169).

Diese analytische und konzeptionelle Erweiterung des Untersuchungsrahmens führt dazu, dass normative Konzepte, Selbstbilder und implizite Handlungserwartungen in die Analyse einbezogen werden können. Diese könnten als ‚Vorfeld' oder ‚Graubereich' genetischer Diskriminierung begriffen werden, sie bereiten gewissermaßen den Boden, auf dem dann Erfahrungen der Zurückweisung, der Stigmatisierung und Benachteiligung stattfinden – und der sich nicht auf eine prinzipielle Sortierung in asymptomatisch vs. symptomatisch reduzieren lässt. Klitzman beschreibt im Rahmen seiner Untersuchung diesen Prozess sehr anschaulich:

> „Patients felt that employers and co-workers could be insensitive, chastising, antagonistic or even hostile to an employee´s missed work to attend his or her own doctors' appointments. One might argue that these experiences reflect disability discrimination, rather than genetic discrimination per se (i.e., occurring in the absence of symptoms). But these experiences may not be due to explicit symptoms or actual disability, and in fact reflect critical challenges and ambiguities that patients face, and that thus deserve attention. In these situations, co-workers may think a patient is 'taking advantage of the situation', raising questions of how much leeway patients should receive, who should decide, and what should be done when disagreements occur." (Klitzman 2010, S. 73f.)

Es zeigt sich hier, dass das genetische Wissen als eine moralische Technologie funktioniert, als eine ‚Regierung der Gene', die nicht nur verbietet, benachteiligt und ausschließt, sondern auch positive Erwartungen an die Lebensführung der Einzelnen heranträgt. Asymptomatisch Kranke und symptomatisch Kranke werden mit bislang unbekannten moralischen Pflichten und normativen Vorstellungen genetischer Verantwortung konfrontiert, mit denen sie sich auseinandersetzen (müssen) und die ihre Handlungsoptionen und Entscheidungsspielräume einschränken können. Aus dieser Verknüpfung von ‚Selbstführung' und ‚Fremdführung' können wiederum neue organisationale Zwänge entstehen, etwa wenn Versicherungen oder Arbeitgeber das Management genetischer Risiken als notwendigen Bestandteil individueller Gesundheitsvorsorge begreifen oder Formen genetischer Besonderheit als ‚vermeidbar' markieren. Zur Analyse dieses dynamischen Geflechts von Erwartungen, Zuschreibungen und Vermutungen ist ein starres und enges Begriffsverständnis wenig angemessen, das genetische Diskriminierung kategorial isoliert und von anderen Diskriminierungsformen strikt abzugrenzt.

2 Für eine stärkere Betonung der Ambivalenzen genetischen Wissens

Ein zweites wichtiges Ergebnis unserer Studie ist, in der Analyse genetischer Diskriminierung stärker die ambivalente und deutungsoffene Qualität genetischen Wissens zu berücksichtigen. Es ist erforderlich, den Fokus nicht allein auf negative Kategorisierungen, Benachteiligungen und Ausschlussmechanismen zu richten. Mit dem genetischen Wissen korrespondieren – dies zeigt das empirische Material – auch Formen positiver Andersbehandlung, deren Vorzüge von den Betroffenen gesehen und geschätzt werden. Der Nachweis genetischer Krankheitsrisiken dient in diesem Fall als Ressource, um Schuldzuweisungen abzuwenden und eröffnet den Zugang zu Präventionsangeboten und wirksamen Therapien. Insbesondere die von uns interviewten an der Hereditären Hämochromatose leidenden Personen schildern eindrücklich, wie entlastend das genetische Wissen für sie war (vgl. dazu den Beitrag von Ulrike Manz in diesem Band). Es beseitigte nicht nur bestehende Unklarheiten in Bezug auf die Diagnose der Krankheitssymptome, sondern schützte die Betroffenen auch vor Anfeindungen und Schuldzuweisungen.[95]

Dieses Ergebnis muss allerdings in mehrfacher Hinsicht qualifiziert und präzisiert werden. Zum einen ist zu berücksichtigen, dass die Ambivalenz und

---

95 Ähnlich äußerten sich auch Menschen, bei denen ein Erkrankungsrisiko für die Huntington-Krankheit diagnostiziert worden ist, im Rahmen einer groß angelegten Fragebogenerhebung in den USA, Kanada und Australien: „[W]e report the incidence of benefit from knowing one's genetic status is more frequent than the use of genetic information in a discriminatory manner in health insurance or employment." (Erwin et al. 2010, S. 1091)

Deutungsoffenheit des genetischen Wissens den Ausgangspunkt und Anlass für (weitere) Erfahrungen von Kränkung, Stigmatisierung und Diskriminierung bilden kann. Am eindrücklichsten sind hier die Schilderungen im Bereich der prophylaktischen Operationen (bei FAP und Familiärem Brust- und Eierstockkrebs) sowie bei Fortpflanzungsentscheidungen. Auf der Basis von Wahrscheinlichkeitsrechnungen und Risikokalkulationen müssen die Betroffenen Entscheidungen treffen, die immer auch anfechtbar sind. Konfrontiert mit dieser Infragestellung oder Problematisierung ihrer Entscheidungen, fühlen sich die Befragten zurückgewiesen, verletzt und unverstanden. Zum anderen ist zu beobachten, dass die Ambivalenz häufig einseitig aufgelöst wird, beispielsweise wenn eine Verabsolutierung genetischer Information stattfindet („Ich *habe* 80 Prozent", sagt die 29jährige Frau Michels, die positiv auf BRCA getestet wurde und symptomlos ist, Zeile 129) oder wenn gefordert wird, den positiven Gentestbefund als Grundlage eines medizinischen und rechtlichen Sonderstatus anzuerkennen. Die in anderen Kontexten als problematisch empfundene und/oder negativ konnotierte Klassifizierung und Zuweisung des Status einer ‚genetischen Risikoperson' wird hier gewissermaßen positiv gewendet und als Anspruchsgrundlage für die Forderung von (weiteren) Rechten geltend gemacht. Diese Aspekte lassen sich besonders deutlich anhand der Interviews mit Frauen mit (einem Risiko für) erblichen Brust- und Eierstockkrebs dokumentieren (vgl. dazu den Beitrag von Tabea Eißing in diesem Band). Das positive Ergebnis des Gentests und das damit festgestellte erhöhte Erkrankungsrisiko begründet für einige Befragte die Forderung nach einem medizinischen Sonderstatus, der die Anerkennung der spezifischen Belastungssituation und einen privilegierten Zugang zu weiteren Präventionsoptionen impliziert. Die Interviewpartnerinnen wehrten sich also nicht gegen eine aus ihrer Sicht ungerechte Andersbehandlung; im Gegenteil erwarteten sie eine ‚Sonderbehandlung', diese erscheint ihnen angemessen und medizinisch geboten. So versteht die 50jährige Frau Schwarz im Interview die Nicht-Berücksichtigung ihres genetischen Risikos im Rahmen des Anerkennungsverfahrens einer Schwerbehinderung als ungerechtfertigte Ungleichbehandlung: „Also von daher, das wird alles so abgebügelt als unerheblich und unwesentlich. Und das empfinde ich wirklich als diskriminierend." (Interview Frau Schwarz, 50 Jahre alt, BRCA-Mutation, erkrankt, Zeile 640f.) Ebenso empört sich Frau Herrmann über die Weigerung ihrer Krankenkasse, die Kosten für eine prophylaktische Entfernung der Eierstöcke zu übernehmen (Interview Frau Herrmann, 40 Jahre alt, zwei Kinder, Zeile 226ff. sowie Zeile 373ff.). Damit bekräftigten die beiden Frauen ihren genetisch begründeten Ausnahmestatus gegenüber anderen an Brustkrebs erkrankten Frauen ohne diagnostizierte genetische Risiken. Hier wird also eine Gleichbehandlung als unangemessen und ungerecht erfahren und sie ist es, die für die Befragten den Vorwurf einer Diskriminierung begründet.

Auf drei Punkte muss hier näher eingegangen werden. Erstens ist festzuhalten, dass sich in den Präventionsangeboten und medizinischen Leistungen des Gesundheitssystems (immer auch enttäuschbare) Formen der Anerkennung materialisieren. Die von uns interviewten Frauen erwarteten aufgrund ihres genetischen Risikostatus eine – über das ‚Normalmaß' hinausgehende – Aufmerksamkeit und Fürsorge von Krankenkassen, Versorgungsämtern, Ärzt_innen und medizinischem Personal. Dieser Befund deckt sich mit den Ergebnissen der Studie von Scott et al. (2005), die 58 halboffene Interviews mit Patient_innen/Klient_innen enthält, die 2001 und 2002 an ein regionales Krebszentrum in Großbritannien überwiesen wurden. Die Untersuchung zeigt, dass sich keineswegs Entlastungseffekte bei jenen einstellten, bei denen aufgrund ihrer Familiengeschichte ein niedriges Krebsrisiko diagnostiziert wurde; im Gegenteil schienen die Betroffenen mit diesem Ergebnis eher unzufrieden zu sein oder sie zeigten sich gar enttäuscht. Dieses scheinbare Paradox, ‚gute' Nachrichten als ‚schlechte' zu behandeln, erklären die Autor_innen der Studie mit den unterschiedlichen materiellen Positionen im Gesundheitssystem, die sich für die Betroffenen aus den Risikodiagnosen ergeben. Diejenigen mit einem niedrigen Risiko waren enttäuscht, dass ihnen das Gesundheitssystem Anerkennung, Aufmerksamkeit, Zuwendung und Ressourcen verweigerte, die der Nachweis eines erhöhten genetischen Risikos nach sich gezogen hätte. Nur Menschen mit ‚mittleren' und ‚hohen' Risiken wurden genetische Untersuchungsverfahren und Vorsorgeleistungen angeboten. Diese Gruppe zeigte sich sehr zufrieden mit ihrem Status. Das ‚Glück', mit einem erhöhten Erkrankungsrisiko klassifiziert zu werden, rief auf Seiten der Betroffenen Gefühle von Sicherheit und Vertrauen in die Macht medizinischen Wissens hervor (Scott et al. 2005, S. 1872, 1875; vgl. auch Michie et al. 2003).

Zweitens zeigt das Material unserer Studie – wie die Ergebnisse vieler Interviewstudien mit Frauen, bei denen die BRCA-Mutationen diagnostiziert wurden (vgl. Hallowell 1999; 2000; Robertson 2000; zur Nieden 2013) – Konturen einer ‚genetischen Verantwortung' auf. Die Frauen betrachteten es als zwingende Notwendigkeit, weitere medizinische Maßnahmen einzuleiten, sie nahmen an Kontrolluntersuchungen teil und einige von ihnen unterzogen sich prophylaktischen Operationen zur Entfernung der Brüste und Eierstöcke. Die befragten Frauen sahen sich aber nicht nur im Hinblick auf ihr eigenes Gesundheitsverhalten als verantwortlich an; viele Teilnehmerinnen betrachteten es darüber hinaus als eine moralische Pflicht, Verwandte vor möglichen genetischen Risiken zu warnen – und sie stellten dabei häufig deren ‚Recht auf Nicht-Wissen' zurück. Damit gingen Erfahrungen von Kränkung, Zurückweisung und Stigmatisierung einher, die sich keineswegs auf dieses Krankheitsfeld beschränken, und die wir weiter unten genauer in den Blick nehmen werden.

Drittens manifestiert sich vor allem in der Einforderung der Anerkennung des Risikostatus als ‚Schwerbehinderung' im Sinne des Versorgungsrechts eine

Form des „genetischen Exzeptionalismus" (Murray 1997), der wissenschaftlich schon lange an Überzeugungskraft eingebüßt hat, aber offenbar weiter eine alltagspraktische und kulturelle Wirksamkeit besitzt. Im Kern zielen die von den betroffenen Frauen vorgebrachten Argumente darauf, die Risikoprognose als eine Form der Schwerbehinderung zu begreifen und sie rechtlich auch so zu behandeln. Dies ruft mit Blick auf nichtgenetische Erkrankungsrisiken sowie auf die Anforderungen an die Gewährung des Schwerbehindertenstatus für ‚normale' Frauen rechtliche Bedenken hervor, da hier möglicherweise gegen das Prinzip der Gleichbehandlung verstoßen wird; dennoch ist es wichtig, die Ängste und Befürchtungen der Frauen ernst zu nehmen. Dies führt uns zum nächsten zentralen Ergebnis unserer Studie.

3 Für eine systematische Einbeziehung der Ängste und Befürchtungen, aufgrund genetischer Merkmale benachteiligt oder stigmatisiert zu werden

Unsere Untersuchungsergebnisse zeigen, dass das Ausmaß der Ängste und Befürchtungen, aufgrund genetischer Merkmale benachteiligt oder stigmatisiert zu werden, die Zahl der tatsächlich berichteten Diskriminierungserfahrungen deutlich übersteigt. Dieser Befund deckt sich mit den Ergebnissen anderer Studien zu genetischer Diskriminierung (vgl. etwa Hall et al. 2005; Erwin et al. 2010, S. 1088), die ebenfalls nachweisen, dass das genetische Wissen eine Quelle für vielfältige Befürchtungen und negative Erwartungen darstellt. Otlowski et al. fassen in ihrem Überblicksartikel diese Einsicht knapp zusammen:

> „These findings are consistent with other research that suggests that concerns about GD [genetic discrimination] exceed reported experiences, with the level of fear ranging from 7 to 60 times that of reported experiences." (Otlowski et al. 2012, S. 440)

Anders als viele andere empirische Studien zum Problem genetischer Diskriminierung, denen eine strikte und eindeutige Trennung zwischen „fear of and actual GD [genetic discrimination]" (Erwin et al. 2010, S. 1090) zugrunde liegt, deuten unsere Untersuchungsergebnisse darauf hin, dass es sinnvoll und notwendig ist, die von den Interviewpartner_innen geäußerten Ängste und Befürchtungen in die Analyse des Problemfelds einzubeziehen. Selbst wenn diese Ängste und Befürchtungen übertrieben oder gar unbegründet erscheinen mögen, bleibt ihre Bedeutung nicht auf die Sphäre der Emotionen und Affekte beschränkt, sondern sie haben vielfältige handlungspraktische Folgen, wie eine Betroffene zum Ausdruck brachte: „Das mag ganz irreal sein, aber es ist halt die Realität." (Interview Frau Freist: 509)

Dabei lassen sich verschiedene Analysedimensionen unterscheiden. Erstens ist es von zentraler Bedeutung, die handlungsmotivierende, -restringierende und -orientierende Bedeutung der Angst vor genetischer Diskriminierung in der Analyse zu berücksichtigen. Damit richtet sich der Blick auf jene Strategien und Techniken, mit denen potenzielle Opfer der Gefahr genetischer Diskriminierung begegnen (für eine systematische Diskussion vgl. Bombard 2007 und die Einleitung in diesen Band). Sie führen zunächst dazu, dass die Interviewten unnötige, kostspielige oder gar schädliche Maßnahmen ergreifen, um sich vor genetischer Diskriminierung wirksam zu schützen.[96] Sie tragen weiterhin dazu bei, dass (potenziell) Betroffene nicht mit anderen über ihre genetischen Besonderheiten sprechen bzw. diese verheimlichen, da sie Stigmatisierung, Missachtung und Ausgrenzung befürchten. Diese Form des ‚Informationsmanagements' und die Frage, wann wem die Erkrankungsrisiken bzw. die genetische Dimension der Krankheit (und ihre mögliche Erblichkeit) mitgeteilt wird, zieht sich durch das gesamte Interviewmaterial. Schließlich können Ängste vor genetischer Diskriminierung bewirken, dass Menschen, die sich prinzipiell für die Durchführung eines prädiktiven Tests entschieden haben (aus medizinischen Gründen, aus Gründen der Lebens- bzw. der Familienplanung etc.), davon Abstand nehmen, um Probleme in sozialen Interaktionsprozessen und organisationale Diskriminierung zu vermeiden (vgl. dazu den Beitrag von Laura Schnieder in diesem Band).

Zweitens ist zu beachten, dass es sich bei der hier zur Diskussion stehenden Gruppe von Betroffenen um Menschen handelt, die mehr als viele andere und in unterschiedlicher und sich häufig miteinander verstärkender Weise Ängsten ausgesetzt sind. Neben der Angst, an einer Krankheit zu leiden, die in der Regel mit schweren gesundheitlichen Einschränkungen verbunden und ggf. an die nächste Generation weitervererbt werden kann, tritt die Befürchtung, Opfer genetischer Diskriminierung zu werden und gesellschaftlichen Nachteilen oder negativer Kategorisierung ausgesetzt zu sein. Hinzu kommt eine dritte Art von Ängsten, die die beiden ersten wie einen Schatten begleitet: Zu der Angst vor Krankheiten und deren (sozialen) Folgen kommt die Angst, an diesen womöglich selbst schuld zu sein: Habe ich genug getan, um eine bestimmte Krankheit zu verhindern? Was hätte ich wissen können, welche Aspekte müsste ich für Kinderwunsch und Partnerwahl berücksichtigen? Diese Koexistenz von Angstproduktion, Präventionsversprechen und Schuldzuweisung ist ebenfalls eine Kon-

---

96 Vgl. hierzu auch die Ergebnisse der Studie von Klitzman: „[U]ncertainty, fears and wariness about insurance can lead individuals to take unnecessary precautions that may cause additional stress. A critic could potentially simply dismiss entirely these individuals' fears and concerns about discrimination as not objective, but the data here suggest that these anxieties can nonetheless profoundly affect individuals' health decisions and behaviors." (Klitzman 2010, S. 79)

stante in dem Interviewmaterial. Sie fordert dazu auf, Ängste nicht als Residuum oder Marginalie in der Untersuchung genetischer Diskriminierung zu betrachten, die in dem Maße abnehmen, wie das Wissen um rechtliche Schutzbestimmungen zunimmt, sondern diese systematisch auf kollektive Wissensbestände, kulturelle Narrative und normative Erwartungen zu beziehen, die notwendig in die Analyse genetischer Diskriminierung zu integrieren sind.

4 Für eine analytische Berücksichtigung des familialen Raums als Feld genetischer Diskriminierung

Der Begriff der genetischen Diskriminierung war in den meisten der vorliegenden Studien auf organisationale Mechanismen der Benachteiligung und des Ausschlusses fokussiert. Im Mittelpunkt standen Versicherungen oder Arbeitgeber, während andere Erfahrungen von Diskriminierung nicht thematisiert werden konnten. Ausgespart blieben bisher insbesondere der familiale Raum und der Bereich privater und intimer Beziehungen. Zu diesem Ergebnis kommt auch der bereits mehrfach angeführte Überblick über den aktuellen Forschungsstand zu genetischer Diskriminierung:

> „Notwithstanding the significance and potential distress of people's experiences of GD [genetic discrimination] within family and social domains, the main focus of analysis and discussion regarding GD in the international context has been on insurance and employment because these institutional domains are more amenable to regulation." (Otlowski et al. 2012, S. 435)

Das empirische Material dieser Studie liefert überzeugende Argumente dafür, die Untersuchung auf diese Handlungsfelder auszuweiten. Es gibt deutliche Hinweise auf Erfahrungen von Zurückweisung, Missachtung und Abwertung im Freundes- und Bekanntenkreis, in Paarbeziehungen sowie in der innerfamiliären Kommunikation. Die Daten zeigen, dass die normativen und affektiven Ambivalenzen genetischer Diagnostik – da sie von der Frage der Vererbung häufig nicht zu trennen sind – sich gerade im familialen Kontext entfalten und eine Verunsicherung von Identität und Zugehörigkeit mit sich bringen. Im Zuge der Auseinandersetzung mit der genetischen Information wird Familie in ihrer Funktion als Stifterin von Gemeinschaft und Identität aktiviert. Dabei können, wie einige unserer Befunde zeigen, familiale Beziehungen neu geschaffen (z.B. unbekannter Bruder, Kennen-Lernen des biologischen Vaters) oder bislang unbekannte familiale Sub-Gruppen begründet werden (vgl. dazu insbesondere den Beitrag von Ulrike Manz in diesem Band). Über die gängigen Unterscheidungen in Bruder/Schwester, Cousinen/Onkel/Tanten hinaus wird nun auch die Gruppe der „Genträger" und „Nicht-Genträger", der Getesteten und der (Noch-)Nicht-Getesteten neu eingeführt. Dies macht es erforderlich, dass sich das familiale System neu strukturiert und dass die Familienangehörigen die damit einhergehenden emotionalen und intersubjektiven Anstrengungen auf sich nehmen und gestalten. Erfahrungen von Kränkung, Stigmatisierung und Ausschluss im familialen Kontext berichten auch andere Studien. In der von Erwin et al. in Australien, Kanada und den USA durchgeführten umfassenden Befragung von Menschen mit einem diagnostizierten Risiko für die Huntington-Krankheit wird die Bedeutung von Familie und sozialen Nahbeziehungen manifest. Die Studie hält fest, dass sogar die meisten diskriminierenden Praktiken aus diesem Bereich geschildert wurden (Erwin et al. 2010, S. 1090):

> „Some participants report the only discrimination event they have experienced thus far is in the realm of personal relationships. Overall 138 (32.9%) respondents reported some type of discriminatory behavior in the domain of relationships, whereas 101 (24.4%) said people changed the way they talked to them. Ninetyfive (22.9%) respondents experienced negative comments, and 26 (6.9%) reported they were discouraged from continuing their education due to their genetic risk for HD [Huntington's Disease]." (Erwin et al. 2010, S. 1088)

Die Bedeutung der Familie als Feld genetischer Diskriminierung wird auch in einer umfassenden Studie zu genetischer Diskriminierung in Australien unterstrichen (Taylor et al. 2008). In dem Zeitraum von 1998 bis 2003 befragten die Forscher_innen insgesamt 951 Menschen, die sich prädiktiven oder präsymptomatischen Tests für spätmanifestierende genetische Krankheiten unterzogen hatten, zu ihren Erfahrungen von Andersbehandlung aufgrund genetischer Informationen. Insgesamt schilderten zehn Prozent der Befragten Erfahrungen genetischer Diskriminierung, wobei mehr als ein Fünftel der Nennungen auf den familiären Bereich entfiel (und elf Prozent auf den sozialen Nahbereich):

> „Respondents reported negative treatment in family settings, an area that has received little attention in the literature. Many incidents involved attitudes, opinions or reactions to respondents' family history, marriageability or ‚reproductive fitness'; this can reinforce social stigma." (Taylor et al. 2008, S. 27)

Eine kanadische Studie, im Rahmen derer Menschen befragt wurden, in deren Familie die Huntington-Krankheit bereits aufgetreten ist, die aber selbst (noch) nicht an der Krankheit leiden, kommt zu ähnlichen Ergebnissen. Gleich nach der Schilderung von Problemen mit Versicherungsgesellschaften, taucht ein Bereich auf, der, wie die Autor_innen festhalten, in vorangegangenen Studien bislang kaum eine Rolle gespielt hat:

> „Surprisingly, family and social circles were the next major source of discriminatory experiences. One in five respondents reported genetic discrimination in these set-

tings, mostly in reference to reproductive decision making and relationships. No survey to date has explored discrimination in areas other than institutional domains." (Bombard et al. 2009, S. 6; vgl. auch Otlowski et al. 2012, S. 435; Williams et al. 2010, S. 1154f.)

Einen wichtigen Hinweis auf die Bedeutung dieses Feldes enthält auch die Untersuchung von Bombard und Hayden (2011). Die empirische Studie verweist auf die Notwendigkeit, eine fallbezogene und auf Diskriminierungsereignisse fokussierte Sicht durch eine Perspektive zu ergänzen, die auch Dauerhaftigkeit und Kontinuität diskriminierender Praktiken in die Überlegungen und Bewertungen einbezieht:

„[A]n understanding of how often particular types of genetic discrimination occur, for how long, and at which point in time has also not been achieved. While insurance discrimination may be reported, this form of discrimination may only occur relatively infrequently, given the fact that individuals typically apply for insurance only a few times, and at particular stages in their lives. On the contrary, family and social discrimination may actually occur more frequently and for longer durations." (ebd., S. 197)

Unser Material dokumentiert, dass es vor allem zwei Problemkomplexe sind, die in der innerfamiliären Kommunikation immer wieder für Erfahrungen der Kränkung, der Zurückweisung und Stigmatisierung sorgen. Zum einen geht es um die Auseinandersetzung mit der Option, über einen Gentest den eigenen Risikostatus bzw. den der Familienangehörigen überprüfen zu lassen. Zum anderen steht der Wunsch nach leiblichen Kindern im Fokus – und die Frage nach einer möglichen Vererbbarkeit von Krankheitsrisiken.

In allen vier Fallstudien finden sich Schilderungen von abwehrenden Reaktionen von Familienmitgliedern in Bezug auf das genetische Wissen sowie Berichte davon, dass Verwandte es strikt ablehnten, die Möglichkeit eines Gentests auch nur in Betracht zu ziehen. Regelmäßig wird die Bedeutung genetischer Information in familialen Kontexten entweder dramatisiert oder banalisiert, was von unseren Interviewpartner_innen gleichermaßen als kränkend empfunden wird. Sie fühlen sich in ihrem Anliegen, Verwandte über mögliche gesundheitliche Risiken aufzuklären, nicht ernst genommen, werden selbst zur Zielscheibe von Anfeindungen und Schuldzuweisungen oder gar für ihre Krankheit verantwortlich gemacht. Das Material zeigt hier deutlich das konfliktreiche Spannungsverhältnis zwischen dem Recht auf Nicht-Wissen und der Respektierung des „genetischen Privatbereichs" (Allen 1997) auf der einen Seite und dem Gebot, medizinisch-genetisches Wissen mit Familienangehörigen zu teilen, um diesen für sie möglicherweise gesundheitlich relevante genetische Informationen zugänglich zu machen auf der anderen Seite. Gleichzeitig sind die Befragten, aber nicht allein als Opfer oder Adressat von Kränkungserfahrungen, Zurückweisungen und Stigmatisierungen zu begreifen; sie initiieren und installieren selbst neue Formen von familialem Druck und formulieren Loyalitätserwartungen gegenüber Dritten. Beispielsweise berichtet die Mutter eines an Cystischer Fibrose erkrankten Kindes, dass sie ihre gesunde und bereits erwachsene Tochter zur genetischen Diagnostik gedrängt habe, um abzuklären, ob auch sie „rezessive Genträgerin" sei. Nun warte sie gespannt darauf, ob die Tochter ihrer Aufforderung folge (CF Fb 50). Das Material deutet darüber hinaus darauf hin, dass die Kränkungserfahrungen und die wahrgenommene Pflicht zur Information von Familienangehörigen ungleich verteilt sind. Es sind vor allem Frauen, die es als ihre moralische Verantwortung betrachten, Familienangehörige über mögliche Krankheitsrisiken aufzuklären – und sie sind es, die von Zurückweisung, Stigmatisierung und Ausschluss berichten. Insgesamt legen die Untersuchungsergebnisse nahe, dass die Verhandlung des genetischen Wissens innerhalb des familialen Kontexts dazu beiträgt, vorhandene Geschlechterstereotype zu erneuern und asymmetrische Verteilungen von Verantwortungslasten und normativen Erwartungen zu reproduzieren (vgl. dazu auch Kollek/Lemke 2008, S. 234-261).

Diese Reaffirmation vorhandener Geschlechterbilder und -stereotype zeigt sich auch in dem zweiten Problemkomplex: dem Bereich von Kinderwunsch und Familienplanung. Wiederum sind es vor allem die von uns befragten Frauen, die sich mit der Frage auseinandersetzen, was die Möglichkeit der generationalen Weitergabe von genetischen Krankheitsrisiken konkret bedeutet. Sowohl Betroffene des Familiären Brust- und Eierstockkrebs, der Familiären Adenomatösen Polyposis und ‚Träger' des CF-Gens berichten von Stigmatisierung, Ablehnung und Verantwortungserwartungen im Hinblick auf ihr Reproduktionsverhalten. Lediglich in der Fallstudie zur Hämochromatose finden sich keine derartigen Schilderungen. Zwar setzen sich auch hier die Betroffenen mit ihrer Familiengeschichte und der möglichen Weitergabe der genetischen Dispositionen an ihre Kinder auseinander, kränkende oder stigmatisierende Erfahrungen werden jedoch nicht erwähnt. Dies ist vermutlich dem spezifischen Charakter der Erkrankung geschuldet, die bei einer rechtzeitigen Diagnose vergleichsweise undramatisch verläuft und gut behandelbar ist. In den drei anderen Fallstudien finden sich hingegen Berichte von als übergriffig und anmaßend empfundenen Kommentaren und Ratschlägen von Familienmitgliedern, Nachbarn, Freund_innen, Bekannten sowie von Ärzt_innen und Krankenhauspersonal, die sich zum Thema Familienplanung äußern oder ungefragt auf Reproduktionsentscheidungen zu sprechen kommen. Beispielsweise berichtet eine an Familiärer Adenomatöser Polyposis erkrankte Frau, dass sie von Ärzt_innen und dem Schwiegervater die Empfehlung erhalten habe, sie „solle keine Kinder bekommen wg. Vererbbarkeit" (FAP/S Fb 15). Insbesondere Eltern von an CF erkrankten Kindern erzählen von Konflikten und Auseinandersetzungen um den Einsatz der vorgeburtlichen genetischen Diagnostik und der Möglichkeit einer selektiven Abtreibung aufgrund eines ‚auffälligen Befunds'. Immer wieder wurden dabei auch grundsätzliches Unbehagen gegenüber Präventionsanforderungen an ‚Merkmalsträger' und Ängste in Bezug auf die Folgen genanalytischer Verfahren artikuliert. Befürchtet wurde etwa, dass die individuelle Entscheidungs- und Handlungsfreiheit durch eine genetische Reproduktionsverantwortung eingeschränkt, aber auch, dass Menschen mit einer CF-Erkrankung das Lebensrecht überhaupt abgesprochen werden könnte. So formulierte zum Beispiel ein an Cystischer Fibrose erkrankter Mann: „Man will die Krankheit z.b. durch PID [Präimplantationsdiagnostik] ausrotten. Habe ich kein Recht auf Leben als CFLer?" (CF Fb 54)

Unser Material zeigt, wie genetisches Wissen in den Familien dazu führt, dass Testoptionen und Krankheitssymptome zum Gegenstand von Kränkungserfahrungen, von Schuldzuweisungen und Stigmatisierungsprozessen werden. Im familialen Bereich wird sondiert, erprobt und ausgehandelt, was im Imperativ der ‚genetischen Verantwortung' bereits positiv unterstellt ist. Die Befragten und ihre Familienmitglieder verhandeln die Bedeutung der genetischen Information und Art und Ausmaß der sich daraus ergebenden moralischen Verpflichtungen. Die hier geschilderten Erfahrungen von Ausgrenzung, Missachtung, Abwertung und Zurückweisung sind ein wesentlicher Bestandteil des Problembereichs von genetischer Diskriminierung. Ohne den Einbezug der Dynamiken, die das genetische Wissen im Freundes- und Bekanntenkreis, in Paarbeziehungen und vor allem in der innerfamilialen Kommunikation in Gang setzt, bleibt die Problemanalyse unvollständig.

5 Zwischenbilanz und Ausblick

Die von uns vorgeschlagenen Erweiterungen und Transformationen des Begriffs genetischer Diskriminierung tragen zu einer Neuausrichtung der Debatte und ihrer wissenschaftlichen und gesellschaftspolitischen Reflexion bei. Sie stützen sich dabei zum einen auf die historische Rekonstruktion der Entstehung und der spezifischen Konturen des Diskurses um genetische Diskriminierung und zum anderen auf eine analytische Revision, die die Diskriminierungsthematik im Rahmen einer von den Arbeiten Michel Foucaults inspirierten Perspektive der Gouvernementalität neu verhandelt.

Wie in der Einleitung skizziert, hat Janet Childerhose in ihrer „Genealogie des Problems" aufgezeigt, dass die Definition und die Reichweite des Begriffs genetische Diskriminierung „plastisch" sind (Childerhose 2008, S. 10) und sich die Debatte mit deutlich veränderter Akzentsetzung bis in die 1970er Jahre zurück verfolgen lässt. Childerhose argumentiert damit gegen die in der wissenschaftlichen Literatur vorherrschende These (vgl. etwa Frankel 1999; Parthasanrathy 2004), die davon ausgeht, dass das Problem genetischer Diskriminierung erst im Kontext des Humangenomprojekts „entdeckt" worden sei und schließlich den Ruf nach gesetzlichen Schutzbestimmungen auf den Plan gerufen habe: die „genetic privacy story" (Childerhose 2008, S. 60). Selbst innerhalb dieser engen und gewissermaßen geschichtsvergessenen Konzeption sei weniger eine stabile und homogene Konzeption genetischer Diskriminierung zu beobachten, sondern ein immer sich neu ausrichtender und in sich gebrochener Diskurs:

> „[T]here is no single problem called 'genetic discrimination'. Rather, there has been a set of actors over the last twenty years, with different interests and concerns, who have shaped public concern about problems tied to genetic screening and testing. Genetic discrimination looks like a different problem, depending on who has championed it." (Childerhose 2008, S. 369)

Offensichtlich ist die historische Traditionslinie, die die Debatte um genetische Diskriminierung seit den beginnenden 1990er Jahren beherrscht hat, heute an ihr Ende gekommen. Zentrale Eckpunkte dieser Konstellation in den letzten zwanzig Jahren waren die strikte Abgrenzung genetischer Diskriminierung von anderen Diskriminierungsformen, die Fokussierung auf Praktiken institutioneller Diskriminierung (v.a. Versicherungen, aber auch Arbeitsverhältnisse), die tendenzielle Ausblendung der eugenischen Problematik sowie die Rahmung der Diskriminierungsthematik als eine „genetic privacy story", die nicht nur Minderheiten, sondern die Gesamtheit der Gesellschaftsmitglieder in dem Maße erfasst, in dem alle von genetischen Erkrankungsrisiken betroffen sind und diese ggf. weitervererben können. Offenbar reicht diese historisch gewachsene Rahmung nicht (mehr) aus, um viele der in unserer Untersuchung aufgezeigten Formen der Stigmatisierung, der negativen Kategorisierung und der Benachteiligung zu erfassen.

Darüber hinaus haben wir auch die analytische Fruchtbarkeit einer an Michel Foucaults „Analytik der Regierung" (Dean 1999; Walters 2012) anschließenden Perspektive für unsere Studie aufgezeigt. Zentral ist dabei die Unterscheidung dreier Untersuchungsdimensionen, nämlich Wissensregime, Machtstrategien und Selbsttechnologien – und die Möglichkeit, deren operatives Zusammenspiel in Form konkreter „Dispositive" und „Gefüge" analytisch in den Blick zu nehmen (Lemke 2000). Im Anschluss an eine Reihe von Arbeiten, die das Konzept der Gouvernementalität für empirische Untersuchungen der sozialen und kulturellen Dimensionen der aktuellen humangenetischen und biomedizinischen Praktiken nutzen (Weir 1996; Lemke 2000; Koch 2002; Fassin/Memmi 2004; Rose 2007; Vailly 2011), fokussierten wir in unserer Studie auf das Verhältnis von Fremd- und Selbstführung. Im Mittelpunkt dieser ‚Regierung der Gene' stand dabei die Frage, wie sich der ‚genetische Code' als Bio-Grafie in das Leben der Befragten einschreibt und ihre personale und soziale Identität prägt. Wir konnten zeigen, dass das genetische Wissen einerseits als schicksalhaft und unveränderlich begriffen und als wichtiger interpretativer Schlüssel für individuelle Eigenheiten und familiale Krankheitsgeschichten verwendet wird; andererseits bildet es den Ausgangspunkt für Techniken des Risikomanagements und für Praktiken der Selbstüberwachung des Körpers. Die Interviews zeigten anschaulich, wie die medizinische Feststellung von genetischen Krankheitswahrscheinlichkeiten, Risikokalkülen und Dispositionen eng mit normativen (und – wie das Material deutlich macht – immer auch umstrittenen und bestreitbaren) Erwartungen an ein ‚verantwortliches' oder ‚rationales' Gesundheits- oder Reproduktionsverhalten verknüpft sind. Viele der geschilderten Erfahrungen von Ausschluss, Stigmatisierung, Benachteiligung und Zurücksetzung haben ihre Grundlage in unterschiedlichen, manchmal auch konträren Verantwortungserwartungen, die sich auf die Kontrolle genetischer Risiken oder Krankheitsfolgen in Bezug auf den eigenen Körper, aber auch auf Dritte erstrecken (etwa noch nicht geborene Kinder oder Familienangehörige, die ebenfalls von genetischen Krankheitsrisiken betroffen sein könnten). Die daraus resultierenden Ängste, Schuldzuweisungen und negativen Kategorisierungen bilden einen wichtigen Nährboden für Praktiken der Stigmatisierung, für Ausschluss- und Kränkungserfahrungen und es ist notwendig, diese in der Analyse genetischer Diskriminierung einzubeziehen.

Die vorgeschlagene analytische Perspektivenerweiterung und die historisch informierte Revision des Begriffs genetischer Diskriminierung sind aber nicht nur notwendig, weil sich die Debatte als zu eng erweist, um die gegenwärtigen Formen von Benachteiligung, Ausschluss und Andersbehandlung zu erfassen; darüber hinaus zeichnet sich das Feld genetischen Wissens durch eine große technische, wissenschaftliche und kommerzielle Dynamik aus und es ist absehbar, dass vor diesem Hintergrund das Problem genetischer Diskriminierung zukünftig anders gerahmt und verhandelt werden muss. Zwei Entwicklungstrends sind in diesem Zusammenhang besonders relevant.

Erstens stehen heute neue genetische Testoptionen und Vertriebswege bereit, mit denen sich auch die Frage von Datennutzung und -missbrauch in veränderter Weise stellt. Zwar werden noch immer die meisten der aktuell verfügbaren Gentests für sehr seltene Leiden angeboten, die Diagnostik-Industrie zielt jedoch in wachsendem Maße auf weit verbreitete und/oder durch zivilisatorische Faktoren beeinflusste Krankheiten. Ihre Produktpalette umfasst etwa prädiktive Tests für genetische Veranlagungen für Thrombose oder Osteoporose, aber auch für genetische Polymorphismen, die bei Alterungs- oder Entgiftungsprozessen eine Rolle spielen und die im Zusammenhang mit Anti-Aging- oder Wellness-Empfehlungen mit der Hoffnung eingesetzt werden, dadurch zur Reduzierung von Lebensstilrisiken beitragen zu können. Obwohl der klinische Nutzen der angebotenen Genanalysen bis heute meist zweifelhaft ist, boomt inzwischen das Geschäft mit der direkten Vermarktung genetischer Tests (‚direct-to-consumer': DTC). Ihre Besonderheit besteht darin, dass die Tests vom Anbieter durchgeführt werden, ohne eine Ärzt_in einzuschalten (einige Unternehmen kooperieren mit Ärzt_innen oder Berater_innen, die Testinteressierten Auskunft geben und ihnen für eine Vor- und Nachtestberatung zur Verfügung stehen). Die Gendiagnostik-Anbieter garantieren zwar in der Regel den Schutz der genetischen Daten, aber dieser erweist sich bei näherem Hinsehen als sehr lückenhaft. Viele Unternehmen ermutigen ihre Kund_innen, die genetischen Informationen mit Freund_innen, Familienmitgliedern und der interessierten Öffentlichkeit über das Internet auszutauschen. Darüber hinaus können auch Strafverfolgungsbehörden die Betreiber dieser Serviceangebote dazu zwingen, ihnen Kundeninformationen zur Verbrechensbekämpfung oder Terrorabwehr zur Verfügung zu stellen. Schließlich stellt sich nicht zuletzt die Frage, was mit diesen Daten nach dem Auslaufen des Kundenvertrags geschieht (vgl. dazu Kollek/Lemke 2008, S. 209-222; Harvey et al. 2012).[97]

Zweitens – und eng damit zusammenhängend – sind seit der Jahrtausendwende neue Disziplinen entstanden, wie die Epigenetik, die Systembiologie oder Proteomik, die in die weitere Diskussion genetischer Diskriminierung einbezogen werden müssen (Joly et al. 2013, S. 12). Spätestens mit dem Abschluss des Humangenomprojekts war klar, dass Genotyp und Phänotyp nur in vergleichsweise wenigen Fällen in linearer, unidirektionaler Weise miteinander verbunden sind. Der genetische Determinismus beruhte auf der Vorstellung, dass die biologische Bedeutung unmittelbar aus der genetischen Information folge. Mit dem zunehmenden wissenschaftlichen Wissen zeigte sich, dass eine konkrete DNS-Sequenz in der Regel nicht mit einem einzigen Merkmal oder einer spezifischen Funktion verknüpft ist, wie beispielsweise einer Prädisposition für Diabetes oder Herzerkrankungen (The Encode Project Consortium 2012). Daher verschob sich das Forschungsinteresse von einzelnen Genen, DNA-Sequenzen oder Proteinen auf das funktionelle Zusammenspiel einer Vielzahl von Genen oder Proteinen und deren Abhängigkeit von Entwicklungs- und Alterungsprozessen sowie von Umwelteinflüssen. Die ausschließliche Nutzung genetischer Daten ist vor diesem Hintergrund weniger interessant für Versicherungen und andere gesellschaftliche Akteure, vielmehr soll die Verbindung von genetischen Informationen mit Lebensstildaten, Krankenakten und der Familiengeschichte Aufschluss geben über das zukünftige Auftreten von Krankheiten.[98] Dies bedeutet allerdings nicht, dass

---

97 Vgl. dazu auch die Einschätzung von Otlowski et al. (2012, S. 448): „Of particular concern are newly emerging domains where GD [genetic discrimination] is anticipated to occur, including personalized medicine, pharmacogenomics, and direct-to-consumer testing."
98 Ein aktuelles Beispiel ist etwa das Angebot der Versicherungsgruppe Generali, ihren Kund_innen Rabatte bei Versicherungstarifen einzuräumen, wenn diese bereit sind, dem Unternehmen über eine entsprechende App regelmäßig Daten zu Lebensstil und Gesundheitsverfassung zu übermitteln. Damit dürfte eine Dynamik in Gang kommen, die tendenziell das Rechtsgut der ‚körperlichen Unversehrtheit' auszuhöhlen vermag: „Denn mit dem Erfolg der Telematik-Tarife wird der Druck auf all diejenigen wachsen, die ihre Körperdaten für sich behalten wollen: Sie müssen für das Recht, ihre Daten zu kontrollieren, nicht nur mehr bezahlen (was sich nicht jeder leisten kann), sondern werden bei Weigerung, Gutscheine und Vergünstigungen anzuneh-

man der Einschätzung von Prainsack et al. folgen muss, dass das Phänomen der genetischen Diskriminierung in Zukunft stark an Bedeutung verlieren wird (Prainsack et al. 2008, S. 35). Eher ist zu erwarten, dass sich die Problemdefinitionen, Bezugspunkte und Zielbestimmungen des Diskurses weiter verändern und neu ausrichten werden – wie sie dies in den letzten vierzig Jahren immer wieder getan haben. Zu vermuten steht, dass unter dem Stichwort ‚genetische Diskriminierung' neue und andere Felder und Formen von Andersbehandlung, Stigmatisierung und Benachteiligung in den Blick geraten und dass die systematischen Kopplungen von genetischen und nicht-genetischen, symptomatischen und asymptomatischen Aspekten von Diskriminierung zukünftig deutlicher akzentuiert werden. Eine Konstante aber bleibt: Auch weiterhin wird zu bestimmen sein, was ‚genetisch' und was ‚Diskriminierung' in diesem Zusammenhang bedeuten sollen.

---

men, auch einem Generalverdacht ausgesetzt: Bist du ein Fresser, dass du freiwillig so viel mehr bezahlen willst? Ein Dicker? Ein Rumhänger?" (Maak 2014, S. 11)

Literatur

Aarden, Erik, Van Hoyweghen, Ine & Horstmann, Klasien (2011). Constructing access in preventive medicine. Comparing classification for hereditary breast cancer risk in England, Germany and the Netherlands. *Social Science and Medicine* 72, 553–559.

AGG 2006 – Allgemeines Gleichbehandlungsgesetz. http://www.gesetze-im-internet.de/bundesrecht/gendg/gesamt.pdf. Zugriff: 16.09.2014.

Ahmad, Asima, Ahmed, Aysha & Patrizio, Pasquale (2013). Cystic fibrosis and fertility. *Current Opinion in Obstetrics and Gynecology* Volume 25 (3), 167–172.

Allain, Dawn C., Friedman, Sue & Senter, Leigha (2012). Consumer awareness and attitudes about insurance discrimination post enactment of the Genetic Information Nondiscrimination Act. *Familial Cancer* 11 (4), 637–644.

Allen, Anita (1997). Genetic Privacy: Emerging Concepts and Values. In: Rothstein, Mark A. (Hrsg.), *Genetic Secrets: Protecting Privacy and Confidentiality in the Genetic Era* (S. 31–59). New Haven/London: Yale University Press.

Allen, Katrina & Williamson, Robert (1999). Should We Genetically Test Everyone for Haemochromatosis? *Journal of Medical Ethics*, 25 (2), 209–214.

Allport, Gordon W. (1951). *Treibjagd auf Sündenböcke*. Berlin/Bad Nauheim: Christian.

Alper, Joseph S., Geller, Lisa N., Barash, Carol I., Billings, Paul R., Laden, Vicky & Natowicz, Marvin R. (1994). Genetic Discrimination and Screening for Hemochromatosis. *Journal of Public Health Policy* 15 (3), 345–358.

Alper, Joseph S. & Beckwith, Jon (1998). Distinguishing genetic from nongenetic medical tests: Some implications for antidiscrimination legislation. *Science and Engineering Ethics* 4, 141–150.

Anderson, Benedikt (1996). *Die Erfindung der Nation. Zur Karriere eines folgenreichen Konzepts*. Frankfurt a.M.: Campus.

Andresen, Per Arne, Heimdal, Ketil, Aaberg, Kristin, Eklo, Kristin, Ariansen, Sarah, Silye, Alexandra, Fausa, Olav, Aabakken, Lars, Aretz, Stefan, Eide, Tor J. & Gedde-Dahl, Tobias (2009). APC mutation spectrum of Norwegian familial adenomatous polyposis families: high ratio of novel mutations. *Journal of Cancer Research and Clinical Oncology* 135, 1463–1470.

Aretz, Stefan (2009). *Genetische Untersuchungen zur Aufklärung der Heterogenität adenomatöser Polyposis-Syndrome*. Habilitationsschrift. Bonn. http://hss.ulb.uni-bonn.de/2009/1976/1976.htm, Zugriff: 17.12.2013.

Aretz, Stefan (2011). Dickdarmkrebserkrankungen mit Polyposis. In: Mönnich, Anne (Hrsg.), *Komme ich aus einer Krebsfamilie? Informationen für Betroffene und Ratsuchende zum familiären Darmkrebs* (S. 20–25). Nußloch: BBSG-Verlag.

Armstrong, David, Michie, Susan & Marteau, Theresa (1998). Revealed identity: a study of the process of genetic counselling. *Social Science & Medicine* 47 (11), 1653–1658.

Armstrong, Katrina, Calzone, Kathleen, Stopfer, Jill, Fitzgerald, Genevieve, Coyne, James & Weber, Barbara (2000). Factors Associated with Decisions about Clinical BRCA1/2 Testing. *Cancer Epidemiology, Biomarkers & Prevention* 9, 1251–1254.

Aspe, Kira A., Biesecker, Barbara B., Giardiello, Francis M., Fuller, Barbara P. & Bernhardt, Barbara A. (2004). Perceptions of genetic discrimination among at-risk relatives of colorectal cancer patients. *Genet Med* 6 (6), 510–516.

Assmann, Jan (1988). Kollektives Gedächtnis und kulturelle Identität. In: Assmann, Jan & Hölscher, Tonio (Hrsg.), *Kultur und Gedächtnis* (S. 9–19). Frankfurt a. M.: Suhrkamp.

Assmann, Jan (1992). *Das kulturelle Gedächtnis. Erinnerung und politische Identität in frühen Hochkulturen*. München: Beck.

Backhaus, Ramona (2011). No magic bullet. The impact of the Genetic Diagnostic Act on the private insurance market in Germany. In: Horstman, Klasien, Dow, Ewan & Penders, Bart (Hrsg.), *Governance of Health Care Innovation. Excursions into Politics, Science & Citizenship* (S. 113–126). Raleigh, NC, USA: Lulu Academic.

Badura, Bernhard & Feuerstein, Günther (2007). Gesundheit und Gesellschaft. In: Joas, Hans (Hrsg.), *Lehrbuch der Soziologie* (S. 395–418). 3. Frankfurt a. M., New York: Campus.

Baer, Susanne (2008). Ungleichheit der Gleichheiten? Zur Hierarchisierung von Diskriminierungsverboten. In: Klein, Eckart (Hrsg.), *Universalität, Schutzmechanismen, Diskriminierungsverbote. 15 Jahre Wiener Weltmenschenrechtskonferenz* (S. 421–450). Berlin: BWV.

Baer, Susanne (2010). Chancen und Risiken positiver Maßnahmen: Grundprobleme des Antidiskriminierungsrechts. In: Heinrich Böll Stiftung (Hrsg.), *Positive Maßnahmen von Antidiskriminierung zu Diversity* (S. 23–39). Bd. 24, Berlin.

Barash, Carol Isaacson (2000). Genetic Discrimination and Screening for Hemochromatosis: Then and Now. *Genetic Testing* 4, 213–218.

Barlow-Stewart, Kristine, Taylor, Sandra D., Treloar, Susan A., Stranger, Mark & Otlowski, Margaret (2009). Verification of consumers' experiences and perceptions of genetic discrimination and its impact on utilization of genetic testing. *Genetics in Medicine* 11, 193–201.

Beck-Gernsheim, Elisabeth (1994). Gesundheit und Verantwortung im Zeitalter der Gentechnologie. In: Beck, Ulrich & Beck-Gernsheim, Elisabeth (Hrsg.), *Riskante Freiheiten. Individualisierung in modernen Gesellschaften* (S. 317–335). Frankfurt a. M.: Suhrkamp.

Beckwith, Jon & Alper, Joseph S. (1998). Reconsidering genetic antidiscrimination legislation. *J Law Med Ethics* 26 (3), 205–210.

Beelmann, Andreas & Jonas, Kai J. (Hrsg.) (2009). *Diskriminierung und Toleranz. Psychologische Grundlagen und Anwendungsperspektiven*. Wiesbaden: VS.

Beier, Katharina & Wiesemann, Claudia (2010). Die Dialektik der Elternschaft im Zeitalter der Reprogenetik. Ein ethischer Dialog. *Deutsche Zeitschrift für Philosophie* 58 (6), 855–871.

Bell, Mark (2007). Positive Maßnahmen – Einführung des Konzepts. In: Europäische Kommission (Hrsg.), *Chancengleichheit verwirklichen: Welche Rolle soll positiven Maßnahmen zukommen?* (S. 5–6). Luxemburg: Amt für amtliche Veröffentlichungen der Europäischen Gemeinschaften.

Bernhardt, Barbara A., Geller, Gail, Strauss, Misha, Helzlsouer, Kathy J., Stefanek, Michael, Wilcox, Patti M. & Holtzman, Neil A. (1997). Toward a Model Informed

Consent Process for BRCA1 Testing: A Qualitative Assessment of Women's Attitudes. *Journal of Genetic Counseling* 6 (2), 207–222.
Berth, Hendrik, Balck, Friedrich & Dinkel, Andreas (2002). Attitudes Toward Genetic Testing in Patients At Risk for HNPCC/FAP and the German Population. *Genetic Testing* 6 (4), 273–280.
Beutler, Ernest, Felitti, Vincent J., Koziol, James A., Ho, Ngoc. J. & Gelbart, Terri (2002). Penetrance of 845G-A (C282Y) HFE hereditary haemochromatosis mutation in the USA. *The Lancet* 359 (9302), 211–218.
Billings, Paul R., Kohn, Mel A., de Cuevas, Margaret, Beckwith, Jonathan, Alper, Joseph S. & Natowicz, Marvin R. (1992). Discrimination as a Consequence of Genetic Testing. *American Journal of Human Genetics* 50, 476–482.
Bisgaard, Marie Luis, Fenger, Kirsten, Bülow, Steffen, Niebuhr, Eric & Mohr, J. (1994). Familial Adenomatous Polyposis (FAP): Frequency, Penetrance, and Mutation Rate. *Human Mutation* 3, 121–125.
Bleiker, Eveline M. A., Esplen, Mary Jane, Meiser, Bettina, Petersen, Helle Vendel, Patenaude & Farkas, Andrea (2013). 100 years lynch syndrome: what have we learned about psychosocial issues? *Familial Cancer* 12 (2), 325–339.
Boardman, Felicity K. (2014). Knowledge is power? The role of experiental knowledge in genetically 'risky' reproductive decisions. *Sociology of Health and Illness* Volume 36 (1), 137–150.
Boenink, Marianne (2008). Genetic Diagnosis for Hereditary Breast and Ovarian Cancer. Displacement of Uncertainty and Responsibility. In: De Vries, Gerard & Horstman, Klasien (Hrsg.), *Genetics from the laboratory to society. Societal Learning as an Alternative to Regulation*, Houndmills Basingstoke: Palgrave/Macmillan (S. 37–63).
Bombard, Yvonne & Hayden, Michael R. (2011). An Interaction of Genes in Our Social Environment: Genetic Discrimination Among Persons at Risk for Huntington Disease. In: Maheu, Louise & Macdonald, Roderick A. (Hrsg.), *Challenging Genetic Determinism: New Perspectives on the Gene in Its Multiple Environments* (S. 182–204). McGill Queen's University Press.
Bombard, Yvonne, Penziner, Elizabeth, Decolongon, Joji, Klimek, Mary Lou N., Creighton, Susan, Suchowersky, Oksana, Guttman, Mark, Paulsen, Jane S., Bottorff, Joan L. & Hayden, Michael R. (2007). Managing genetic discrimination: strategies used by individuals found to have the Huntington disease mutation. *Clinical Genetics* 71 (3), 220–231.
Bombard, Yvonne, Penziner, Elizabeth, Suchowersky, Oksana, Guttman, Mark, Paulsen, Jane S., Bottorff, Joan L. & Hayden, Michael R. (2008). Engagement with genetic discrimination: concerns and experiences in the context of Huntington disease. *European Journal of Human Genetics* 16, 279–289.
Bombard, Yvonne, Veenstra, Gerry, Friedman, Jan M., Creighton, Susan, Currie, Lauren, Paulsen, Jane S., Bottorff, Joan L., Hayden, Michael R. & the Canadian Respond-HD Collaborative Research Group (2009). Perceptions of genetic discrimination among people at risk for Huntington's disease: a cross sectional survey. *BMJ* 338, b2175.
Bombard, Yvonne, Palin, JoeAnne, Friedman, Jan M., Veenstra, Gerry, Creighton, Susan, Bottorff, Joan L., Hayden, Michael R. & Canadian Respond-HD Collaborative Research Group (2012). Beyond the patient: the broader impact of genetic discrimina-

tion among individuals at risk for Huntington disease. *American Journal of Medical Genetics Part B. Neuropyschiatric Genetics* 159B (2), 217–226.

Bonte, Pieter, Pennings, Guido & Sterckx, Sigrid (2014). Is there a moral obligation to conceive children under the best possible conditions? A preliminary framework for identifying the preconception responsibilities of potential parents. *Biomedical Ethics* Volume 15 (5).

Bourdieu, Pierre (1996). Die Praxis der reflexiven Anthropologie. In: Bourdieu, Pierre & Wacquant, Loïc (Hrsg.), *Reflexive Anthropologie* (S. 251–294). Frankfurt a. M.: Suhrkamp.

Bourdieu, Pierre (1998). *Praktische Vernunft. Zur Theorie des Handelns*. Frankfurt a. M.: Suhrkamp.

Breuer, Franz (2010). *Reflexive Grounded Theory. Eine Einführung für die Forschungspraxis*. Wiesbaden: VS.

Britto, Maria T., Kotagal, Uma R., Hornung, Richard W., Atherton, Harry, Tsevat, Joel & Willmot, Robert (2002). Impact of recent pulmonary exacerbations on quality of life in patients with cystic fibrosis. *Chest Journal* 121 (1), 64–72.

Browaeys, Dorothée Benoit & Kaplan, Jean-Claude (2000). Die Versuchung der genetischen Apartheid. *Le Monde Diplomatique* 12 (1), 12–13.

Bröckling, Ulrich (2008). Vorbeugen ist besser... Zur Soziologie der Prävention. *Behemont. A Journal on Civilisation* 1, 38–48.

Brüninghaus, Anne (2011). Prädiktives genetisches Wissen und individuelle Entscheidung. Eine topologische Skizze. In: Dickel, Sascha, Franzen, Martina & Kehl, Christoph (Hrsg.). *Herausforderung Biomedizin. Gesellschaftliche Deutung und soziale Praxis* (S. 317–332). Bielefeld: transcript.

Brüninghaus, Anne & Porz, Rouven (2012). Mastering Familial Genetic Knowledge: Shared or Secret? Issues of Decision-Making in Predictive Genetic Testing. In: Pfleiderer, Georg, Battegay, Manuel & Lindpaintner, Klaus (Hrsg.), *Knowing One's Medical Fate in Advance. Challenges for Diagnosis and Treatment, Philosophy, Ethics and Religion* (S. 38–49). Basel: Karger.

Bundeszentrale für gesundheitliche Aufklärung (Hrsg.) (2006). *Schwangerschaftserleben und Pränataldiagnostik. Repräsentative Befragung Schwangerer zum Thema Pränataldiagnostik*. Köln.

Bundesarbeitsgemeinschaft der Integrationsämter und Hauptfürsorgestellen (BIH) (2011). GbR. https://www.integrationsaemter.de/Fachlexikon/77c52/index.html. Zugriff: 19.9.2013.

Bülow, Steffen (1986). Clinical features in familial polyposis coli. Results of the Danish Polyposis Register. *Dis Colon Rectum* 29, 102–107.

Büttner, Nico & Spangenberg, H. Christian (2011). Hereditäre Lebenerkrankungen. *Therapeutische Umschau* 63, 201–206.

Bylund, Carma L., Galvin, Kathleen M., Dunet, Diane O. & Reyes, Michele (2011). Using the Extended Health Belief Model to understand siblings' perceptions of risk for hereditary hemochromatosis. *Patient Education and Counseling* 82 (1), 36–41.

Canguilhem, Georges (1974). *Das Normale und das Pathologische*. München: Hanser.

Canguilhem, Georges (2004). Die Idee der Natur in der medizinischen Theorie und Praxis. In: Ders., *Gesundheit – eine Frage der Philosophie* (S. 7–21). Berlin: Merve.

Casella, Giovanni, Biella, Angelo, Signorini, Stefano, Tramacere, PierLuigi & Baldini, Vittorio (2004). Hereditary hemochromatosis without organ damage: a rescue resource for blood supply? *European Journal of Gastroenterology & Hepatology* 16 (12), 1419–1420.
Caskey, Thomas C. (1995). Medizin auf der Grundlage der DNA – Prävention und Therapie. In: Kevles, Daniel J. & Hood Leeroy (Hrsg.), *Der Supercode. Die genetische Karte des Menschen* (S. 123–155). Frankfurt a. M.: Insel.
Centelles, Josep J. (2012). General Aspects of Colorectal Cancer. *ISRN Oncology* 1, 1–19.
Childerhose, Janet E. (2008). *Genetic Discrimination: Genealogy of an American Problem* (PhD diss., McGill University Montreal, 2008).
Clark, William R. (1997). *The New Healers: The Promise and Problems of Molecular Medicine in the Twenty-First Century.* New York/Oxford: Oxford University Press.
Claus, Elisabeth B., Risch, Neil J. & Thompson, W. Douglas (1991). Genetic analysis of breast cancer in the cancer and steroid hormone study. *The American Journal of Human Genetics* 48, 232–242.
Cooper, Keith, Bryant, Jackie, Picot, Jo, Clegg, Andrew, Roderick, Paul, Rosenberg, William M. & Patch, Christine (2008). A decision analysis model for diagnostic strategies using DNA testing for hereditary haemochromatosis in at risk populations. *QJM* 101, 631–641.
Cox, Susan M. (2003). Stories in Decisions: How at-risk individuals decide to request predictive testing for Huntington Disease. *Qualitative Sociology* 26 (2), 257–280.
d'Agincourt-Canning, Lori (2006). Genetic Testing for Hereditary Breast and Ovarian Cancer: Responsibility and Choice. *Qualitative Health Research* 16, 97–118.
Dalsgaard, Steffen (2007). 'I do it for the chocolate': An Anthropological Study of Blood Donation in Denmark. *Distinction* 8 (1), 101–117.
Dancyger, Caroline, Smith, Jonathan, Jacobs, Chris, Wallace, Melissa & Michie, Susan (2010). Comparing family members' motivation and attitudes towards genetic testing for hereditary breast and ovarian cancer: a qualitative analysis. *European Journal of Human Genetics* 18, 1289–1295.
Därmann, Iris (2010). *Theorien der Gabe zur Einführung.* Hamburg: Junius.
Dean, Mitchell (1999). *Governmentality. Power and Rule in Modern Society.* London/Thousand Oaks/New Dehli: Sage.
Decruyenaere, Marleen, Evers-Kiebooms, Gerry, Boogaerts, Andrea, Cloostermans, Terry, Cassiman, Jean-Jacques, Demyttenaere, Koen et al. (1997). Non-participation in predictive testing for Huntington's disease: individual decision-making, personality and avoidant behaviour in the family. *European Journal of Human Genetics* 5 (6), 351–363.
Dearing, Ann (2002). Genetic Discrimination. *Risk Management* 49 (7), 8–9.
Deicher, Helmuth (2004). Die Hämotherapierichtlinien: Geschichte, Intention, Bedeutung. *Transfusion Medicine and Hemotherapy* 31 (2), 99–103.
Deklaration über das menschliche Genom (1997). Zugriff: 17.11.2014. http://www.unesco.de/445.html.
Denzer, Ulrike, Nielsen, Peter, Darda, Christa, Hiller, Jens, Fischer, Roland, & Kühnl, Peter (2009). Integration von Personen mit hereditärer Hämochromatose (HFE) ohne Manifestation von Organschäden in einen Dauerblutspenderstamm. In: Hämochromatose-Vereinigung Deutschland e.V. (Hrsg.). *Expertenwissen über Hämochroma-*

tose – *Eisenspeicherkrankheit. Gesammelte Vorträge aus den Jahren 2000-2009* (S. 58–59). Köln.
Deutsche Krebsgesellschaft e.V. (2010). Eierstockkrebs, Ovarialkarzinom. http://www.g-csf.at/index.php?f=Krebsarten&c=Glossar&p=pat_ka_eierstockkrebs_definition&m=Eierstockkrebs&t=Eierstockkrebs+-+Definition+und+H%E4ufigkeit, Zugriff: 25.11.2011.
Deutsche Gesellschaft Pädiatrische Infektiologie (2013). *DGPI-Handbuch. Infektionen bei Kindern und Jugendlichen*. Stuttgart: Thieme.
Deutscher Ethikrat (Hrsg.) (2013). Die Zukunft der genetischen Diagnostik – von der Forschung in die klinische Anwendung. Stellungnahme. http://www.ethikrat.org-/dateien/pdf/stellungnahme-zukunft-der-genetischen-diagnostik.pdf, Zugriff: 30.05.2013.
Deutscher Bundestag (2010). *Gesetz über genetische Untersuchungen bei Menschen. Gendiagnostikgesetz – GenDG*, Fundstelle: 2121–63.
Deutsches Ärzteblatt (1998). Richtlinien zur Diagnostik der genetischen Disposition für Krebserkrankungen. *Deutsches Ärzteblatt* 95, 1396–1403.
Deutsches Ärzteblatt (2003). Richtlinien zur prädiktiven genetischen Diagnostik. *Deutsches Ärzteblatt* 100, 277–285.
Deutsches Ärzteblatt 10 (2014). http://www.aerzteblatt.de/nachrichten/59150/-Mukoviszidose-CFTR-Korrektor-plus-Potentiator-bessert-Lungenfunktion, Zugriff: 17.12.2014.
Dingwall, Robert (1976). *Aspects of Illness*. London: Martin Robertson.
Ditsch, Nina, Straub, Janine, Rühl, Ina, Kahlert, Steffen, Vodermaier, Andrea, Bauerfeind, Ingo & Untch, Michael (2005). Familiärer Brustkrebs Wann habe ich ein erhöhtes Risiko? http://www.brustkrebsdeutschland.de/infos/abstr_ditsch.pdf, Zugriff: 5.12.2011.
Dolata, Ralf (2012). Der Begriff der Heilungsbewährung im Schwerbehindertenrecht. *Behindertenrecht. Fachzeitschrift für Fragen der Rehabilitation* 2, 153–184.
Douglas, Heather A., Hamilton, Rebekah J. & Grubs, Robin E. (2009). The Effect of BRCA Genetic Testing on Family Relationships: A Thematic Analysis of Qualitative Interviews. *Journal of Genetic Counseling* 18, 418–435.
Douma, Kirsten F.L., Aaronson, Neil K., Vasen, Hans F.A. & Bleiker, Eveline M.A. (2008). Psychosocial issues in genetic testing of familial adenomatous polyposis: a review of the literature. *Psycho-Oncology* 17 (8), 737–745.
Draper, Elaine (1991). *Risky business. Genetic testing and exclusionary practices in the hazardous workplace*. Cambridge: Cambridge University Press.
Duden, Barbara & Samerski, Silja (2007). Pop-Genes. An investigation of „the Gene". In: popular parlance. In: Burri, Regula & Dumit, Joseph (Hrsg.), *Biomedicine as culture. Instrumental practices, technoscientific knowledge, and new modes of life* (S. 167–189). London: Routledge.
Duster, Troy (1991). *Backdoor to Eugenics*. New York, London: Routledge.
Easter, Michel M. (2012). „Not all my fault": Genetics, stigma, and personal responsibility for women with eating disorders. *Social Science & Medicine* 75, 1408–1416.
Eberbach, Wolfram (2010). Das neue Gendiagnostikgesetz. Ein Überblick aus juristischer Sicht. *Medizinrecht* 28 (3), 155–163.

Erwin, Cheryl, Williams, Jane K., Juhl, Andrew R., Mengeling, Michelle, Mills, James A., Bombard, Yvonne, Hayden, Michael R., Quaid, Kimberly, Shoulson, Ira, Taylor, Sandra & Paulsen, Jane S. (2010). Perception, experience, and response to genetic discrimination in Huntington disease: the international RESPOND-HD study. *American Journal of Medical Genetics Part B: Neuropsychiatric Genetics* 153B (5), 1081–1093.

Etchegary, Holly (2006). Genetic Testing for Huntington's Disease: How Is the Decision Taken? *Genetic Testing* 10 (1), 60–67.

Etchegary, Holly & Fowler, Ken (2008). They had the right to know. Genetic risk and perceptions of responsibility. *Psychological Health* 23 (6), 707–727.

Etchegary, Holly, Miller, Fiona, deLaat, Sonya, Wilson, Brenda, Carroll, June & Cappelli, Mario (2009). Decision-Making About Inherited Cancer Risk: Exploring Dimensions of Genetic Responsibility. *Journal of Genetic Counseling* 18 (3), 252–264.

Evans, D. Gareth R., Maher, Eamonn R., Macleod, Rhona, Davies, D. Rhodri & Craufurd, David (1997). Uptake of genetic testing for cancer predisposition. *Journal of Medical Genetics* 34 (9), 746–748.

Evers-Kibooms, Gary, Denayer, Lieve, Welkenhysen Miriam, Cassiman, Jean-Jacques & Van den Berghe, Herman (1994). A stigmatizing effect of the carrier status for cystic fibrosis. *Clinical Genetics* 46 (5), 336–343.

Familiärer Brust- und Eierstockkrebs – Verbundprojekt der Deutschen Krebshilfe (2003). Ausführliche Informationen. http://www.krebshilfe.de/fileadmin/ Inhalte/ Downloads/PDFs/Broschueren-diverse/181_familiaerer-brustkrebs.pdf, Zugriff: 16.06.2014.

Farrell, Anne-Marie (2006). Is the Gift still Good? Examing the Politics and Regulation of Blood Safety in the European Union. *Medical Law Review* 14 (2), 155–179.

Fassin, Didier & Memmi, Dominique (2004) (Hg.). *Le gouvernment des corps*. Paris: EHESS.

Feder, John. N., Gnirke, A., Thomas, W., Tsuchihashi, Zenta, Ruddy, D. A. & Basava, A. (1996). A novel MHC class I-like gene is mutated in patients with hereditary haemochromatosis. *Nature Genetics* 13 (4), 399–408.

Feder, John. N., Tsuchihashi, Zenta, Irrinki, Alivelu, Lee, Vince K., Mapa, Felipa A. & Morikang, Ebenezer et al. (1997). The hemochromatosis founder mutation in HLA-H disrupts beta2-microglobulin interaction and cell surface expression. *The Journal of Biological Chemistry* 272 (22), 14025–14028.

Feder, John. N., Penny, David M., Irrinki, Alivelu, Lee, Vince K., Lebrón, José A., Watson, Nicole et al. (1998). The hemochromatosis gene product complexes with the transferrin receptor and lowers its affinity for ligand binding. *Proceedings of the National Academy of Sciences of the United States of America* 95 (4), 1472–1477.

Feuerstein, Günther & Kollek, Regine (2001). Vom genetischen Wissen zum sozialen Risiko. Gendiagnostik als Instrument der Biopolitik. *Aus Politik und Zeitgeschehen* B27, 26–33.

Feuerstein, Günther (2011). Aufklärung als Mission? Public Health und die sozialethische Verpflichtung zum genetischen Wissen. In: Schott, Thomas, Hornberg, Claudia (Hrsg.), *Die Gesellschaft und ihre Gesundheit* (S. 219–234). Wiesbaden: VS.

Finkler, Kaja, Skrzynia, Cécile & Evans, James P. (2003). The new genetic and its consequences for family, kinship, medicine and medical genetics. *Social Science and Medicine* 57, 403–412.
Fischmann, Tamara & Hildt, Elisabeth (2011). *Ethical dilemmas in prenatal diagnosis.* Dordrecht: Springer.
Foucault, Michel (2004a). Geschichte der Gouvernementalität Bd. I Sicherheit Territorium Bevölkerung. Frankfurt a. M.: Suhrkamp.
Foucault, Michel (2004b). Geschichte der Gouvernementalität Bd. II Die Geburt der Biopolitik Frankfurt a. M.: Suhrkamp.
Foster, Claire, Watson, Maggie, Moynihan, Clare, Arden-Jones, Audrey & Eeles, Rosalind (2002). Genetic Testing for Breast and Ovarian Cancer Predisposition: Cancer Burden and Responsibility. *Journal of Health Psychology* 7 (4), 469–484.
Foster, Claire, Eeles, Rosalind, Arden-Jones, Audrey, Moynihan, Clare & Watson, Maggie (2004). Juggling Roles and Expectations: Dilemmas Faced by Women talking to Relatives about Cancer and Genetic Testing. *Psychology and Health* 19 (4), 439–455.
Frankel, Mark S. (1999). Genetic privacy, discrimination, and the U.S. Congress. *Public Understanding of Science* 8, 212–222.
Freitag, Daniela (2009). *Die Diagnose von Cystischer Fibrose bei Neugeborenen.* Dissertation, Universität Wien. Fakultät für Sozialwissenschaften.
Gabriel, Heinz & Stuhrmann-Spangenberg, Manfred (2006). Leitlinie zur molekulargenetischen Diagnostik der hereditären Hämochromatose. *Medizinische Genetik* 18 (3), 273–277.
Gadzicki, Dorothea, Meindl, Alfons & Schlegelberger, Brigitte (2007). Erblicher Brust- und Eierstockkrebs. *Medizinische Genetik* 2 (19), 202–209.
Ganten, Detlef & Ruckpaul, Klaus (2001). Molekulare Medizin. In: Raem, Arnold Maria, Braun, Rüdiger, Fenger, Hermann, Michaelis, Wolfgang, Nikol, Sigrid & Winter, Stefan F. (Hrsg.), *Gen-Medizin. Eine Bestandsaufnahme* (S. 3–19). Berlin et al.: Springer.
Gee L., Abbott J., Conway S.P., Etherington C. & Webb A.K. (2003). Quality of life in cystic fibrosis: the impact of gender, general health perceptions and disease severity. *Journal of Cystic Fibrosis*; 2 (4), 206–213.
Geelen, Els, Horstman, Klasien, Marcelis, Carlo LM., Doevendans, Pieter A. & Van Hoyweghen, Ine (2012): Unravelling fears of genetic discrimination in an era of genetic non-discrimination acts. An exploratory study of Dutch families living with hypertrophic cardiomyopathy. *European Journal of Human Genetics* 20, 1018–1023.
Geller, Lisa N., Alper, Joseph S., Billings, Paul R., Barasch, Carol I., Beckwith, Jonathan & Natowic Marvi R. (1996). Individual, Family, and Societal Dimensions of Genetic Discrimination: A Case Study Analysis. *Science and Engineering Ethics* 2, 71–88.
Geller, Lisa N. (2002). Current Developments in Genetic Discrimination. In: Alper, Joseph S., Ard, Catherine, Asch, Adrienne, Beckwith, Jon, Conrad, Peter & Geller, Lisa N. (Hrsg.), *The Double-Edged Helix. Social Implications of Genetics in a Diverse Society* (S. 267–285). Baltimore/London: The John Hopkins University Press.

Gen-Bioskop-Netzwerk (2014). *Gemeinsame Stellungnahme zur geplanten Erprobungsrichtlinie „Nichtinvasive Pränataldiagnostik zur Bestimmung des Risikos von fetaler Trisomie 21 mittels molekulargenetischer Tests"*. Essen.
GenDG (2009). Gesetz über genetische Untersuchungen bei Menschen (Gendiagnostikgesetz – GenDG). http://www.gesetze-im-internet.de/bundesrecht/gendg/gesamt.pdf, Zugriff: 19.10.2013.
GeneWatch UK (2001). *Genetic Testing In Insurance And Employment: A New Form of Discrimination* (Briefing Number 15).
GeneWatch UK (2003). *Genetic Testing in the Workplace: Creating a genetic underclass?* (Briefing Number 24).
Gerhards, Jürgen & Schäfer, Mike S. (2006). *Die Herstellung einer öffentlichen Hegemonie. Humangenomforschung in der deutschen und der US-amerikanischen Presse.* Wiesbaden: VS.
Gieryn, Thomas F. (1983). Boundary-Work and the Demarcation of Science from Non-Science: Strains and Interests in Professional Ideologies of Scientists. *American Sociological Review* 48, 781–795.
Goffman, Erving (1967). *Stigma. Über Techniken der Bewältigung beschädigter Identität.* Frankfurt a. M: Suhrkamp.
Gomolla, Mechthild (2010). Institutionelle Diskriminierung. Neue Zugänge zu einem alten Problem. In: Hormel, Ulrike & Scherr, Albert (Hrsg.), *Diskriminierung. Grundlagen und Forschungsergebnisse* (S. 61–93). Wiesbaden: VS.
Guedes, Cristiano & Diniz, Debora (2007). Um caso de discriminação genética: o traço falciforme no Brasil. *Physis: Rev. Saúde Coletiva* 17 (3), 501–520.
Hacking, Ian (2006). Making up people. *London Review of Books* 28(16), 23-26.
Hadley, Donald W., Jenkins, Jean, Dimond, Eileen, Nakahara Kenneth, Grogan Liam, Liewehr David J., Steinberg Seth M. & Kirsch Ilan (2003). Genetic counseling and testing in families with hereditary nonpolyposis colorectal cancer. *Arch Intern Med* 163 (5), 573–82.
Halbwachs, Maurice (1991). *Das kollektive Gedächtnis*. Frankfurt a. M.: Fischer.
Hall, Mark A. & Rich, Stephen S. (2000). Laws Restricting Health Insurers' Use of Genetic Information: Impact on Genetic Discrimination. *The American Journal of Human Genetics* 66, 293–307.
Hall, Mark A., Mc Ewen, Jean E., Barton, James C., Walker, Ann P., Howe, Edmund G. & Reiss, Jacob A.et al. (2005). Concerns in a primary care population about genetic discrimination by insurers. *Genetics in Medicine* 7 (5), 311–317.
Hallowell, Nina (1999a). Doing the right thing: genetic risk and responsibility. *Sociology of Health & Illness* 21 (5), 597–621.
Hallowell, Nina (1999b). Doing the right thing: genetic risk and responsibility. In: Conrad, Peter & Gabe, Jonathan (Hrsg.), *Sociological Perspectives on the New Genetics* (S. 97–120). Oxford: Blackwell.
Hallowell, Nina (2000). Reconstructing the Body or Reconstructing the Woman? Problems of Prophylactic Mastectomy for Herditary Breast Cancer Risk. In: Potts, Laura K. (Hrsg.), *Ideologies of Breast Cancer. Feminist Perspectives* (S. 153–180). New York: St. Martin's Press.

Hallowell, Nina & Lawton, Julia (2002). Negotiating present and future selves: managing the risk of hereditary ovarian cancer by prophylactic surgery. *Health. An Interdisciplinary Journal for the social Study of Health, Illness and Medicine* 6 (4), 423–443.

Hallowell, Nina, Foster, Claire, Ardern-Jones, Audrey, Eeles, Rosalind, Murday, Victoria & Watson, Maggie (2002). Genetic Testing for Women Previously Diagnosed with Breast/Ovarian Cancer: Examining the Impact of BRCA1 and BRCA2 Mutation searching. *Genetic Testing* 6 (2), 79–87.

Hallowell, Nina, Foster, Claire, Eeles, Rosalind, Ardern-Jones, Audrey, Murday, Victoria & Watson, Maggie (2003). Balancing autonomy and responsibility: the ethics of generating and disclosing genetic information. *Journal of Medical Ethics* 29, 74–79.

Hallowell, Nina, Ardern-Jones, Audrey, Eeles, Rosalind, Foster, Claire, Lucassen, Anneke, Moynihan, Clare & Watson, Maggie (2005). Men's Decision-Making About Predictive BRCA1/2 Testing: The Role of Family. *Journal of Genetic Counseling* 14 (3), 207–217.

Hamilton, Rebecca, Williams, Janet K., Skirton, Heather & Bowers, Barbara J. (2009). Living with Genetic Test Results for Hereditary Breast and Ovarian Cancer. *Journal of Nursing Scholarship* 41 (3), 276–283.

Handbuch zum europäischen Antidiskriminierungsrecht (2011). Agentur der Europäischen Union für Grundrechte. Europäischer Gerichtshof für Menschenrechte – Europarat. file:///C:/Users/Tabea/Desktop/ 1510-FRA-CASE-LAW-HANDBOOK_DE.pdf, Zugriff: 17.12.2014.

Haraway, Donna (2001). Genfetischismus. *Das Argument* 43 (242), 601–614.

Harvey, Alison, Brand, Angela, Holgate, Stephen T., Kristiansen, Lars V., Lehrach, Hans, Palotie, Aarno & Prainsack, Barbara (2012). The future of technologies for personalised medicine. *New Biotechnology* 6, 625–633.

Haubl, Rolf & Liebsch, Katharina (2010). Einführung. In: dies. (Hrsg.), *Mit Ritalin leben. ADHS-Kindern eine Stimme geben* (S. 7–15). Göttingen: Vandenhoeck & Ruprecht.

Hauser-Schäublin, Brigitta (2007). Blutsverwandtschaft. In: von Braun, Christina & Wulf, Christoph (Hrsg.), *Mythen des Blutes* (S. 171–183). Frankfurt a.M., New York: Campus.

Hämochromatose-Vereinigung Deutschland e.V. (Hrsg.) (2009). *Expertenwissen über Hämochromatose – Eisenspeicherkrankheit. Gesammelte Vorträge aus den Jahren 2000-2009.* Köln.

Heath, Deborah, Rapp, Rayna & Taussig, Karen-Sue (2004). Genetic Citizenship. In: Nugent, David & Vincent, Joan (Hrsg.), *Companion to the Handbook of Political Anthropology* (S. 152–167). Oxford: Blackwell.

Hens, Kristien, Dondorp, Wybo & Handyside, Alan H. et al. (2013). Dynamics and ethics of comprehensive preimplantation genetic texting. A review of the challenges. *Human Reproduction Update* 19 (4), 366–375.

Hicken, Bret L., Calhoun, David C., Tucker, Diane C. (2003). Genetic Testing for Hemochromatosis: Attitudes and Acceptability among Young and older Adults. *Genetic Testing*, 7 (3), 235-239.

Hohmeier, Jürgen (1975). Stigmatisierung als sozialer Definitionsprozess. In: Brusten, Manfred & Hohmeier, Jürgen (Hrsg.), *Stigmatisierung Bd. 1. Zur Produktion gesellschaftlicher Randgruppen* (S. 5–24). Neuwied u. Darmstadt: Luchterhand.

Holinski-Feder, Elke (2011). Erbliche und familiäre Formen von Dickdarmkrebs. In: Mönnich, Anne (Hrsg.), *Komme ich aus einer Krebsfamilie? Informationen für Betroffene und Ratsuchende zum familiären Darmkrebs* (S. 14–19). Nußloch: BBSG-Verlag.

Holinski-Feder, Elke & Morak, Monika (2010). Familiäre adenomatöse Polyposis und andere Polyposissyndrome. *Gastroenterologe* 5, 7–15.

Holtzman, Neill (1989). *Proceed with caution. Predicting genetic risks in Recombinant DNA era*. Baltimore: John Hopkins Press.

Hormel, Ulrike (2008). Diversity und Diskriminierung. Praxis aktuell: Soziale Arbeit und Diversity 11/12, 20-23. http://www.ruhr-uni-bochum.de/ chancengleich/ pdf/ downloads/ Hormel%20%282008%29%20-%20Diversity% 20und% 20Diskriminierung pdf, Zugriff: 15.10.2013.

Hormel, Ulrike & Scherr, Albert (2004). *Bildung für die Einwanderungsgesellschaft. Perspektiven der Auseinandersetzung mit struktureller, institutioneller und interaktioneller Diskriminierung*. Wiesbaden: VS.

Ireni-Saban, Liza (2010). Regulating genetic information in Germany and Israel: towards a policy network comparative analysis. *Journal of Comparative Policy Analysis* 12 (4), 351–372.

Joly, Yann, Braker, Maria & Le Huynh, Michael (2010). Genetic discrimination in private insurance: global perspectives. *New Genetics and Society* 29 (4), 351–368.

Joly, Yann, Ngueng Feze, Ida & Simard, Jaques (2013). Genetic discrimination and life insurance: a systematic review of the evidence. *BMC Med* 11 (25).

Kast, Karin, Distler, Wolfgang & Schmutzler, Rita (2009). Risiko für Brust- und Eierstockkrebs. Bedeutung, Beratung, genetische Testung und klinische Empfehlungen zur Prävention. *Gynäkologe* 42, 847–852.

Kauff, Noah D., Satagopan, Jaya M., Robson, Mark E., Scheuer, Lauren, Hensley, Martee, Hudis, Clifford A., Ellis, Nathan A., Boyd, Jeff, Borgen, Patrick L., Barakat, Richard R., Norton, Larry, Castiel, Mercedes, Nafa, Khedoudja & Offit, Kenneth (2002). Risk-Reducing Salpingo-Oophorectomy in Women with a BRCA1 or BRCA2 Mutation. *The New England Journal of Medicine* 346 (21), 1609–1615.

Keays, David. (2000). When is genetic discrimination justified? *Monash Bioethics Review* 19, 79–88.

Kenen, Regina, Ardern-Jones, Audrey & Eeles, Rosalind (2003). Living with chronic risk: healthy women with a family history of breast/ovarian cancer. *Health, Risk and Society* 5 (3), 315–331.

Kent, Julie & Farrell, Anne-Maree (2014). Risky Bodies in the Plasma Bioeconomy: A Feminist Analysis. *Body & Society* 21 (1), 1–29.

Keogh, Louise A., van Vliet, Christine M., Studdert, David M., Maskiell, Judith A., Macrae, Finlay A. & St John, D. James et al. (2009). Is uptake of genetic testing for colorectal cancer influenced by knowledge of insurance implications? *Medical Journal of Australia* 191 (5), 255–258.

Kiechle, Marion, Arnold, Norbert & Schlegelberger, Brigitte (2008). Hereditäres Ovarialkarzinom. *Der Onkologe* 14, 1120–1129.

Klitzman, Robert, Thorne, Deborah, Williamson, Jennifer & Marder, Karen (2007). The roles of family members, health care workers, and others in decision-making pro-

cesses about genetic testing among individuals at risk for Huntington disease. *Genetics in Medicine* 9 (6), 358–371.
Klitzman, Robert (2010). Views of Discrimination among Individuals Confronting Genetic Disease. *Genetic Counseling* 19 (1), 68–83.
Koch, Lene (2002). The Government of Genetic Knowledge. Lundin, Susanne und Akesson, Lynn (Hrsg.), *Gene Technology and Economy* (S. 92–103). Lund: Nordic Academic Publishers.
Kollek, Regine & Lemke, Thomas (2008). *Der medizinische Blick in die Zukunft. Gesellschaftliche Implikationen prädiktiver Gentests.* Frankfurt a. M./New York: Campus.
Konrad, Monica (2005). *Narrating the New Predictive Genetics. Ethics, Ethnography and Science.* Cambridge: Cambridge University Press.
Kretschmer, Volker (2002). Stellungnahme zur Heranziehung von Personen mit Hämochromatose zur Blutspende. *Infusion Therapy & Transfusion Medicine* 29 (6), 343.
Krieger, Nancy (2000). Discrimination and health. In: Berkman, Lisa & Kawachi, Ichiro (Hrsg.), *Social Epidemiology* (S. 36–75). Oxford: Oxford University Press.
Kroczek, Richard, Burger, Reinhard & Seitz, Rainer (1999). Regelung des Blutspendewesens: Nationale und europäische Einrichtungen, Vorschriften und Empfehlungen im Bereich der Transfusionsmedizin und Hämotherapie. *Bundesgesundheitsblatt – Gesundheitsforschung – Gesundheitsschutz* 42 (2), 100–104.
Kröger, Sebastian (2010). Das neue Gendiagnostikgesetz und seine Auswirkungen auf den rechtlichen Rahmen beim Abschluss von Versicherungsverträgen. *Medizinrecht* 28, 751–756.
Lander, Jonas & Van Hoyweghen, Ine (2014). Streitkultur and the governance of genetic testing and insurance in Germany. *New Genetics and Society* 33 (1), 42–59.
Lapham, E. Virginia, Kozma, Chahira & Weiss, Joan. O. (1996). Genetic Discrimination: Perspectives of Consumers. *Science* 274, 621–624.
Leanza, Matthias (2010). Die Gegenwart zukünftiger Erkrankungen. Prävention und die Person. In: Paul, Bettina & Schmidt-Semisch, Henning (Hrsg.), *Risiko Gesundheit. Über Risiken und Nebenwirkungen der Gesundheitsgesellschaft* (S. 241–262). Wiesbaden: VS.
Lemke, Thomas (2000). Die Regierung der Risiken. Von der Eugenik zur genetischen Gouvernementalität. In: Bröckling, Ulrich, Krasmann, Susanne & Lemke, Thomas (Hrsg.), *Gouvernementalität der Gegenwart – Studien zur Ökonomisierung des Sozialen* (S. 227–265). Frankfurt a. M.: Suhrkamp.
Lemke, Thomas (2005). Genetische Diskriminierung in Deutschland – Eine explorative Studie am Beispiel der Huntington-Krankheit. *Soziale Welt* 56, 417–439.
Lemke, Thomas & Lohkamp, Christiane (2005). Formen und Felder genetischer Diskriminierung. Ein Überblick über empirische Studien und aktuelle Fälle. *Leviathan* 23, 45–70.
Lemke, Thomas (2006a). „Du und deine Gene" – Subjektivierungsprogramme und Verantwortungskonzepte in Gesundheitsratgebern. *Pflege und Gesellschaft. Zeitschrift für Pflegewissenschaft* 11 (4), 293–306.
Lemke, Thomas (2006b). *Die Polizei der Gene. Formen und Felder genetischer Diskriminierung.* Frankfurt a. M.: Campus.

Lemke, Thomas (2010a). Genetische Diskriminierung: Empirische Befunde und konzeptionelle Probleme. In: Hormel, Ulrike & Scherr, Albert (Hrsg.), *Diskriminierung. Grundlagen und Forschungsergebnisse* (S. 323–344). Wiesbaden: VS.

Lemke, Thomas (2010b). Neue Vergemeinschaftungen? Entstehungskontexte, Rezeptionslinien und Entwicklungstendenzen des Begriffs der Biosozialität. In: Liebsch, Katharina & Manz, Ulrike (Hrsg.), *Leben mit den Lebenswissenschaften. Wie wird biomedizinisches Wissen in Alltagspraxis übersetzt?* (S. 21–41). Bielefeld: transcript.

Lemke, Thomas (2013). *Perspectives on Genetic Discrimination*. London: Routledge.

Lemke, Thomas, Liebsch, Katharina, Eißing, Tabea, Hoeltje, Bettina, Manz, Ulrike & Plümecke, Tino T. (2013). Genetische Diskriminierung in Deutschland? *Soziale Welt* 64, 269–290.

Lemke, Thomas (2014). Die Tyrannei der Zukunft. Gilbert Keith Chesterton und die Paradoxien der Eugenik. In: ders. (Hrsg.), *Gilbert Keith Chesterton. Eugenik und andere Übel* (S. 9–66). Berlin: Suhrkamp edition unseld.

Lewis, Celine, Skirton, Heather & Jones, Ray (2011). Can we make assumptions about the psychosocial impact of living as a carrier, based on studies assessing the effects of carrier testing? *Journal of Genetic Counseling* 20, 80–97.

Liebsch, Katharina (2014). Kontrolle und Überwachung des Lebendigen durch Gendiagnostik – Versprechen, Optionen und neue Zwänge. *Jahrbuch für Pädagogik 2014: Menschenverbesserung – Transhumanismus*. In: Lohmann, Ingrid, Kluge, Sven & Steffens, Gerd, (S. 315–327). Frankfurt a. M.: Peter Lang.

Liebscher, Doris, Naguib, Tarek, Plümecke, Tino & Remus, Juana (2012). Wege aus der Essentialismusfalle: Überlegungen zu einem postkategorialen Antidiskriminierungsrecht. *Kritische Justiz* 45 (2), 204–218.

Lippman, Abby (1991). Prenatal Genetic Testing and Screening: Constructing Needs and Reinforcing Inequities. *American Journal of Law & Medicine* 17 (1/2), 15–50.

Low, Lawrence, Kind, Suzanne & Wilkie, Tom (1998): Genetic discrimination in life insurance: empirical evidence from a cross sectional survey of genetic support groups in the United Kingdom. *British Medical Journal* 317, 1632–1635.

Lösel, Friedrich (1975). Prozesse der Stigmatisierung in der Schule. In: Brusten, Manfred & Hohmeier, Jürgen (Hrsg.), *Stigmatisierung Bd. 2. Zur Produktion gesellschaftlicher Randgruppen* (S. 7–32). Neuwied u. Darmstadt: Luchterhand.

Lynch, Henry T., Watson, Patrice, Shaw, Trudy G., Lynch, Jane F., Harty, Anne E. & Franklin, Barbara A. et al. (1999). Clinical Impact of Molecular Genetic Diagnosis, Genetic Counseling and Management of Hereditary Cancer. Part 2: Hereditary Nonpolyposis Colorectal Carcinoma as a Model. *Cancer* 86, 247–63.

Lynch, Henry T., Shaw, Trudy G. & Lynch, Jane F. (2004). Inherited Predisposition to Cancer: A Historical Over-view. *American Journal of Medical Genetics* (Seminars in Medical Genetics) 129C, 5–22.

Maak, Niklas (2014). Die Veröffentlichung unserer Körper. *Frankfurter Allgemeine Zeitung* vom 27. November 2014, 11.

MacDonald, L. D. & Anderson, H. R. (1984). Stigma in patients with rectal cancer: a community study. *Journal of Epidemiology & Community Health* 38 (4), 284–290.

Maier, Maja (2010). Bekennen, Bezeichnen, Normalisieren: Paradoxien sexualitätsbezogener Diskriminierungsforschung. In: Ulrike Hormel & Scherr, Albert (Hrsg.), *Dis-*

kriminierung. Grundlagen und Forschungsergebnisse (S. 151–172). Wiesbaden: VS.
MammaMia! Das Brustkrebsmagazin Spezial (2013). Nachgefragt, 71.
Mannheim, Karl (1970). *Wissenssoziologie*. Neuwied: Luchterhand.
Manuel, April & Brunger, Fern (2014). Making the Decision to Participate in Predictive Genetic Testing for Arrhythmogenic Right Ventricular Cardiomyopathy. *Journal of Genetic Counseling* 23, 1045–1055.
Marteau, Theresa M. & Dundas, Ruth (1997). Long term cognitive and emotional impact of genetic testing for carriers of cystic fibrosis. The effects of test result and gender. *Health Psychology* 16 (1), 51–62.
Martindale, Diane (2001). Pink Slip in Your Genes. *Scientific American* 1, 13–14.
Mayor, Susan (2003). Report warns of danger of genetic discrimination in the workplace. *British Medical Journal* 327(7417), 702c.
Mauss, Marcel (1990). *Die Gabe. Form und Funktion des Austauschs in archaischen Gesellschaften*. Frankfurt a. M.: Suhrkamp.
McCall, Leslie (2005). The Complexity of Intersectionality. *Signs: Journal of Women in Culture and Society* 30 (3), 1771–1800.
McCune, C. Anne, Al-Jader, Layla N., May, Alison, Hayes, Sara L., Jackson, Helen A. & Worwood, Mark (2002). Hereditary haemochromatosis: only 1% of adult HFE C282Y homozygotes in South Wales have a clinical diagnosis of iron overload. *Human Genetics* 111 (6), 538–543.
Meijers-Heijboer, Hanne, van Geel, Bert, van Putten, Wim L.J., Henzen-Logmans, Sonja C., Seynaeve, Caroline, Menke-Pluymers, Marian B.E., Bartels, Carina C.M., Verhoog, Leon C., van den Ouweland, Ans M.W., Niermeijer, Martinus F., Brekelmans, Cecile T.M. & Klijn, Jan G.M. (2001). Breast Cancer after Prophylactic Bilateral Mastectomy in Women with a BRCA1 or BRCA2 Mutation. *New England Journal of Medicine* 345, 159–164.
Meindl, Alfons, Ditsch, Nina, Kast, Karin, Rhiem, Kerstin & Schmutzler, Rita K. (2011). Familiäres Mamma- und Ovarialkarzinom. Neue Gene, neue Therapien, neue Konzepte. *Deutsches Ärzteblatt International* 108 (19), 323–30.
Michie, Susan, Smith, Jonathan A. Senior, Victoria & Marteau, Theresa (2003). Understanding Why Negative Genetic Test Results Sometimes Fail to Reassure. *American Journal of Medical Genetics Part a* 199A/3, 340–347.
Moebius, Stephan (2009). Die elementaren (Fremd-)Erfahrungen der Gabe. *Berliner Journal für Soziologie* 19 (1), 104–126.
Mohlmann Berge, Jerica & Patterson, Joan M. (2004). Cystic Fibrosis and the Family. A review and critique of the literature. *Families, Systems & Health* 22 (1), 74–100.
Morris, Louise A. (2010). Life insurance and genetic tests: Risks for insurers and society. *Health, Risk & Society* 12 (3), 251–270.
Morrison, Patrick. J. (2005). Insurance, unfair discrimination and genetic testing. *The Lancet* (9489), 877–879.
Morse, Janice M. (2012). The Implications of Interview Type and Structure in Mixed-Method Designs. In: Gubrium, Jaber F., Holstein, James A., Marvasti, Armir B. & Mc Kinney, Karyn D. (Hrsg.), *The SAGE Handbook of Interview Research: The Complexity of the Craft* (S. 193–206). Los Angeles/London/New Delhi: Sage Publications.

Murray, Thomas H. (1997). Genetic Exceptionalism and „Future Diaries": Is Genetic Information Different from Other Medical Information? In: Rothstein, Mark A. (Hrsg.), *Genetic Secrets. Protecting Privacy and Confidentiality on the Genetic Era* (S. 60–73). London: New Haven/CT.

Müller-Wille, Staffan & Rheinberger, Hans-Jörg (2009). *Das Gen im Zeitalter der Postgenomik. Eine wissenschaftshistorische Bestandsaufnahme.* Frankfurt a. M.: Suhrkamp.

Natowicz, Marvin R., Alper, Jane K. & Alper, Joseph S. (1992). Genetic discrimination and the Law. *American Journal of Human Genetics* 50, 465–475.

Nelkin, Dorothy (1995). Die gesellschaftliche Sprengkraft genetischer Informationen. In: Kevles, Daniel J. & Hood, Leroy (Hrsg.), *Der Supercode. Die genetische Karte des Menschen.* Frankfurt a. M./Leipzig: Insel.

Nelkin, Dorothy & Tancredi, Laurence (1994). *Dangerous Diagnostics: The Social Power of Biological Information.* Chicago, London: University of Chicago Press.

Nelkin, Dorothy & Lindee, Susan (1995). *The DNA Mystique: The Gene As a Cultural Icon.* New York: W. H. Freemann & Co.

Newman, Jamie E., Sorenson, James R., DeVellis, Brenda M. & Cheuvront, Brian (2002). Gender differences in psychosocial reactions to cystic fibrosis carrier testing. *American Journal of Medical Genetics* 113 (2), 151–157.

Niewöhner, Jörg (2010). Über die Spannungen zwischen individueller und kollektiver Intervention. Herzkreislaufprävention zwischen Gouvernementalität und Hygienisierung. In: Lengwiler, Martin & Madaráz, Jeanette (Hrsg.), *Das präventive Selbst. Eine Kulturgeschichte moderner Gesundheitspolitik* (S. 307–324). Bielefeld: transcript.

Nowlan, William J. (2002). A Rational View of Insurance and Genetic Discrimination. *Science* 297, 195–196.

Nowlan, William J. (2003). A Scarlet Letter or a Red Herring? Genetic Discrimination Is of Little Concern Compared With Existing US Healthcare Problems. *Nature* 421 (6921), 313.

Novas, Carlos & Rose, Nikolas (2000). Genetic Risk and the Birth of the Somatic Individual. *Economy and Society* 29(4), 485–513.

Oelkers, Nina (2013). Responsibilisierung. In: Oelkers, Nina & Richter, Martina (Hrsg.), *Aktuelle Themen und Theoriediskurse in der Sozialen Arbeit* (S. 163–176). Frankfurt a. M.: Peter Lang.

Olaya, Windy, Esquivel, Pamela, Wong, Jan H., Morgan, John W., Freeberg, Adam, Roy-Chowdhury, Sharmila & Lum, Sharon S. (2009). Disparities in BRCA testing: when insurance coverage is not a barrier. *American Journal of Surgery* 198 (4), 562–565.

Oster, Emily, Dorsey, E. Ray, Bausch, Jan, Shinaman, Aileen, Kayson, Elise & Oakes, David et al. (2008). Fear of Health Insurance Loss Among Individuals at Risk for Huntington Disease. *American Journal of Medical Genetics* Part A, 146A, 2070–2077.

Otlowski, Margaret, Taylor, Sandra & Barlow-Stewart Kristine K. (2002). Australian Empirical Study into Genetic Discrimination. *Eubios: Journal of Asian and International Bioethics* 12, 164–167.

Otlowski, Margaret F., Barlow-Stewart, Kristine K., Taylor, Sandra, Stranger, Mark & Treloar, Susan (2007). Investigating genetic discrimination in the Australian life insurance sector: the use of genetic test results in underwriting, 1999–2003. *Journal of Law and Medicine* 14 (3), 367–396.

Otlowski, Margaret, Taylor, Sandra & Bombard, Yvonne (2012). Genetic discrimination: International perspectives. *Annual Review of Genomics and Human Genetics* 13, 433–454.

Paepke, Stefan, Kuschel, Bettina, Hüttner, Christine, Blohmer, Jens Uwe & Kiechle, Marion (2003). Onkologie – Mutationen der Brustkrebsgene 1 und 2 und ihre Bedeutung für die Frau. *Frauenarzt* 44, 40–49.

Pagnatarro, Marisa Anne (2001). Genetic Discrimination and the Workplace: Employee's Right to Privacy V. Employer's Need to Know. *American Business Law Journal* 39 (1), 139–185.

Palfner, Sonja (2010). Gen-Wissen zwischen Labor und Früherkennung. In: Liebsch, Katharina & Manz, Ulrike (Hrsg.). *Leben mit den Lebenswissenschaften. Wie wird biomedizinisches Wissen in Alltagspraxis übersetzt?* (S. 169–189). Bielefeld: transcript.

Parthasarathy, Shobita (2004). Regulating Risk: Defining Genetic Privacy in the United States and Britain. *Science, Technology, & Human Values* 29 (3), 332–352.

Paslack, Rainer & Simon, Jürgen (2005). Reaktionen des Rechts auf genetische Diskriminierung und ihre ethische Begründung. In: van den Daele, Wolfgang (Hrsg.), *Biopolitik* (S. 123–152).Wiesbaden: Springer.

Pelters, Britta (2012). *Doing health in der Gemeinschaft*. Bielefeld: transcript.

Pennings, Guido (2005). Demanding pure motives for donation: the moral acceptability of blood donations by haemochromatosis patients. *Journal of Medical Ethics* 31 (2), 69–72.

Petermann, Sören (2005). Rücklauf und systematische Verzerrungen bei postalischen Befragungen. Eine Analyse der Bürgerumfrage Halle 2003. *ZUMA-Nachrichten* 29 (57), 56–78.

Petersen, Alan (2006). The best experts: The narratives of those who have a genetic condition. *Social Science & Medicine* 63, 32–42.

Pietrangelo, Antonello (2004). Hereditary Hemochromatosis – A New Look at an Old Disease. *The New England Journal of Medicine* 350 (23), 2383–2397.

Polonsky, Michael J., Brijnath, Bianca & Renzaho, André M.N. (2011). "They don't want our blood": Social Inclusion and blood donation among African migrants in Australia. *Social Science & Medicine* 73 (2), 336–342.

Powell, Lawrie W. & Bassett, Mark L. (1998). Haemochromatosis: diagnosis and management after the cloning of the HFE gene. *Australian and New Zealand Journal of Medicine* 28 (2), 159–163.

Prainsack, Barbara, Reardon, Jenny, Hindmarsh, Richard, Gottweis, Herbert, Naue, Ursula & Lunshof, Jeantine E. (2008). Personal genomes: Misdirected precaution. *Nature* 456, 34–35.

Prainsack, Barbara, Schicktanz, Silke & Werner-Felmayer, Gabriele (2014). Geneticising Life: A Collective Endeavour and its Challenges. In: dies. (Hrsg.), *Genetics as Social Practice. Transdisciplinary Views on Science and Culture* (S. 1–26). Farnham: Ashgate.

Proctor, Robert N. (1995). *Cancer Wars. How Politics Shapes What We Know and Don't Know About Cancer*. New York: Basic Books.

Propping, Peter & Schott, Heinz (2014). Vorgeburtliche Diagnostik: Hin zu einer Eugenik von unten? *Deutsches Ärzteblatt* 111 (46): A-2006/B-1708/C-1634.
Pschyrembel, Willibald (2012). Klinisches Wörterbuch. 263. Auflage. Berlin: De Gruyter.
Ratjen, Felix A. (2009). Cystic fibrosis. Pathogenesis and future treatment strategies. *Respiratory Care* 54 (5), 595–605.
Rautenstrauch, Julia (2003). Der Unpatient. *Der Einblick Zeitschrift des DKFZ* (3), 37.
Raz, Aviad E. & Schicktanz, Silke (2009). Diversity and uniformity in genetic responsibility: moral attitudes of patients, relatives and lay people on Germany and Israel. *Medicine, Health Care and Philosophy* 12, 433–442.
Rebbeck, Timothy R., Lynch, Henry T., Neuhausen, Susan L., Narod, Steven A., van't Veer, Garber, Judy E., Evans, Gareth, Isaacs, Claudine, Daly, Mary B., Matloff, Ellen, Olopade, Olufunmilayo I., & Weber, Barbara L. (2002). Prophylactic Oophorectomy in Carriers of BRCA1 or BRCA2 Mutations. *The New England Journal of Medicine* 346 (21), 1616–1622.
RKI – Robert Koch-Institut (2010). *Krebs in Deutschland. 2005/2006. Häufigkeiten und Trends. Eine gemeinsame Veröffentlichung des Robert Koch-Instituts und der Gesellschaft der epidemiologischen Krebsregister in Deutschland e.V.* Berlin.
Robertson, Ann (2000). Embodying risk: embodying political rationality: women's accounts of risks for breast cancer. *Health, Risk & Society* 2, 219–235.
Rose, Nikolas (2007). *The Politics of Life Itself. Biomedicine, Power, and Subjectivity in the Twenty–First Century*, Princeton/Oxford: Princeton University Press.
Rothstein, Mark A. & Anderlik, Marc A. (2001). What Is Genetic Discrimination, and When and How Can It Be Prevented? *Genetics in Medicine* 3 (5), 354–358.
Rothstein, Mark A. (2008). Currents in Contemporary Ethics: GINA, the ADA, and Genetic Discrimination in Employment. *Journal of Law, Medicine & Ethics* 36 (4), 837–840.
Rothstein, Mark A. & Joly, Yann (2009). Genetic information and insurance underwriting: Contemporary issues and approaches in the global economy. In: Atkinson, Paul, Glasner, Peter & Lock, Margret (Hrsg.), *Handbook of genetics and society* (S. 127–144). London/New York: Routledge.
Samerski, Silja (2002). Die Freisetzung genetischer Begrifflichkeiten. In: Steiner, Theo (Hrsg.), *Genpool. Biopolitik und Körperutopien* (S. 268–281). Wien: Passagen.
Samerski, Silja (2010). Epistemische Vermischung: Zur Gleichsetzung von Person und Risikoprofil in der genetischen Beratung. In: Liebsch, Katharina & Manz, Ulrike (Hrsg.), *Leben mit den Lebenswissenschaften. Wie wird biomedizinisches Wissen in Alltagspraxis übersetzt?* (S. 153–168). Bielefeld: transcript.
Sankar, Pamela, Cho, Mildred K., Wolpe, Paul Root & Schairer, Cynthia (2006a). What is in a cause? Exploring the relationship between genetic cause and felt stigma. *Genetics in Medicine* (2006) 8, 33–42.
Sankar, Pamela, Wolpe, Paul Root, Jones, Nora L. & Cho, Mildred (2006b). How Do Women Decide? Accepting or Declining BRCA1/2 Testing in a Nationwide Clinical Sample in the United States. *Community Genetics* 9 (2), 78–86.
Scherr, Albert (2010). Diskriminierung und soziale Ungleichheiten. Erfordernisse und Perspektiven einer ungleichheitsanalytischen Fundierung von Diskriminierungsforschung und Antidiskriminierungsstrategien. In: Hormel, Ulrike & Scherr, Albert

(Hrsg.), *Diskriminierung. Grundlagen und Forschungsergebnisse.* (S. 35–60), Wiesbaden: VS-Verlag.

Scherr, Albert (2011). Was meint Diskriminierung? Warum es nicht genügt, sich mit Vorurteilen auseinander zu setzen. *Sozial Extra* 11, 34–38.

Scherr, Albert (2012). *Diskriminierung.* Freiburg: Centaurus.

Schiefer, Gernot (2006). *Motive des Blutspendens. Tiefenpsychologische Untersuchung mit Gestaltungsoptionen für das Marketing von Nonprofit-Organisationen des Blutspendewesens.* Wiesbaden: Deutscher Universitätsverlag.

Schlehe, Bettina & Schmutzler, Rita (2008). Hereditäres Mammakarzinom. *Der Chirurg* 79, 1047–1054.

Schlotböller, Dirk (2008). *Diskriminierung – eine kritische Analyse der Arten, Ursachen und Handlungsansätze.* Berlin: Pro Business.

Schmedders, Mechthild (2004). *Leben mit der genetischen Diagnose. Psychosoziale Aspekte der Krankheitsprädiktion bei der familiären adenomatösen Polyposis.* Bern: Huber.

Schmutzler, Rita, Löffler, Markus, Windeler, Jörgen, Thomas, Stefanie, Bruns, Johannes & Rath, Thomas (2005). Familiärer Brust- und Eierstockkrebs: Von der Forschung zur Regelversorgung. *Deutsches Ärzteblatt* 102 (50), A-3486.

Schmutzler, Rita & Kast, Karin (2010). Familiäres Mammakarzinom – Beratung und Betreuung betroffener Familien. In: Kreienberg, Rolf, Möbus, Volker, Jonat, Walter & Kühn, Thorsten (Hrsg.), *Mammakarzinom interdisziplinär* (S. 31–40). Berlin/Heidelberg: Springer.

Scholz, Christine (1995). Biographie und molekulare Genetik. In: Beck-Gernsheim, Elisabeth (Hrsg.), *Welche Gesellschaft wollen wir. Dilemmata des medizinischen Fortschritts* (S. 33–72). Frankfurt a. M.: Suhrkamp.

Schöffski, Oliver (2000). *Gendiagnostik: Versicherung und Gesundheitswesen. Eine Analyse aus ökonomischer Sicht.* Karlsruhe: Verlag Versicherungswirtschaft.

Scott, Susie, Prior, Lindsay, Wood, Fiona & Gray, Jonathan (2005). Repositioning the patient: the implications of being 'at-risk'. *Social Science & Medicine* 60, 1896–1879.

Scuffham, Tracey M. & MacMillan, John C. (2014). Huntington Disease: Who Seeks Presymptomatic Genetic Testing, Why and What are the Outcomes? *Journal of Genetic Counseling* 23 (5), 754–761.

Scully, Jackie Leach, Porz, Rouven & Rehmann-Sutter, Christoph (2007). 'You don't make genetic test decisions from one day to the next' – Using time to preserve moral space. *Bioethics* 21 (4), 208–217.

Selbsthilfegruppe für Hämochromatose-Betroffene mit Sitz in Köln. www.haemochromatose.org, Zugriff: 20.05.2014.

SGB IX – Sozialgesetzbuch Neuntes Buch Rehabilitation und Teilhabe behinderter Menschen – (Artikel 1 des Gesetzes v. 19.6.2001, BGBl. I S. 1046). http://www.gesetze-im-internet.de/sgb_9/BJNR104700001.html, Zugriff: 19.9.2013.

Shostak, Sara, Zarhin, Dana & Ottman, Ruth (2011). What's at stake? Genetic information from the perspective of people with epilepsy and their family members. *Social Science & Medicine* 73, 645–654.

Slaughter, Louise M. (2008). The Genetic Information Nondiscrimination Act: Why Your Personal Genetics are Still Vulnerable to Discrimination. *Surgical Clinics of North America* 88 (4), 723–738.

Spier, Isabel & Aretz, Stefan (2012). Polyposissyndrome des Gastrointestinaltrakts. *Der Internist* 53, 371–38.

Stedman, Thomas L. (2000). *Stedman's medical dictionary*. Philadelphia: Lippincott Williams & Wilkins.

Steindor, Marina (2002). Risiken und Widersprüche genetischer Screeningprogramme in der GKV – am Beispiel des Hämochromatose-Screenings der Kaufmännischen Krankenkasse. *Arbeit und Sozialpolitik* 56 (1-2), 33–38.

Steindor, Marina (2005). Genetische Screenings auf dem Vormarsch? *Gen-ethischer Informationsdienst* 168, 12–16.

Stopsack, Marina & Hammermann, Jutta (2009). Neugeborenenscreening auf Mukoviszidose. Pro und Kontra. *Monatsschrift Kinderheilkunde*,1–9.

Stuhrmann, Manfred, von der Hardt, Horst & Fabel, Helmut (1999). Mukoviszidose. Auch eine Erkrankung des Erwachsenenalters? *Der Internist* 40, 476–485.

Stuhrmann, Manfred, Strassburg, Christian & Schmidtke, Jörg (2005a). Genotype-based screening for hereditary haemochromatosis. I: Technical performance, costs and clinical relevance of a German pilot study. *European Journal of Human Genetics* 13 (1), 69–78.

Stuhrmann, Manfred, Hoy, Ludwig, Nippert, Irmgard & Schmidtke, Jörg (2005b). Genotype-based screening for hereditary haemochromatosis: II. Attitudes Toward Genetic Testing and Psychosocial Impact - A Report from a German Pilot Study. *Genetic Testing* 9 (3), 242–254.

Sutterlüty, Ferdinand (2010). *In Sippenhaft. Negative Klassifikationen in ethnischen Konflikten*. Frankfurt a. M.: Campus.

Sweeny, Kate, Ghane, Arezou, Legg, Angela M., Huynh, Ho Phi & Andrews, Sara E. (2014). Predictors of Genetic Testing Decisions: A Systematic Review and Critique of the Literature. *Journal of Genetic Counseling* 23 (3), 263–288.

Szyndler Janina E., Towns Susan J., van Asperen Peter P. & McKay, Karen O. (2005). Psychological and family functioning and quality of life in adolescents with cystic fibrosis. *Journal of Cystic Fibrosis* 4 (2), 135–144.

Tajfel, Henri, Flament, Claude, Billig, Michael & Bundy, Robert (1971). Social categorization and intergroup behavior. *European Journal of Social Psychology* 1 (2), 149–178.

Taylor, Sandra D. (2004). Predictive genetic test decisions for Huntington's disease: context, appraisal and new moral imperatives. *Social Science & Medicine* 58 (1), 137–149.

Taylor, Sandra, Otlowski, Margaret, Barlow-Stewart, Kristin K., Treloar, Susan, Stranger, Mark & Chenoweth, Kellie (2004). Investigating genetic discrimination in Australia: opportunities and challenges in the early stages. *New Genetics and Society* 23 (2), 225–239.

Taylor, Sandra D. (2005). Predictive genetic test decisions for Huntington's disease: Elucidating the test/no-test dichotomy. *Journal of Health Psychology* 10 (4), 597–612.

Taylor, Sandra, Treloar, Susan, Barlow-Stewart, Kristine, Otlowski, Margaret & Stranger, Mark (2007). Investigating Genetic Discrimination in Australia: Perceptions and Experiences of Clinical Genetics Service Clients Regarding Coercion to Test, Insurance and Employment. *Australian Journal of Emerging Technologies and Society* 5, 63–83.

Taylor, Sandra, Treloar, Susan, Barlow-Stewart, Kristine, Stranger, Mark, Kristine, Otlowski, Margaret &Stranger, Mark (2008). Investigating genetic discrimination in Australia: a large-scale survey of clinical genetics clients. *Clin Genet* 74, 20–30.

Taylor, Sandra (2011). A population-based survey in Australia of men's and women's perceptions of genetic risk and predictive genetic testing and implications for primary care. *Public Health Genomics* 14, 325–336.

Thébaud Mondy, Annie (1999). Genetische Diskriminierung am Arbeitsplatz. *Le Monde Diplomatique* May 14, 7.

The Encode Project Consortium (2012). An integrated encyclopedia of DNA elements in the human genome. *Nature* 489 (7414), 75–82.

Titmuss, Richard (1970). *The Gift Relationship. From Human Blood to Social Policy.* London: George Allen & Unwin Ltd.

Treloar, Susan, Taylor, Sandra, Otlowski, Margaret, Barlow-Stewart, Kristin K., Stranger, Mark & Chenoweth, Kellie (2004). Methodological Considerations in the Study of Genetic Discrimination. *Community Genetics* 7, 161–168.

UNESCO (1997). Allgemeine Erklärung über das menschliche Genom und Menschenrechte. www.unesco.de/445.html, Zugriff: 04.09.2013.

Übereinkommen zum Schutz der Menschenrechte und der Menschenwürde im Hinblick auf die Anwendung von Biologie und Medizin: *Übereinkommen über Menschenrechte und Biomedizin.* Europarat 1997. http://conventions.coe.int/Treaty/ger/Treaties/Html/164.html, Zugriff: 17.12.2014.

Vailly, Joelle (2011). *Naissance d'une politique de la génétique.* Paris, Presses Universitaires de France.

Valentine, Kylie (2005). Citizenship, Identity, Blood Donation. *Body & Society* 11 (2), 113–128.

Van Dijck, José (1998). *Imagination: Popular Images of Genetics.* New York: New York University Press.

Van Hoyweghen, Ine & Horstman, Klasien (2008). European Practices of Genetic Information and Insurance: Lessons for the Genetic Information Nondiscrimination Act. *Journal of the American Medical Association* 300 (3), 326–327.

VersMedV-Versorgungsmedizin Verordnung (Broschüre des BMAS) (2009). http://www.bmas.de/DE/Service/Publikationen/k710-anhaltspunkte-fuer-die-aerztliche-gutachtertaetigkeit.html, Zugriff: 22.1.2013.

Viehöver, Willy & Wehling, Peter (2011) (Hrsg.). *Entgrenzung der Medizin. Von der Heilkunst zur Verbesserung des Menschen?* Bielefeld: transcript.

von Auer, Friedger (1999). Das neue Transfusionsgesetz: Eine Darstellung der wesentlichen Aspekte. *Bundesgesundheitsblatt – Gesundheitsforschung – Gesundheitsschutz* 42 (2), 95–99.

von Auer, Friedger (2004). Das Transfusionsgesetz von 1998: Chance und Herausforderung für die Transfusionsmedizin. *Transfusion Medicine & Hemotherapy* 31 (2), 104–108.

Waldby, Catherine, Rosengarten, Marsha, Treloar, Carla & Fraser, Suzanne (2004). Blood and Bioidentity: ideas about self, boundaries and risk among blood donors and people living with Hepatitis C. *Social Science & Medicine* 59 (7), 1461–1471.
Waldby, Catherine & Mitchell, Robert (2006). *Tissue Economies. Blood, Organs and Cell Lines in Late Capitalism*. Durham/London: Duke University Press.
Walters, William (2012). *Governmentality. Critical Encounters*. London/New York, Routledge.
Warner, Beverley J., Curnow, Lisette J., Polglase, Adrian L. & Debinski, Henry S. (2005). Factors Influencing Uptake of Genetic Testing for Colorectal Cancer Risk in an Australian Jewish Population. *Journal of Genetic Counseling* 14 (5), 387–394.
Watkins, Stuart, Thorburn, Douglas, Joshi, Neeraj, Neilson, Margaret, Joyce, Theresa & Spooner, Richard et al. (2008). The biochemical and clinical penetrance of individuals diagnosed with genetic haemochromatosis by predictive genetic testing. *European Journal of Gastroenterology & Hepatology* 20 (5), 379–383.
Weiner, Kate (2011). Exploring genetic responsibility for the self, family and kin in the case of hereditary raised cholesterol. *Social Science and Medicine* 72 (11), 1760–1767.
Weingart, Peter (1993). Eugenische Utopien. Entwurfe für die Rationalisierung der menschlichen Entwicklung. In: Welzer, Harald (Hrsg.), *Nationalsozialismus und Moderne* (S. 166–183). Tübingen: Edition diskord.
Weir, Lorna (1996). Recent developments in the government of pregnancy. *Economy & Society* 25 (3), 373–392.
Weisser, Jan (2010). Behinderung als Fall von Diskriminierung – Diskriminierung als Fall von Behinderung. In: Hormel, Ulrike & Scherr, Albert (Hrsg.), *Diskriminierung: Grundlagen und Forschungsergebnisse* (S. 307–322). Wiesbaden: VS.
Wertz, Dorothy C. (2002). Ethics Watch – Genetic Discrimination – an Overblown Fear? *Nature Reviews Genetics* 3 (7), 496.
White, Kevin (2002). *An introduction to the sociology of health and illness*. London: Sage.
Wiebecke, Dieter, Fischer, Konrad, Keil, Gundolf, Liebling, Regine, Reissigl, Hans & Stangel, Walter (2004). Zur Geschichte der Transfusionsmedizin in der ersten Hälfte des 20. Jahrhunderts (unter besonderer Berücksichtigung ihrer Entwicklung in Deutschland). *Transfusion Medicine & Hemotherapy* 31 (suppl 2), 12–31.
Wieser, Bernhard (2010). Genetisches Testen. ELSA im Kontext medizinischer Anwendungen. *Österreichische Zeitschrift für Soziologie* (Sonderheft 10). In: Grießler, Erich & Rohracher, Harald (Hrsg.), Genomforschung, Politik, Gesellschaft (S. 139–167).
Williams, Stephanie J. & Hayward, Nikolas K. (2001). The Impact of the Human Genome Project on Medical Genetics. *Trends in Molecular Medicine* 7 (5), 229–231.
Williams, Janet K., Erwin, Cheryl, Juhl, Andrew R., Mengeling, Michelle, Bombard, Yvonne, Hayden, Michael R., Quaid, Kimberly, Shoulson, Ira, Taylor, Sandra, Paulsen, Jane S. & I-RESPOND-HD Investigators of the Huntington Study Group (2010). In Their Own Words: Reports of Stigma and Genetic Discrimination by People at Risk for Huntington Disease in the International RESPOND-HD Study. *American Journal of Medical Genetics. Part B. Neuropyschiatric Genetics* 153B (6), 1150–1159.

Wolbring, Gregor (2005). Disability Rights and Genetic Discrimination. In: Sheldon Krimsky & Shorett, Peter (Hrsg.), *Rights and Liberties in the Biotech Age. Why we need a genetic bill of rights* (S. 178–182). Lanham/Oxford: Rowman and Littlefield Publishers.

Wolf, Susan M. (1995). Beyond Genetic Discrimination: Toward the Broader Harm of Geneticism. *Journal of Law, Medicine & Ethics* 23, 345–53.

Wolthuizen, Michelle, Nisselle, Amy, Halliday, Jane, Metcalfe, Sylvia A., Aitken, Mary Anne, Allen, Katie J. & Delatycki, Martin B. (2013). Why Do People Choose Not to Have Screening for Hemochromatosis? *Genetic Testing and Molecular Biomarkers* 17 (1), 21–24.

Wong, Josephine G. & Lieh-Mak, Felice (2001). Genetic Discrimination and Mental Illness: a Case Report. *Journal of Medical Ethics* 27 (6), 393–397.

Zakaria, Shaheen & Degnim, Amy C. (2007). Prophylactic mastectomy. *The Surgical Clinics of North America* 87 (2), 317–331.

Ziegler, Julian & Ziegler, Andreas (2011). Gendiagnostikgesetz und Versicherung: Anspruch und Wirklichkeit. *Zeitschrift für Versicherungswissenschaft* 100, 29–53.

zur Nieden, Andrea (2013). *Zum Subjekt der Gene werden*. Bielefeld: transcript.